区域绿色竞争力研究

以中部地区为例

Research Regional Green Competitiveness：
A Case Study of the Central Region

陈运平　黄小勇 / 著

经济管理出版社
ECONOMY & MANAGEMENT PUBLISHING HOUSE

图书在版编目（CIP）数据

区域绿色竞争力研究：以中部地区为例/陈运平，黄小勇著．—北京：经济管理出版社，2015.11
ISBN 978-7-5096-4028-9

Ⅰ.①区… Ⅱ.①陈… ②黄… Ⅲ.①区域经济—绿色经济—竞争力—研究—中国
Ⅳ.①F124.5

中国版本图书馆 CIP 数据核字(2015)第 266317 号

组稿编辑：杜　菲
责任编辑：杜　菲
责任印制：司东翔
责任校对：雨　千

出版发行：经济管理出版社
（北京市海淀区北蜂窝 8 号中雅大厦 A 座 11 层　100038）
网　　址：www.E-mp.com.cn
电　　话：（010）51915602
印　　刷：北京九州迅驰传媒文化有限公司
经　　销：新华书店
开　　本：720mm×1000mm/16
印　　张：16.75
字　　数：328 千字
版　　次：2015 年 11 月第 1 版　　2015 年 11 月第 1 次印刷
书　　号：ISBN 978-7-5096-4028-9
定　　价：68.00 元

前　言

研究企业或者产业绿色竞争力的文献较多，而针对区域提出区域绿色竞争力的文献较少，本书正是基于这一缺陷，提出了区域绿色竞争力的基本理论体系，对这一理论体系，站在实证研究角度论证了区域绿色竞争力对区域经济绿色发展具有重要的作用和现实意义。通过现有的国内外关于区域绿色竞争力的理论为指导思想，对理论发展及研究现状进行梳理，综合提出区域绿色竞争力的思想，包括概念、假设、要素以及机制等。在理论研究的基础上，首先，研究了构建区域绿色竞争力的评价体系。主要研究区域绿色竞争力的界定；区域绿色竞争力影响因子探索性分析；各因子对区域绿色竞争力的影响机理。其次，对区域绿色竞争力系统分析模型的构建进行了研究。主要研究区域绿色竞争力指标体系的设计；区域绿色竞争力系统分析模型的构建，综合评价区域绿色竞争力水平。再次，对区域绿色竞争力的实证分析与综合评价进行了研究。主要研究我国中部地区各省区衡量区域绿色竞争力的相关数据收集和整理；区域绿色竞争力的实证分析；区域绿色竞争力的综合评价。最后，对区域绿色竞争力的培育和提升的策略选择进行了研究。主要研究了区域绿色竞争力培育和提升的政府导向策略；区域绿色竞争力培育和提升的产业发展策略；区域绿色竞争力培育和提升的企业发展策略。具体分为4篇，其中核心内容有3篇，实践专题有1篇。

第一篇：主要做了以下研究工作：①精确选择了区域绿色竞争力影响因子。区域竞争力特别是区域绿色竞争力研究严重滞后，在内涵、理论基础、影响因子、评价体系等基础性问题上还存在诸多争议和问题。在文献综述的基础上，构建区域绿色竞争力的评价体系，主要研究区域绿色竞争力的界定。根据区域绿色竞争力理论基础，对区域绿色竞争力的基本内涵及外延进行有效界定，规范好研究的基本边界，为区域绿色竞争力影响因素的选择提供了判定标准。②探索性分析了区域绿色竞争力影响因子。现有的研究还没有对区域绿色竞争力概念的统一说法，在区域绿色竞争力决定因素与测算方法方面还处于探索阶段，没有建立比较完整的区域绿色竞争力研究体系，也就无法明晰区域绿色竞争力与国家、区域竞争力之间的联系。同时对区域绿色竞争力影响因子进行探索性分析。影响区域竞争力的因素较多，可以利用探索性因子分析方法，进行研究设计、合理的提取因子、因子旋转并计算各因子值，以查找出直接有效影响区域绿色竞争力的关键因素。通过研究探索性因子分析后的各因素，具有较好的可靠性，在此基础上进一步分析其对区域绿色竞争力的影响机理，为区域绿色竞争力评价指标体系的构建提供理论依据。③论证了影响因子对区域绿色竞争力的机理。通过探索性因子分析后的各因素，具有较好的可靠性，但是每个影响因子对区域绿色竞争力的影响机理、多个共同因子对区域绿色竞争力的影响机理以及影响因子之间数理逻辑关系分析均需要严格准确的论证，因此对每个因子的作用机理做一个合理分析，对识别与探索区域绿色竞争力将会有良好的参考价值。

第二篇：在经济全球化的大背景下，介于国家和县市之间的多维空间载体——区域，正以各种方式参与到经济竞争的格局当中来，并扮演越来越重要的角色。本书致力于区域绿色竞争力的评价研究，这是一个新颖的综合性较强而复杂的课题，也是当前学者涉及很少的一个领域。已有的有关文献资料多着眼于区域竞争力这一点，但是细化到区域绿色竞争力方面的研究基本上还是空白，本书乃首次研究和尝试，主要成果具有显著创新性。①梳理了国内外有关区域绿色竞争力相关概念的指标体系研究现状，依据科学性与实用性相统一、系统性和层次性相统一、全面性和代表性相统一、可比性和针对性相统一的原则，构建了系统而有效的覆盖区域绿色竞争力主要构成要素的评价指标体系，认为区域绿色竞争力指标的研究应该围绕环保、生态、循环、低碳、健康和可持续六个因子进行评价，根据这六个因子确定了要素层和基础层指标。②依据各个指标对区域绿色竞争力的影响和作用大小，采取主观判断和客观赋权结合的方法合理的分配权重，力求差异不会太大。当评价的结果与区域绿色竞争力的发展实际不相符合时，不随意调整权重以满足评价的目标需求。同样，在一定的时期内，权重保持相对的稳定性，以满足后续评价的需要。③研究了层次分析法和主成分分析法这两种业内常用的竞争力评价分析研究法，对其各自的缺陷进行总结，提出完善后的综合加权评价方法，认为层次分析法和主成分分析法各有优点和缺点，将两者结合起来评价分析对整个区域绿色竞争力的评价有着相当深远的影响。④探索性地引入了斯皮尔曼（Spearman）等级相关系数法和肯达尔（Kendall）一致性系数法对评价模型结果进行检验，使得区域绿色竞争力评价结果更加科学和合理。

第三篇：以绿色可持续发展思想和理论为指导，研究中部地区绿色经济发展现状及潜力。围绕中部地区区域绿色竞争力的研究：①通过对国内外学术界关于区域竞争力与绿色竞争力的内涵进行整理分析，在批判性地继承借鉴相关研究成果的基础上界定了区域绿色竞争力的基本内涵，即“区域绿色竞争力是区域在发展过程中以绿色为核心，以环保、生态、循环、低碳、健康和持续为主线，以人与自然包容性增长为模式，以实现人类发展与自然和谐共生效应为目标，通过区域内资源的合理有效配置与创造，为区域发展提供一个更具竞争力的绿色平台，形成具有独特绿色竞争优势的环境友好和绿色生态型区域”。②在区域绿色竞争力基本理论的深入研究的基础上，对区域绿色竞争力评价关键指标进行归纳分析，构建了可度量的区域绿色竞争力评价模型与评价指标体系。区域绿色竞争力指标体系从四个层次来评价，即目标层、约束层、准则层、指标层。约束层（一级指标）包括6项指标，即环保因子、生态因子、循环因子、低碳因子、健康因子与持续因子；准则层（二级指标）有16项指标，即环保投资、环保治理、自然生态、生态产业、综合利用、回收利用、循环产业、低碳生产、低碳消费、低碳生活、人群健康、生活质量、民生保障、经济发展水平、科教发展、资源承载；指标层（三级指标）共有95个指标，多层次评价了区域绿色竞争力。③以构建的区域绿色竞争力指标体系为基础，对中部地区进行了实证研究。前期阶段收集并整理2001～2010年山西省、安徽省、江西省、河南省、湖北省、湖南省各项指标数据，利用层次分析法与加权平均法组合评价区域绿色竞争力，并进行了中部地区省份排名。2010年区域绿色竞争力排名为湖北省、湖南省、河南省、江西省、安徽省、山西省，总体评价了中部地区各省份的区域绿色竞争力。④以区域绿色竞争力测算结果为依据，从横向与纵向的角度比较分析中部地区绿色经济发展水平。横向比较主要是分析中部地区各省份环保因子、生态因子、循环因子、低碳因子、健康因子与持续因子的比较排名，深入研究各省份区域绿色竞争力影响因素，分析绿色经济发展过程中各省份存在的问题及解决措施；纵向比较主要是以中部地区各省份为对象，分析其在2001～2010年区域绿色竞争力的变化情况以及绿色经济的现状及其潜力。⑤以中部地区作为一个整体，从宏观经济、生态环境、资源能源、生活质量四方面，研究区域绿色经济的发展中存在的问题，并从政府政策角度对培育与提升区域绿色竞争力提出其政策建议。

第四篇：根据区域绿色竞争力的理论和实证研究结论，本篇将基本理论应用到区域经济发展实践中，形成了相应的专题报告。专题报告一《区域绿色竞争力与城中村绿色改造工程》主要研究如何有效改造城中村（包括农村地带、棚户区、老城区）成为城市化健康持续发展的重要内容。通过研究城中村绿色改造工程的理论和实践，城中村绿色改造工程的和谐推进可以采用四个转变、遵循四个模式，从而实现城中村绿色改造工程的有效推进，保障城中村的绿色转型和可持续发展，提升城市整体绿色竞争力。专题报告二《区域绿色竞争力与低碳产业设计与重构》主要研究了低碳转型背景下的经济发展新路径和新模式。低碳转型是基于经济社会和生态环境共生发展目标，利用技术创新、产业转型和企业升级等方式，突破制度障碍，实现组织和体制机制创新，积极推进新能源开发和发展低碳产业，大力减少煤炭、石油等高碳能源的利用，降低温室气体和其他各种废气的排放，使经济发展走上绿色生态之路。低碳转型要求经济发展过程必须走低碳之路，产业发展向低碳化方向推进。为此，在低碳转型路径和模式指导下，必须有效地对低碳产业进行设计和重构，做强做大低碳产业，并在此基础上成为主导产业，引领未来产业发展的方向。专题报告三《区域绿色竞争力与中央苏区共生发展》主要研究了为避免赣南等原中央苏区成为国家战略的盲区，以致在新一轮经济转型升级过程中被再次边缘化。本书认为，要实现赣南等原中央苏区的共生发展，就要构建好相应的耦合动力机制，使中央苏区各项资源能够得到优化配置，形成耦合动力，促进经济社会又好又快发展。

本书是在国家自然科学基金项目《区域绿色竞争力的影响因子探索与系统分析模型构建研究：以中部地区为例》（71161014）、江西省社科规划项目“区域绿色竞争力的动态监测与政策仿真研究”（14YJ09）和2015年度江西省哲学社会科学重点研究基地课题“赣南等原中央苏区产业共生发展的动力机制研究”（15SKJD09）的阶段性成果研究基础上完成的，凝聚了相关课题组成员的巨大心血，由江西师范大学财政金融学院陈运平教授、黄小勇副教授负责，张新芝副教授、罗序斌博士、硕士研究生张坤、硕士研究生方小祥协助完成。在课题研究和写作过程中参阅了大量区域经济发展方面的文献，并得到相关课题项目的支持，在此对文献作者和相关课题组表示深深的谢意。由于水平有限，书中不妥之处，敬请读者批评指正。

陈运平

2015年6月　于洪城

目　录

第二篇　区域绿色竞争力指标体系与系统分析模型构建

第三篇　中部地区绿色竞争力的实证研究

绪　论

一、区域绿色竞争力研究意义

开展区域绿色竞争力研究，对于深化社会主义市场经济和区域经济理论研究具有重要的理论意义。随着市场经济的发展，区域竞争力特别是区域绿色竞争力研究严重滞后，在内涵、理论基础、影响因子、评价体系等基础性问题上还存在诸多争议和问题。现有的研究还没有对绿色竞争力概念的统一说法，在绿色竞争力决定因素与测算方法方面还处于探索阶段，没有建立比较完整的绿色竞争力研究体系，也就无法明晰绿色竞争力与国家、区域竞争力之间的联系。未来对本土组织开展区域绿色竞争力的实证研究仍感任重道远。

开展区域绿色竞争力研究，有利于总结经验推进经济的健康、可持续发展。通过区域绿色竞争力研究，为经济的发展提供更好的理论指导，少走弯路，推进区域经济的可持续发展。绿色竞争力把保护环境、优化生态与提高效率、发展经济统一起来，提高资源配置的高效性，促进资源的可持续供给。把资源成本和环境成本纳入竞争力指标体系，从根本上推动粗放型增长模式向低消耗、低排放、高利用的集约型模式转变，从而真正地把可持续发展观落实到经济建设的各个层面、各个领域。

二、国内外研究现状及发展动态分析

（一）国外研究现状及动态分析

国外学者对竞争力的研究首先是在理论上做了有益的探讨，包括竞争力含义的界定、竞争力理论的演变、竞争力研究的切入点、竞争力的影响因素等。

从1776年Adam Smith提出的绝对优势理论到20世纪80年代Porter的竞争优势理论，对竞争力理论的研究在不断发展演变。绿色竞争力——基于环保、生态、低碳、健康和可持续发展目标的绿色经济模式而取得市场竞争优势的能力——已成为国家、地区和企业的核心竞争力（Porter，1991）。当今的绿色竞争力研究大致分成了两个研究层面：一是以循环经济理论、绿色供应链理论为理论指导、绿色生产、绿色消费、绿色营销为研究重点的微观经济学研究；二是以绿色GDP、绿色税收、绿色贸易壁垒、绿色标志证书为研究重点的宏观经济学研究。

20世纪60年代，美国经济学家Kenneth Ewer在其发表的《宇宙飞船经济学》一文中首次引入循环经济概念。我国最初引入循环经济概念的曲格平、诸大建、吴季松、安毅等多数学者都持这种观点。循环经济在学术界仍然存在争议，需要在今后的实践中逐步丰富和完善。绿色供应链管理的概念是由美国密歇根州立大学的制造研究协会（IMRC）于1996年首次提出的，其概念和内涵还处于探索和发展阶段。

20世纪90年代初已是国际上研究竞争力问题的著名专家、哈佛大学的波特教授，声称他关于国家竞争力的研究结果同样适用于次级经济存在（区域和城市）。波特指出："竞争力在国家水平上仅仅有意义的概念是国家的生产率。"推及城市：一个城市竞争力是指城市的生产率。城市竞争力是城市创造财富、提高收入的能力。1990年，美国著名管理学家迈克尔·波特（Michael. Porter）的著作《国家竞争优势》出版，在这一书中，波特通过不同国家和地区之间的产业集群竞争特点对国家竞争优势作了具体的比较分析，提出了国家竞争优势的钻石体系。波特的国家竞争力理论对我国国内区域竞争力研究产生了深远的影响。波特关于绿色竞争力这一理念的提出，将经济效益与生态效益结合起来，掀起了国际上关于绿色竞争力研究的热潮。联合国、世界各国政府、著名科学家从20世纪70年代就开始以可持续发展的基本思想为基础，对绿色GDP的核算理论进行了艰辛的探索。1997年，Constanza和Inbchenco等首次系统地设计了测算全球自然环境为人类所提供服务价值的生态服务指标体系（ESI）。我国最早在1998年，由国务院发展研究中心牵头，与美国世界资源研究所合作，进行了《自然资源核算及其纳入国民经济核算体系》课题的研究；1996~1999年，北京大学先后应用投入产出表基本理论，提出了可持续发展下的绿色核算，即对中国资源—经济—环境的综合核算。美国明尼苏达大学应用经济系和卡尔森管理学院研究员戚顺荣博士（2006）用绿色观点的效率、生产率、国民核算和经济增长阐述了绿色GDP理论。这些观点为本书的研究提供了理论支撑点。

（二）国内研究现状及动态分析

国内许多学者的研究主要集中在区域竞争力研究、企业绿色竞争力研究、绿色 GDP、绿色供应链、绿色营销、绿色消费、绿色科技等领域。区域竞争力研究，则始于 20 世纪 90 年代末，以王秉安（1999）为代表的一些学者做出了较早的贡献。2000 年以后，区域竞争力研究在国内广泛展开，大量文献涉及区域竞争力的内涵、理论基础、决定因素、评价指标体系及改善措施等，研究深度、广度均有所提高。陈红儿、陈刚在区域竞争力的层面提出，区域产业竞争力指在一国内部各区域间的竞争中，特定区域的特定产业在国内市场上的表现或地位。关于企业绿色竞争力研究：金碚（2003）从企业的角度思考，认为竞争力是可以从市场取得，可以模仿而形成的一种能力。赵玲玲、马行裕认为，竞争力就是比竞争对手更有效地获取资源、市场的能力。余建等（2010）认为，企业绿色竞争力是在“绿色化”的前提下相对于其他企业的一种竞争优势。而循环经济作为一种新的发展模式，能够更好地解决生态与经济的矛盾，将绿色理念融入企业的经营和发展中，帮助企业在提高经济效益的同时，致力于改善生态环境。袁瑜等（2010）通过设计包含定性指标和定量指标在内的评价指标体系，引入模糊数学方法，并结合熵权理论，构建基于熵权模糊模式的企业绿色竞争力评价模型，不仅能够了解我国企业绿色竞争力状况，也为企业竞争力的提升提供了一些参考依据。关于产业绿色竞争力研究：尹艳冰（2010）通过针对绿色产业发展的具体特点，从产业发展水平、产业发展潜力、资源综合利用、污染控制、社会效益和公众效益六个方面构建了绿色产业发展的评价指标体系。鉴于指标体系多因素、多层次以及具有明显模糊性等特点，文章采用网络层次分析法（ANP）构建了评价模型，有效解决了指标间不完全独立的评价问题。程士富、刘倩（2010）认为，绿色 GDP 是环境经济综合核算体系的主要核算内容之一，绿色 GDP 核算有两种思路，分别为直接测算和间接测算。他们通过对内蒙古这样具有多方面典型意义的地区开展了绿色 GDP 的试算工作，构建模型预测了内蒙古 2008 年绿色 GDP。但总的来说，国内区域竞争力研究尚未进入成熟阶段，没有形成系统的理论基础体系和研究框架，在概念界定、评价指标、形成机制等基础问题上还存在模糊、争议乃至误解，与现实发展的结合也还有待进一步深化。

（三）国内外文献评述

国内外文献中关于区域绿色竞争力研究较多集中在理论可行性的辨析上，注重在理论指导下的实践，为下一步的研究积累了丰富的经验，但现有的研究还没有对绿色竞争力概念的统一说法，在绿色竞争力决定因素与测算方法方面还处于探索阶段，没有建立比较完整的绿色竞争力研究体系，也就无法明晰绿色竞争力与国家、区域竞争力之间的联系。我国的绿色竞争力研究总体来讲规模还比较小，尤其缺乏有理论影响力和实践说服力的本土化研究成果。所以未来对本土组织开展区域绿色竞争力的实证研究仍感任重道远。基于此，本书研究应该更加注重对区域绿色竞争力概念内涵的界定、决定因素与测算方法的研究、探索区域经济发展与绿色竞争力之间的联系，并用于指导实践，在实践中丰富我国本土化的绿色竞争力理论体系。在研究中注重与区域发展现实的动态结合，不断加强理论研究和创新，力求以科学、创新的理论成果解释和指导实践。

三、研究内容

（一）区域绿色竞争力理论探究与延伸

根据研究主题，主要从以下几个角度展开：生态循环理论与区域绿色竞争力，研究生态循环理论与区域竞争力之间的关系，并在绿色竞争力中融入这一理论；低碳经济理论与区域绿色竞争力，低碳是未来产业发展的方向，绿色竞争力的提升必须走低碳之路；可持续再生理论与区域绿色竞争力，区域绿色竞争力的提升需要建立在全面、健康、可持续发展基础之上。通过研究它们之间的关系，可以为区域绿色竞争力因子分析提供理论基础。

（二）区域绿色竞争力影响因子探索性分析

在理论研究的基础上，构建区域绿色竞争力的评价体系，主要研究内容有：①区域绿色竞争力的界定。根据区域绿色竞争力理论基础，对区域绿色竞争力的基本内涵及外延进行有效界定，规范好本书研究的基本边界，为区域绿色竞争力影响因素的选择提供了判定标准。②区域绿色竞争力影响因子探索性分析。影响区域竞争力的因素较多，本书研究将利用探索性因子分析方法，进行研究设计、合理的提取因子、因子旋转并计算各因子值，以查找出直接有效影响区域绿色竞争力的关键因素。③各因子对区域绿色竞争力的影响机理。通过探索性因子分析后的各因素，具有较好的可靠性，在此基础上进一步分析其对区域绿色竞争力的影响机理，为区域绿色竞争力评价指标体系的构建提供理论依据。

（三）区域绿色竞争力系统分析模型的构建

区域绿色竞争力因子的确定，为区域绿色竞争力系统分析模型的构建提供了

理论依据，为此，可以进行以下研究：①区域绿色竞争力指标体系的设计。根据区域绿色竞争力的基本内涵和因子分析，设计好包括污染指数、能耗指数、生态指数、循环指数、产业可持续指数等大指标体系，然后进行指标的分解，包括二氧化碳排放量、单位 GDP 耗电耗能、循环企业数量和产量、环境监测数据（包括空气、宜居、绿化、环境改造等）等可测量子指标体系。②区域绿色竞争力系统分析模型的构建。要评价区域绿色竞争力，需要对指标体系的数据结果进行综合评价，为此，需要利用计量经济和系统动力学分析方法，构建相应的系统分析模型，综合评价区域绿色竞争力水平。

（四）区域绿色竞争力的实证分析与综合评价

根据区域绿色竞争力评价指标体系的构建，可以以此对我国各省区绿色竞争力进行实证分析，构建区域绿色竞争力评价系统分析模型。通过科学的组合和分层设置，构建了评价模型，再根据评价模型进行数据的采集和处理，采用相关的竞争力评价方法，最后得出竞争力的评价结果。研究包括：①我国各省区衡量区域绿色竞争力的相关数据收集和整理。通过收集指标体系及评价模型涉及的相关区域绿色竞争力的衡量数据，进行有效整理，为实证研究提供充分的数据支持。②区域绿色竞争力的实证分析。根据数据收集和指标体系，利用 SPSS 统计软件进行实证检验，为理论验证和结果评价提供实证依据。③区域绿色竞争力的综合评价。利用构建的系统分析模型对实证分析的结果进行综合评价，包括绿色竞争力的区域分布特点和绿色竞争力的培育重点等，为区域绿色竞争力水平的提升策略提供实证依据。

（五）区域绿色竞争力的培育和提升的策略选择

根据实证分析的结果，对绿色竞争力的培育和提升提出了一些方向，在此主要研究：①区域绿色竞争力培育和提升的政府导向策略。政府应该在追求经济增长的过程中，不断融入绿色理念，在生态、环保、民生、体制机制方面采取相应的导向措施，从真正意义上实现经济发展的生态化、低碳化和环保化战略。②区域绿色竞争力培育和提升的产业发展策略。产业发展如果不加以规范，很容易产生外部不经济，为此在产业创新、产业协调、产业循环、产业集聚等方面应采取相应的措施，使产业发展真正走可再生、可循环和可持续之路。③区域绿色竞争力培育和提升的企业发展策略。制定和完善相应的企业生产规范和标准，限制企业的外部不经济行为，有效防止企业发展过程中的“原罪”行为，为企业的可持续发展提供策略支持。

四、研究目标

以现有的国内外关于绿色区域竞争力有关的理论为指导思想，对理论发展及研究现状进行梳理，综合提出绿色区域竞争力的思想，包括概念、假设、要素以及机制等。对当前国内外的区域发展现状进行研究分析，根据有关理论及历史经验、实践，构建指标体系，建立系统评价模型，同时利用现有的我国相关数据进行实证研究，对不同区域绿色竞争力进行评价分析。通过研究达到以下目标：①通过探索性因子分析提取区域绿色竞争力影响因素；②构建区域绿色竞争力评价指标体系；③构建区域绿色竞争力评价模型；④提出区域绿色竞争力提升策略。根据实证研究结果做进一步的完善、丰富，进而提出培育与提升区域绿色竞争力相关策略。

五、解决的关键问题

（一）影响因子的有效论证

通过探索性分析方法，有效论证影响区域绿色竞争力的因子，为后续区域绿色竞争力评价指标体系的构建提供指标支持。这是整个区域绿色竞争力评价系统的基石，只有有效地解决了因子问题，指标体系才能有效构建，评价系统模型才能建立。

（二）解决数据的来源与采集

指标设置以及评价模型是按照专业的特点和需要设置的，许多现有的统计指标与核算方法在我国还未正式开始，因此在资料与数据收集时，部分资料不易取得，如部分环境污染治理的投资和达标率、水资源的开采运输成本、土地的结构变动资料、森林资源的生态价值、林木的培育成本和投资成本等。

（三）做到统计方法上的兼容性

经济统计对经济活动的描述具有内在的统一性，环境统计常常着眼于外在

形状及其各种生物、物理化学特性，却难以用货币这样的常用经济语言去描述。绿色竞争力问题本身处于一种动态的不断变化发展当中，准确进行测度非常困难。在描述绿色竞争力与区域经济关系上，既存在实物数据收集的困难，也存在实物数据估价方法上的困难，需要新的综合核算体系的建立、完善和正常运行。

六、研究方法与技术路线

（一）研究方法

本书在研究工作中坚持相关理论及科学发展观思想为指导，采用以下研究方法：

1. 理论分析与实证分析相结合

对区域、绿色竞争力和制度创新、指标体系构建、评价模型等进行理性分析，界定其内涵、特点及本质，同时结合国内外典型区域经济发展的实际状况和存在问题进行实证研究。

2. 静态分析和动态分析相结合

主要是涉及绿色区域竞争力指标体系的构建与评价模型，竞争力的评价是一个动态的、历史的过程。本书拟在对国内外区域竞争力比较研究的同时，结合区域经济发展的动态轨迹进行分析，通过研究不同时期提升和培育区域竞争力的办法和措施，以求探索提升绿色区域竞争力的共同经验和规律，为后发地区发展提供借鉴。

（二）技术路线

研究的技术路线遵循前期的资料收集与文献整理以及综述；实施阶段的课题分工和调研工作以及专题研究，并最终取得研究的初稿；咨询阶段进行研究报告的会议讨论、专家咨询和修改；最后进行结题工作。具体技术路线如图0－0－1所示。

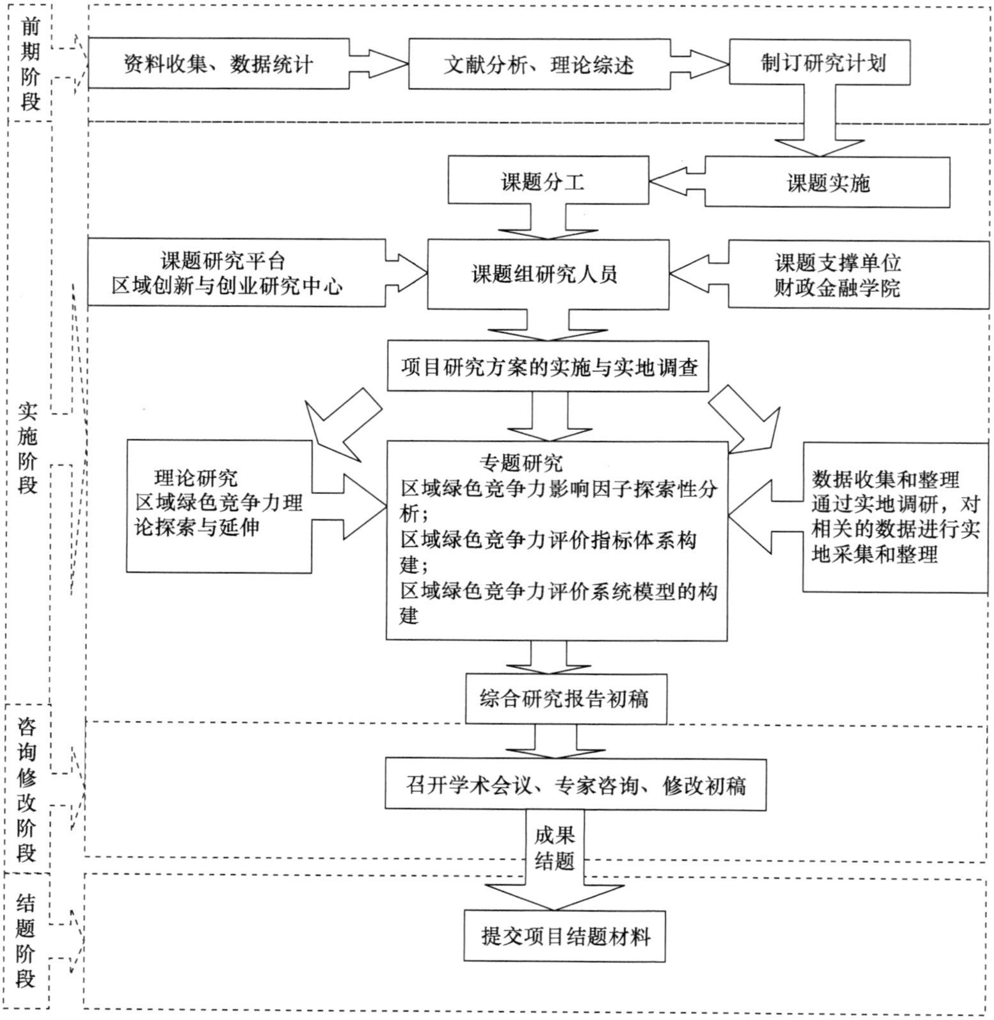

前期阶段
资料收集、数据统计
文献分析、理论综述
制订研究计划
课题分工
课题实施
课题研究平台
区域创新与创业研究中心
课题组研究人员
课题支撑单位
财政金融学院
项目研究方案的实施与实地调查
实施阶段
理论研究
区域绿色竞争力理论探索与延伸
专题研究
区域绿色竞争力影响因子探索性分析；
区域绿色竞争力评价指标体系构建；
区域绿色竞争力评价系统模型的构建
数据收集和整理
通过实地调研，对相关的数据进行实地采集和整理
综合研究报告初稿
咨询修改阶段
召开学术会议、专家咨询、修改初稿
成果结题
结题阶段
提交项目结题材料

图0-0-1　本书技术路线

七、特色与创新之处

（一）根据区域竞争力理论与绿色观念探索性地提出区域绿色竞争力理论

在理论上提出区域绿色竞争力概念、定义，并分析其内涵与外延，从而完善和发展区域竞争力理论，为区域经济的可持续发展提供了理论基础。

（二）通过探索性因子分析尝试构建区域绿色竞争力评价指标体系

设计包括污染指数、能耗指数、生态指数、循环指数、产业可持续指数等大指标体系，进行指标的分解，包括二氧化碳排放量、单位 GDP 耗电耗能、循环企业数量和产量、环境监测数据（包括空气、宜居、绿化、环境改造等）等可测量子指标体系。通过实证检验后，可以在全国推广使用，甚至成为衡量区域绿色竞争力的标准。

（三）根据计量经济方法探索性地构建区域绿色竞争力系统评价模型

建立基于环保、健康和可持续发展目标的区域绿色竞争力系统分析模型，为区域绿色竞争力水平的研究提供新的理论模型和方法。

第一篇　区域绿色竞争力影响因子及其机理分析

本篇内容主要做了以下研究工作：一是精确选择了区域绿色竞争力影响因子。区域竞争力特别是区域绿色竞争力研究严重滞后，在内涵、理论基础、影响因子、评价体系等基础性问题上还存在诸多争议和问题。在文献综述的基础上，构建区域绿色竞争力的评价体系，主要研究区域绿色竞争力的界定。根据区域绿色竞争力理论基础，对区域绿色竞争力的基本内涵及外延进行有效界定，规范好研究的基本边界，为区域绿色竞争力影响因素的选择提供了判定标准。二是探索性分析了区域绿色竞争力影响因子。现有的研究还没有对绿色竞争力概念的统一说法，在绿色竞争力决定因素与测算方法方面还处于探索阶段，没有建立比较完整的绿色竞争力研究体系，也就无法明晰绿色竞争力与国家、区域竞争力之间的联系。同时对区域绿色竞争力影响因子进行探索性分析，影响区域竞争力的因素较多，可以利用探索性因子分析方法，进行研究设计、合理的提取因子、因子旋转并计算各因子值，以查找出直接有效影响区域绿色竞争力的关键因素；通过研究探索性因子分析后的各因素，具有较好的可靠性，在此基础上进一步分析其对区域绿色竞争力的影响机理，为区域绿色竞争力评价指标体系的构建提供理论依据。三是论证了影响因子对区域绿色竞争力的机理。通过探索性因子分析后的各因素，具有较好的可靠性，但是每个影响因子对区域绿色竞争力的影响机理、多个共同因子对区域绿色竞争力的影响机理以及影响因子之间数理逻辑关系分析均需要严格准确的论证，因此对每个因子的作用机理做一个合理分析，对识别与探索区域绿色竞争力将会有良好的参考价值。

第一章　区域绿色竞争力影响因子探索性分析[①]

随着全球经济的高速增长，产业的不断升级以及工业化进程的长足发展，人类赖以生存的自然环境正在不断恶化，对人类自身的持续发展带来了巨大的威胁。人类在发展经济的同时，必须考虑环境保护、生态和谐、持续共生等问题，通过合理有效地配置和创造现有的资源，以实现人与自然的和谐共生。区域经济的发展就应该在此基础上，不断地生产出和谐共生、绿色环保的产品，尽量缩小或者消除企业和产业发展过程中的原罪边界，才能在未来经济发展中展现出独特的魅力和竞争力，区域绿色竞争力将成为未来区域竞争的关键，绿色生态、环境友好将成为提升区域竞争力的保证。区域绿色竞争力的提升是生态、包容、持续发展的前提，而提升区域绿色竞争力的关键是增强其影响因子的强度，当然首要的是发现区域绿色竞争力的影响因素有哪些。本章通过对相关文献的梳理和整合，初步选定了影响区域绿色竞争力的 13 个影响因子，通过设置调查问卷的实证调研法初步论证了 13 个影响因子对区域绿色竞争力的影响，并进行简单的统计分析，随后运用探索性因子法对影响区域绿色竞争力的主要影响因子进行深入的研究，得出的结论是：影响区域绿色竞争力的核心因子是环保因子、持续因子、低碳因子、生态因子、循环因子、健康因子。区域绿色竞争力的提升需要强化这六大因子，在此基础上进行指标体系的延伸，可以构建评价区域绿色竞争力的指标体系，为区域绿色竞争力的综合评价和动态监测提供研究基础。

① 本章主要内容已发表于《宏观经济研究》2012 年第 12 期，《区域绿色竞争力影响因子探索性分析》。

一、相关因子对区域绿色竞争力影响的基本判断

对区域绿色竞争力进行评价的目的是找出影响竞争力大小的制约因素，以有针对性地提出改进对策，因此本书将构建以绿色竞争力影响因素为基础的评价指标体系。总结上文对区域竞争力影响因素的识别和分析，确定其显示指标的过程。文献综述中论述了绿色竞争力的13个影响因子的基本含义，在此将更进一步论证这些因子对区域绿色竞争力的影响情况。

（一）环保因子

倪武帆提出，企业环境竞争力是指企业的产品进入市场时所表现出的有关环境保护、环境适应等方面的优势、生存能力和持续发展能力的总和，是构成和影响产品核心竞争力环境因素的综合。环境竞争力内涵至少包括四个要素：环境竞争力体现的应该是产品从生产—进入市场—回收整个过程；环境竞争力应该体现在有关环境保护、环境适应、环境相容等方面；环境竞争力是一种支撑性的能力，能使企业产生竞争强势；环境竞争力是企业长期积累而形成并长期起作用的能力。绿色竞争力是指企业同时实现环境保护和市场竞争优势的能力，即企业的产品不仅能给企业带来可观的利润，而且有利于保护生态环境和自然环境，有利于节约自然资源，有利于人类的身体健康。绿色经济是一个宏观层面的、广义的概念。

尹晓波（2002）认为，环保不仅仅是投入，它也会带来巨大的产出，从而提高企业的竞争力。袁泉（2007）提出，农业生态环境保护是环境保护工作的重要组成部分，是改善区域环境质量的重要措施。曲晓如教授通过对环境保护与国际竞争力关系的研究，指出正确处理环境保护与企业竞争力的关系有利于我国在环保大趋势下把握经济主动权，增强企业的国际竞争力。凡是朝着有利于资源节约、环境保护和可持续发展方向发展的经济活动都是绿色经济。斯图尔特·哈特指出，当环保成为总体战略的一个组成部分时，潜在的巨大商机之门就会开启，他把企业环保战略划分为三个阶段：污染防治、产品责任和清洁技术的开发。北京师范大学、西南财经大学和国家统计局中国景气监测中心的报告在研究和总结国内外低碳发展、绿色发展和可持续发展等相关理论和实践成果的基础上，结合中国的现实情况，将资源环境承载潜力作为绿色指数，反映资源与生态保护及污染排放情况。很多分析和证据表明，环保产业和可再生能源等绿色行业有望在解

决主要环境危机的同时，在应对国际金融危机中成为新的经济增长点，引领全球经济复苏，这个过程带来的资本回报远远超过对传统产业的振兴回报。中国绿色发展指数的编制指出，从长期看，自然资源枯竭、环境污染已经成为制约中国经济增长的主要障碍。企业的绿色竞争力能否提高主要取决于两个因素：一是用于污染防治的投入要素（如设备、原材料以及专业人才等）的价格；二是清洁生产技术的先进程度。郝海波认为：一方面，各种国际环保条约要求缔约国加强本国的环保力度；另一方面，许多国家通过在国际贸易中设立“绿色壁垒”以间接保护全球环境。随着全球环境的不断恶化，尽管各国政府在向本国企业施加环保压力的问题上有所顾虑，但是全球范围内环境标准的提高已是大势所趋。从环境规制的实践看，各国政府都在维持或提高现有环境标准，很少有降低环保要求的情况。同时，消费者的环保意识也逐渐提高，“绿色消费”正成为一种潮流和时尚。在这种情况下，企业要在未来的国际竞争中取得优势，就必须提高自身的绿色竞争力。毛文娟（2004）认为，我国企业由于对环境保护认识不足、技术落后、设备陈旧，仍然属于能耗高、污染较严重的行列，在环境战略上还处在被动治理的第二阶段，因此需要全面改造生产过程，打造企业的绿色竞争力，最终改善中国的环境现状。徐松、曾凡银、冯宗宪、赵细康等对企业绿色竞争力问题也有过描述，还有部分学者在研究环境与贸易问题时，顺带讨论过这方面的问题，但这些文献更多地具有描述性和介绍性的特点，系统性和深度都还不够。

（二）持续因子

持续因子是指满足现代人的需求以不损害后代人满足需求的能力。Porter（1991）提出，绿色竞争力———基于环保、健康和可持续发展目标的绿色经济模式而取得市场竞争优势的能力———已成为国家、地区和企业核心的竞争力。

曾贤刚觉得未来的企业如果只是考虑经济效益，而不重视生态效率的提高和可持续发展能力的建设，它将最终被淘汰出局。王蓓、武戈提出，可持续发展成为产业竞争力追求的目标，是影响未来产业竞争力的重要指标。国家统计局中国经济景气监测中心研究提出，中共十七届五中全会通过的《关于制定国民经济和社会发展第十二个五年规划的建议》强调，要坚持把建设资源节约型、环境友好型社会作为加快转变经济发展方式的重要着力点，加大生态和环境保护力度，积极应对全球气候变化，提高生态文明水平，增强可持续发展能力。许扬洋（2008）研究绿色竞争力，挖掘其与国际竞争力、可持续发展、和谐社会之间的联系，具有很大的现实意义和社会价值。杨代友（2004）认为，提高绿色化企业的竞争力，必须进行制度创新，促使传统发展模式向可持续发展模式转变。在有利于可持续发展的制度支持下，企业通过绿色技术创新，建立新的竞争力策略能够获得竞争优势。企业可持续发展的理想状态是能在不断创新的机制下，以尽量少的能源和物质条件，生产出可完全利用率最高的产品，并且拥有持续的环境友好特性。因此，可以从环境成本、环境系数、环保投资偿还期、产品的可完全利用率等方面进行评价。

（三）低碳因子

低碳是就是较低（更低）的温室气体（二氧化碳为主）排放，保持人类生存环境和健康安全。Martina（2010）称低碳经济是一种低能耗、低排放、低污染的生态经济发展模式，是低碳发展、低碳产业、低碳技术、低碳生活等一类经济形态的总称。刘智群、金起文（2011）表示，低碳经济是以低能耗、低污染、低排放为基础的经济模式，它要求企业必须把自身发展和环境保护有机结合起来，彻底摒弃传统粗放型的生产方式，着力推进以能源节约、新型能源应用和 CO_2 排放强度降低为主要标志的低碳发展模式。

王琳、王茹提出，环境与发展是当今世界各国普遍关注的重大问题。经济发展对石油、煤炭等碳基能源的需求量持续增加，由此产生的大量温室气体使得全球气候变暖，这已经严重威胁到人类社会的可持续发展。面对这种恶劣气候的严峻挑战，低碳已经成为全球经济社会发展的新趋势。当前，世界各国正经受着金融危机的考验，世界的经济环境恶化。为应对国际金融危机，欧美等发达国家都在推行绿色新政，大力发展绿色经济，将低碳技术、低碳经济作为新的战略经济增长点。在这样复杂的背景下，我国企业如何有效地提升绿色竞争力，不仅是在国内同行业以及国外市场立足的制胜法宝，而且是加快建设资源节约型、环境友好型社会的重要战略步骤。中国绿色发展指数的编制指出，要提高绿色竞争力，中国要大力发展绿色经济，积极发展低碳经济和循环经济，研发和推广气候友好技术。周建成、曾敏认为，低碳竞争力是指在节能减排目标的指导下，企业通过采用可持续发展战略、低碳技术和清洁生产方式，率先生产、开发、利用比竞争对手具有更低污染、更低排放、更低能耗的产品与服务，从而持续获得竞争优势的能力。刘解龙、王思思、刘丹侠认为，企业作为经济活动的主体，作为人类建立与大自然的关系的组织形态，要想在未来的发展中形成持久的竞争力，必须加快活动方式的转变，主动积极改革创新，及早适应正在到来的低碳经济时代的要求。

（四）生态因子

生态因子就是指一切生物的生存状态，以及它们之间和它与环境之间环环相扣的关系。生态是社会经济发展的物质基础，是企业实现绿色竞争力的外在因素。郑师章等（1994）提出，生态（Ecology）在生物学上原意是生物栖息的地方，也就是生物的生存环境，生态学的任务是研究生物之间和生物与其生存环境之间的关系。马世骏、王如松将企业外部生态环境称为社会—经济—自然复合生态系统。

尹晓波（2002）指出，随着发达国家经济发展和人民生活水平的提高，人们更加注重人体健康和周围环境质量，更青睐于对生态较为有利的产品，而对有害于人体健康和生态环境的产品加以抵制。梁嘉骅等（2002）表示，企业发展与其生态环境关系有着强烈的自觉目的性、生态环境与企业间存在相互推动与制约的强互动性。北京师范大学、西南财经大学和国家统计局中国景气监测中心的报告在研究和总结国内外低碳发展、绿色发展和可持续发展等相关理论和实践成果的基础上，结合中国的现实情况，将政府政策支持度作为绿色指数，反映政府在绿色发展方面的投资、管理和治理情况等。处理好生态问题，不仅可以节省原材料成本、减少排污费，还可以提高企业公共形象和产品在消费者中的声誉，也有利于改善企业与政府以及投资者之间的关系，从而获得更多的经济利益。因此，适当的环境管理有利于促进企业积极创新提高资源的利用效率，从而提高企业的生产效率和竞争力。构建企业绿色竞争力要求企业在实现自身目标时，要保持与生态环境的协调发展，保护环境可以促进生态系统良性循环，为企业提供有利的外部发展条件，促进经济的发展。张凤民、李世龙（2008）强调了技术生态化的重要性，推行生态化、清洁化的生产方式，能使原材料和废弃物再循环利用，把污染物尽可能地削减在源头和生产过程中，实现企业经济增长和生态环境保护之间的良性循环。王琳、黄祺、汪政（2007）认为，企业只有在良好的生态环境，也即在没有脆弱性或脆弱性很低的情况下才能实现绿色发展，可持续性发展。脆弱性较高时就必须通过政府政策，借助市场力量或企业自身的竞争优势力量进行调控，以降低竞争劣势。中国绿色发展指数的编制指出，中国绿色发展指数有助于聚焦社会公众对生态环境的关注，鼓励大众积极参与绿色发展。张江雪、宋涛、王溪薇提出，侧重生态环境的绿色指数测算了经济活动对生态环境的破坏状况，并关注环境与经济增长之间的相互关系，是各国制定环境政策和调整环境战略的重要依据。

（五）循环因子

循环就是生物能量的环环相扣、相互影响、相互转化、周而复始的过程。耿香玲提出，“循环经济”一词是由美国经济学家波尔丁提出的，是指在人、自然资源和科学技术的大系统内，在资源投入、企业生产、产品消费及废弃的全过程中，把传统的依赖资源消耗增长的经济，转变为依靠生态型资源循环来发展的经济。

长期以来，经济发展大都以耗费资源为支撑，或者以消耗资源为前提，而无论是资源的消费还是环境的改变，特别是污染和破坏，都是有限度的，过度消费资源和破坏环境，不仅会使区域生产无法持续进行，而且还将破坏人类生存的基本条件。因此，对区域绿色竞争力的研究必须从构建节约型社会的战略出发，以科学发展观和循环经济理论为指导，从促进转变经济增长方式角度，培育地方可持续发展的竞争力。中国绿色发展指数的编制指出，中国在长期的经济发展过程中，不断提高对环保和可持续发展的自觉性，在循环经济、低碳经济、节能减排等方面也做了大量努力工作。许扬洋（2008）在绿色竞争力的微观经济学研究中提出，循环经济就是把经济活动组成资源—产品—再生资源的反馈式流程，使经济活动对自然环境的不良影响降低到尽可能小的程度。曲格平（2001）指出，20世纪90年代之后，发展知识经济和循环经济成为国际社会的两大趋势。知识经济要求加强经济运行过程中智力资源对物质资源的替代，实现经济活动的知识化转向；循环经济要求以环境友好的方式利用自然资源和环境容量，实现经济活动的生态化转向。自从90年代可持续发展战略以来，发达国家正在把发展循环经济、建立循环型社会看作实施可持续发展战略的重要途径和实现方式。

（六）制度因子

诺斯认为“制度是社会的游戏规则，更规范地讲，它们是为人们的相互关系而人为设定的一些制约”，他将制度分为三种类型即正式规则、非正式规则和这些规则的执行机制。郭庆然（2008）提出，企业制度是关于企业组织、运营、管理等一系列行为的规范化和制度化。企业制度有先进、落后之分，制度先进则成本低，有利于竞争；制度落后则成本高，不利于竞争。刘菁等（2009）认为，企业管理制度是企业员工在企业生产经营活动中需要共同遵守的规定和准则的总称，是为完成有关管理事项而对各方面关系及行为方式所制定的规则。

梁嘉骅等（2002）认为，一个国家与地区的社会制度和政策对企业的发展往往起着决定性影响，它左右着一个国家的经济制度、产业结构、市场结构、行业与企业的属性与行为、投资环境和进出口贸易。郭庆然（2008）提出，企业竞争首先表现为产品质量、市场价格和市场占有率的竞争，而这些竞争的背后是人才的竞争，人才竞争归根结底是企业制度的竞争。刘长滨等表明，企业通过管理制度，依据管理内容与要求和管理流程来规范、提高内部各项工作的协调性和一致性，从而提高企业的核心竞争力，使其获得更大收益。因此培育核心竞争力最重要的一点是建立有效的管理机制，提高企业的管理能力。

（七）增长因子

区域绿色经济综合实力表现为当前宏观经济的运行状况，其含义十分丰富，不仅指一区域增加值现有的实际数量，更包含着增加值创造的潜力和未来的可持续性。简言之，经济综合实力的本质是增加值生产和创造的数量与能力，数量反映现状，能力则着眼未来。许扬洋（2008）在绿色竞争力的宏观经济学研究中提出，绿色税制不仅具有保护生态环境的作用，而且还有提高经济效率的潜力。

曹远征（1997）认为，评价一区域的绿色经济综合实力，基本原则就是看该区域的经济整体实力是否雄厚，是否有利于区域经济的长期发展和人民生活水平的提高。首先，生产总水平反映了区域经济整体实力，既是过去经济发展的结果，也是未来经济发展的基础；其次，资本的形成在一定程度上决定了在长期竞争中区域经济竞争实力的潜力；再次，高增加值产业部门的发展水平和质量有利于促进区域经济发展，增加区域经济整体实力及其可持续性；最后，居民生活水平状况反映了区域经济综合实力水平。北京师范大学、西南财经大学和国家统计局中国景气监测中心的报告在研究和总结国内外低碳发展、绿色发展和可持续发展等相关理论和实践成果的基础上，结合中国的现实情况，将经济增长绿化度作为绿色指数，反映经济增长中生产效率和资源使用效率。

（八）健康因子

健康指一个人在身体、精神和社会等方面都处于良好的状态。健康、食品供给、能源、水已成为提高绿色竞争力所面临的挑战。李建航、朱晖指出，企业的健康文化是企业稳定持续发展不可或缺的精神动力，是一种无形的生产力，一种潜在的生产力，具有一股强大的力量，能极大地促进企业的长远发展。企业没有健康文化的引导，就像失去灵魂一样，犹如一盘散沙，最后在竞争中被淘汰的道理，就说明企业健康文化真正的内涵和灵魂作用。徐天舒认为，随着公众健康及环境意识的不断提升，注重生活品质和健康生存环境已经逐渐成为消费者选择产品的主要考虑因素。杨代友提出，绿色竞争力在内涵上意味着经济发展对环境和健康是友好的。田起认为，绿色食品的质量、加工、包装档次已成为决定市场竞争力的主要因素，为此，在发展绿色食品上必须正确处理好数量和质量的关系。

（九）民生因子

现代意义上的民生概念有广义和狭义之分。广义上的民生，是指凡是同民生有关的，包括直接相关和间接相关的事情都属于民生范围内的事情。狭义上的民生主要是从社会层面上着眼的。2007 年，亚洲开发银行首次提出包容性增长（Inclusive Growth）的概念，在其展望亚洲发展的一份报告中，提出要把关注的重点从应对严重的贫困挑战，转向支持更高和更为包容的增长。2010 年 9 月，胡锦涛在第五届亚太经合组织人力资源开发部长级会议上做了题为《深化交流合作，实现包容性增长》的致辞，强调实现包容性增长的根本目的是让经济全球化和经济发展成果惠及所有国家和地区、惠及所有人群，在可持续发展中实现经济社会协调发展。胡锦涛在出席 APEC 第十八次领导人非正式会议时，再次倡导各国实现包容性增长，提出应该坚持社会公平正义，坚持以人为本，实施有利于充分就业的发展战略，提高全体劳动者的素质和能力，加快构建可持续发展的社会保障体系。由此可以看出，包容性增长的核心是对民生的包容，经济增长最终应当为全体社会成员谋求最大福利。一些学者从民生角度探讨了民生对于经济增长的影响。彭德芬（2002）所主张的衡量经济增长质量应包含的三项内容中居民生活质量及富裕程度、生存环境质量都与民生民富密切相关。杨长友认为，在工业化完成之前衡量经济增长水平的第一向度即为人的物质福利状况。王玉梅、胡宝光也认为，人民的生活水平和福利状况决定了社会发育阶段，因而也必须涵盖在经济增长质量的测度之中。

（十）政策因子

政策指国家政权机关、政党组织和其他社会政治集团为了实现自己所代表的阶级、阶层的利益与意志，以权威形式标准化地规定在一定的历史时期内，应该达到的奋斗目标、遵循的行动原则、完成的明确任务、实行的工作方式、采取的一般步骤和具体措施。张中凯认为，政府是社会制定公共政策、项目和法律的权威机构，对国家及本辖区的政治、经济、文化、科技、环境发展等事物具有直接的决策和管理权。雷小凤、陈共荣认为，政府行为和其他关键要素之间具有互动关系，政府对产业提供良好的运营环境，而政府政策也会受到其他因素的影响。周群艳认为，政府的工作主要是完成自身职能的转换，建立开放、公平的市场环境，增加交通通信等基础设施的建设，为加快区域合作提供全方位的服务。要想达到良性的区域整合、市场的统一和企业的公平竞争，一定需要政府层面的积极支持和干预。胡英燕（2009）认为，国家应在生产流程、上市流通、进口限制等方面加强法律控制力度，给予企业一定出口倾斜政策、一定额度的环保补贴以及一定的科技、资金与人力资源扶植。

左克军（2006）表示，政府要制定切实可行的激励措施，推进企业发展循环经济，把生态环境保护的外部效益内部化，对环境治理和资源再造的行为给予各种可能的政策支持，以形成良性的激励机制。朱远（2006）认为，政府应该提供基于生态规模的公共产品和服务，加强政策支持和制度约束，提升城市绿色竞争力。中国绿色发展指数的编制提出，政府行为、科技能力及公众参与，是推动绿

色发展的三支重要力量，尤其是政府行为最重要。该报告把政府政策支持度作为绿色发展指标体系的三大一级指标之一，包括绿色投资指标、基础设施和城市管理指标、环境治理指标。区域经济绿色发展过程中地方政府的作用可分成两个方面，即政府参与和政府质量。政府参与首先体现在制定前瞻性的地方经济发展计划，确定本地区发展的先导工业和产业，并通过各种优惠政策迅速从国内外积累资本，以创造经济增长的初始条件；其次体现在经济发展进程启动后，制定适宜的财政金融政策和法规制度，维护经济的稳定发展；最后通过投入资金在基础设施建设、国民素质培养、科技进步推动等公共领域充分发挥应有的管理职能，为区域的发展创造良好的环境条件。

（十一）文化因子

约翰·科特、詹姆斯·赫斯克特提出，企业文化是指一个企业中各个部门至少是企业高层管理者们所共同拥有的那些企业价值观念和经营实践。这些融入企业文化的价值观念或特定问题的解决方法可以从企业不同层次的人员中产生。一经形成，自身就可以通过多种途径生存和发展。李冰（2009）指出，绿色企业文化是指企业及其员工在长期的生产经营实践中逐步形成的为全体员工所认同和遵循的具有本企业特色的、对企业成长产生重要影响的、对节约资源和保护环境及其与企业成长关系的看法和认识的总和。张琼认为，企业文化是指企业等经济实体在生产经营中，伴随着自身的经济繁荣而逐步形成和确立并深深植根于企业每一个成员头脑中的独特精神成果和思想观念，是企业的精神文化。企业文化包括企业的经营观念、企业精神、价值观念、行为准则、道德规范、企业形象以及全体员工对企业的责任感、荣誉感等。企业文化是凝聚人心、增强企业竞争力的无形资产，是促进企业不断发展壮大的精神动力和无形财富。绿色企业文化是指企业及其员工在长期的生产经营中逐渐形成的具有本企业特色的关于节约资源、保护环境的看法和认识的总和，实际上是企业发展思想的体现。要准确理解低碳企业文化的内涵，我们需要把握以下两个方面的要点：第一，低碳企业文化是企业文化的一种类型；第二，低碳企业文化的核心是“低碳理念”。

袁泉（2007）认为，绿色企业文化既是绿色竞争力战略的重要内容，也是企业实施绿色竞争力战略的前提。姚永平（2011）表明，以经营理念、价值观念为核心的企业文化是企业核心竞争力最深层次的重要因素之一。“一个企业没有文化，这个企业就没有了凝聚力，从而也会丧失了持久的竞争力”。李冰（2009）指出，企业培育绿色企业文化应从人的教育开始，教育的对象应是全体员工，包括经营者、各级管理者和普通员工。只有这样，才能尽快在全体员工中树立环境保护观念，使绿色竞争力在全体员工中达成共识。袁泉（2007）提出，绿色企业文化不仅使企业充分认识到环保的重要性，更使企业把环保付诸行动，承担相应的社会责任，使企业能够取得社会和公众的好感，从而使企业的知名度与美誉度有机的结合，打造极具口碑的品牌经济。

（十二）协调因子

协调作为一个重要的概念广泛地出现在多个学科和社会经济领域，成为共同关注的一个研究课题。关于“协调”（coordination）一词，《汉语大词典简编》的解释是“和谐一致，配合得当”，从以上的解释来看，协调最本质的特征就是和谐，即通过把系统中原来分散的各个元素组合起来，使之相互协作、相互配合并相互促进，使得各元素的功能得到充分的发挥，并促成整个系统最优化目标的实现。绿色竞争力的协调度是指企业与环境并进退，协调度强调优化资源的配置，调控经济的增长方式和保护环境。环保投资与效益比率、环保与固定资产投资平衡、环保与再生产投资效益平衡、环保对发展生产影响、环保投资与消费总额比率等可作为评价指标。绿色竞争力的持续度指竞争力的长期优势地位同企业可持续发展相联系。持续度更加注重从时间上去把握发展度和协调度。林寿富（2011）指出，环境协调是指人类的生存与发展和环境的协调发展程度，主要包括人口与环境的协调发展、经济与环境的协调发展两个方面。协调竞争力反映了一个区域的人类生产、生活和消费行为与环境系统协调可持续发展的程度，这也是绿色竞争力的一个重要方面。

梁嘉骅等（2002）提出，竞争力必须同其他因子相互协调，促进共同发展，他认为企业的发展必然要求政府的政策符合企业发展的目的；企业在一个地区发展必然产生聚集效应，并带动其他产业的发展，同时使交通、通信、教育的完善化；企业的生存竞争有力地推动科学技术的发展；特别是当今跨国公司的发展造成“我中有你，你中有我”的局面，有力地促进了国际政治、经济、文化、科技关系的变化。岳晓燕以中部地区城市群为例，在对经济发展与生态环境的协调性进行定量分析的基础上，按照协调度的正负值将城市分为六大类型。蔡平（2014）运用因子分析法，通过分析影响中国经济与生态环境协调发展的主要影响因素，提出中国经济竞争力与生态环境协调发展的路径。岳晓燕、周军（2011）通过定量分析得出，经济、社会和环境任何要素的发展不均衡，都会影响系统整体竞争力的协调度。所以，城市要想实现经济、社会和环境系统的全面协调，必须注意系统内各要素的均衡发展。

（十三）资源因子

资源是指一国或一定地区内拥有的物力、财力、人力等各种物质要素的总

称。分为自然资源和社会资源两大类。美国经济学家伊迪丝·彭罗斯（Editht. Penrose）在其1959年出版的《企业成长论》中谈道："企业能更有效地利用自身拥有的资源和能力"是使企业区别于竞争对手的核心所在，这也是有关企业能力最早的论述。《经济学解说》（经济科学出版社2000年版）将"资源"定义为"生产过程中所使用的投入"，这一定义很好地反映了"资源"一词的经济学内涵，资源从本质上讲就是生产要素的代名词。"按照常见的划分方法，资源被划分为自然资源、人力资源和加工资源。"诸大建、朱远（2006）认为，资源生产率是经济社会发展的价值链和资源环境消耗的实物量之比值，是城市绿色竞争力的重要体现，其指标包括水生产率、土地生产率、能源生产率等。张玉梅（2003）认为，人力资本是通过对人力资源投资而体现在劳动者身上的体质、智力、知识和技能水平以及劳动态度，包括潜在的人力资本和现实的人力资本。应从四个方面进行衡量：①体质水平；②文化水平；③专业技术水平；④劳动积极性。因此，人力资本的水平直接决定了区域绿色的发展高低。

埃默里·洛文斯（2001）的自然资本主义理论（Natural Capitalism）指出，在保护自然资源的同时存在巨大商机，提高自然资源利用率，拓展生态空间是通向双赢的重要步骤。美国管理学专家Fryxell指出，随着资源的不断减少和环境的恶化状况不断加剧，社会经济发展与环境保护的矛盾越来越尖锐，最终导致企业的盈利空间减少，从根本上削弱了企业原有的竞争力。耿香玲（2005）表示，我国中小企业靠高投入、高消耗、高污染为特征的成本竞争优势遇到了资源和环境的双重约束，这种约束使中小企业竞争力构成发生了深刻的变化：成本竞争力下降，环境竞争力上升，从而导致绿色竞争力上升。OECD的《The New Economy: Beyond the Hype》识别出下列与经济竞争力有较强因果关系的因素，并把它们归为五类：信息通信技术（ICT）的使用、创新和技术扩散、人力资本、创业精神以及宏观层次因素。

总的来看，这些文献主要是针对某一个因素进行了充分的论述与研究，并提出了各自的评价体系，但是把这些因子组合在一起，构成一个绿色综合评价体系的文献较少，在绿色竞争力决定因素与测算方法方面还处于探索阶段，没有建立比较完整的绿色竞争力研究体系，也就无法明晰绿色竞争力与国家、区域竞争力之间的联系。我国的绿色竞争力研究总体来讲规模还比较小，尤其缺乏有理论影响力和实践说服力的本土化研究成果。所以未来对本土组织开展区域绿色竞争力的实证研究仍感任重道远。国内外对区域绿色竞争力相关的研究也不多，明确提出区域绿色竞争力的研究较少，但是不可否认，区域绿色竞争力的研究对我国这样一个工业化转轨时期的国家具有重要的理论和实践意义。在我国现有的条件下，如何构建适合我国经济和社会发展方式的区域绿色竞争力指标体系，并采用科学的指标体系和评价方法对各地区进行比较研究，是一项重要的研究课题，值得深入研究和探讨。通过对以上文献的梳理和评述可以提出未来研究和突破的方向。

二、区域绿色竞争影响因子水平实证调查

（一）问卷设置依据

1. 设计目的

为了识别出对绿色竞争力的影响因素的主因素，了解当前企业和管理者对影响因素的认知性，进一步探索如何调动各影响因素以寻找适合区域经济可持续发展的对策和措施，为区域管理者及企业更好地实施管理到达区域管理的提供理论依据和可行方法。

2. 设计原则

问卷设计遵循下列原则：

（1）合理性原则：问卷紧扣调查主题，每个问题都与主题紧密相关。

（2）明确性原则：问卷的语句通顺、通俗易懂。

（3）简捷性原则：语言尽量简练，问卷格式美观。

（4）逻辑性原则：问卷设计的问题与问题之间有一定的逻辑关系，单个问题本身也不要出现逻辑上的错误。

（5）整体性原则：问卷要尽可能涵盖所要了解的主要问题或情况。

3. 问卷设计的方法

按照以上设计的原则，区域绿色竞争力影响因子调查问卷主要采用文献分析法和学者专家咨询方式进行。文献分析法主要是将国内外有关绿色竞争力方面的期刊、论文、学术会议报告、论著等进行收集汇总，以作为研究的理论基础和设计的理论依据；本书通过对该管理领域的学者专家以及部分有经验的工作人员调查研究，汇总他们的意见，对文献分析得出的一些结论进行补充同时为实证提供资料。

4. 问卷表

根据以上的设计目的和设计原则，通过对文献检索、研究绿色竞争力的专家学者和相关企业的管理人员的咨询和访谈，设计了区域绿色竞争力发展影响因子的调查问卷。

表 1-1-1 区域绿色竞争力发展影响因子的问卷

您认为以下因素对区域绿色竞争力的影响程度，按照您认为的重要性在相应分值空格内打“√”。（说明：1 = 非常不重要，2 = 不重要，3 = 无所谓，4 = 重要，5 = 非常重要）

请您对下列选项进行重要性打分“√”		1	2	3	4	5
环保因子	环保投资、环保治理					
持续因子	经济发展、科教发展、资源承载					
低碳因子	低碳生产、低碳消费、低碳生活					
生态因子	自然生态、生态产业					
循环因子	综合利用、回收利用、循环产业					
制度因子	制度开明度、体制灵活度、市场开放度					
增长因子	增长结构、增长效益、增长速度					
健康因子	人群健康、生活质量、民生保障					
民生因子	生存条件、发展状况、贫富差距					
政策因子	政策合理性、政策科学性、政策满意度					
文化因子	绿色文化、共生文化、创新创业文化					
协调因子	代际协调、区际协调、人与自然协调					
资源因子	资源总量、资源质量、资源利用率					

（二）问卷调查对象

由于随机调查难以实现，本书采取“就便”原则开展调研，根据《2010 年中国绿色发展指数年度报告——省际比较》的研究结果，选择全国绿色发展指数较高地方的高等院校、省政府政策研究室、省社会科学院、中国中部地区经济社会发展研究基地、省统计局以及 10 家典型的绿色生态型企业等作为调查对象。问卷调查的对象分为两个层面：一是各高校及研究机构研究企业竞争力的主要专家和学者；二是典型企业中的中高层管理者。问卷调查中的调查对象的选择是有根据的：一是高校及研究机构中的研究区域竞争力的专家和学者，他们有这方面的实践和经验，同时他们也是这方面制度制定者的参谋；二是中高层管理者不仅来自生产管理的一线，具有丰富的经验，非常了解区域发展战略过程的竞争力问题，同时是区域绿色竞争力的践行者。

调查方式的选择是如何将设计好的问卷发放和收回。由于选择的是高校及相关的研究机构还有高新开发区中的绿色生态企业，可以采取直接去高校企业现场完成调研问卷的发放、填写和收回工作，这样可以最大限度地保证信息的真实性与可靠性。问卷调查时间从 2012 年 6 ~ 8 月，共发放 500 份，收回 401 份，问卷有效回收率为 80.4%。样本分布的具体情况如表 1-1-2 所示。

表 1-1-2　区域绿色竞争力发展影响因子问卷的回收情况

名　称	频数（份）	频率（%）
高等院校	120	30.0
省政府政策研究室	85	21.2
中国中部地区经济社会发展研究基地	36	8.9
省统计局	50	12.5
省社会科学院	50	12.5
绿色生态企业	60	14.9
合计	401	100.0

（三）问卷数据分析

根据样本数据可以计算出各个因子的数学期望及方差（见表 1-1-3）。

表 1-1-3　区域绿色竞争力内涵中各个因子的统计情况

因子名称	平均值	方差	最大值	最小值
环保因子	4.527	38.128	5	3
持续因子	4.389	45.278	5	3
低碳因子	4.358	50.127	5	2
生态因子	4.721	12.354	5	4
循环因子	4.216	70.128	5	3
制度因子	3.527	127.315	5	2
增长因子	3.754	105.360	5	1
健康因子	4.618	15.286	5	4
民生因子	3.846	210.359	5	2
政策因子	3.596	200.352	4	1
文化因子	4.010	198.241	5	1
协调因子	3.927	92.158	5	2
资源因子	3.168	194.650	4	1

从表 1-1-3 中可以看出：一是期望值，环保、持续、低碳、生态、循环、制度、增长、健康、民生、政策、文化、协调和资源因子的期望值分别是 4.527、4.389、4.358、4.721、4.216、3.527、3.754、4.618、3.846、3.596、4.010、3.927 和 3.168。期望值中最大的是生态因子是 4.721，最小的是资源因子 3.168。

期望值大于4的有七个因子，分别是生态、健康、环保、持续、低碳、循环和文化，其余的因子期望值都低于4。二是方差，环保、持续、低碳、生态、循环、制度、增长、健康、民生、政策、文化、协调和资源因子的期望值分别是38.128、45.278、50.127、12.354、70.128、127.315、105.360、15.286、210.359、200.352、198.241、92.158和194.650。各因子中方差较小的有生态、健康；其次是环保、持续、低碳、循环；最后是协调、增长、制度、资源、文化、政策和民生。三是最大值和最小值，各个因子的最大值其实是相差不大的，有11个最大值是5，只有两个最大值是4；而各个因子的最小值则相差明显，有两个是4，三个是3，四个是2，四个是1。

（四）问卷分析结论

首先经过对上述各个因子的期望值的分析可以大致得出这样的结论：区域绿色竞争力中的各因子重要性依次是生态、健康、环保、持续、低碳、循环、文化、协调、民生、增长、政策、制度和资源。同时根据问卷调查设计时的“说明：1=非常不重要，2=不重要，3=无所谓，4=重要，5=非常重要”，可以确定生态、健康、环保、持续、低碳、循环、文化这七个因子的重要性介于“重要~非常重要”之间，而其他的因子的重要性则介于“无所谓~重要”之间。其次经过对上述各个因子的方差的分析可以大致得出这样的结论：生态、健康、环保、持续、低碳、循环、协调、增长、制度、资源、文化、政策和民生各个因子的波动性逐渐加大，即可以理解为这些因子对区域绿色竞争力的影响是逐步减弱的。再次经过对上述各个因子的极端值的分析可以大致得出这样的结论：生态、健康、环保、持续、低碳、循环、协调、增长、制度、资源、文化、政策和民生各个因子受极端值的影响逐渐加大，即可以理解为这些因子对区域绿色竞争力的影响是逐步减弱的。最后根据上述各因子的期望、方差、最值的综合分析，可以认为对区域绿色竞争力影响较大的因子主要有六个，分别是生态、健康、环保、持续、低碳、循环。

三、区域绿色竞争力影响因子的探索性分析

（一）因子分析法

在社会、经济等领域的研究中往往需要对反映事物的多个变量进行大量的观

察，收集大量的数据以便进行分析，寻找规律。在大多数情况下，许多变量之间存在一定的相关关系。因而，有可能用较少的综合指标分析存在各变量中的各类信息，而各综合指标之间彼此是不相关的，代表各类信息的综合指标称为因子。因子分析就是用少数几个因子来描述许多指标或因素之间的关系，以较少几个因子反映原始资料的大部分信息的统计学方法。

因子分析的出发点是用较少的相互独立的因子变量来代替原来变量的大部分信息，可以通过如下的数学模型来表示：

$$\begin{cases} x_1 = a_{11}F_1 + a_{12}F_2 + \cdots + a_{1m}F_m + a_1\varepsilon_1 \\ x_2 = a_{21}F_1 + a_{22}F_2 + \cdots + a_{2m}F_m + a_2\varepsilon_2 \\ \qquad \cdots \quad \cdots \quad \cdots \\ x_p = a_{p1}F_1 + a_{p2}F_2 + \cdots + a_{pm}F_m + a_p\varepsilon_p \end{cases}$$

其中，x_1，x_2，…，x_p 为 p 个原有变量，它们是均值为零、标准差为 1 的标准化变量，F_1，F_2，…，F_p 为 m 个因子变量，m 小于 p，表示成矩阵形式为 $X = AF + a\varepsilon$。

其中 F 为因子变量或公共因子，可以将它们理解为在高维空间中互相垂直的 m 个坐标轴。A 为因子载荷矩阵，a_{ij}为因子载荷，是第 i 个原有变量在第 j 个因子变量上的负荷。如果把变量 x_i 看成是 m 维因子空间中的一个向量，则 a_{ij}为 x_i 在坐标轴 F_j 上的投影，相当于多元回归中的标准回归系数。ε 为特殊因子，表示原有变量不能被因子变量所解释的部分，相当于多元回归分析中的残差部分。下面解释因子分析中的几个重要概念。

1. 因子载荷

即在各个因子变量不相关情况下，因子载荷 a_{ij}即是第 i 个原有变量和第 j 个因子变量的相关系数，表示 x_i 在第 j 个公共因子变量上的相对重要性。因而，a_{ij} 绝对值越大，则公共因子 F_j 和原有变量 x_i 关系越强。

2. 变量共同度

也称公共方差，反映全部公共因子变量对原有变量 x_i 的总方差解释说明的比例。原有变量 x_i 的方差可以表示成两部分：h_i^2 和 ε_i^2。第一部分 h_i^2 反映公共因子对原有变量的方差解释比例，第二部分 ε_i^2 反映原有变量的方差中无法被公共因子表示的部分。因此，第一部分越接近于 1，说明公共因子解释原有变量的越多的信息。其中 $h_i^2 = \sum_{j=1}^{m} a_{ij}^2$。

3. 公共因子 F_j 的方差贡献

公共因子 F_j 的方差贡献定义为 $S_j = \sum_{i=1}^{p} a_{ij}^2$，反映该因子对所有原始变总方差的解释能力，其值越高，说明因子重要程度越高。

因子分析的基本步骤：一是确定待分析的原有若干变量是否适合因子分析；二是构造因子变量；三是利用旋转使得因子变量更具有可解释性；四是计算因子变量的得分。

（二）因子提取和旋转

本书对收集的数据使用统计软件包 11.50 进行探索性因子分析，从调研数据中对区域绿色竞争力的影响因素进行归类，提取主要因素来简化问题分析。提取主因素的步骤如下：①以主成分分析法提取特征根大于 1 的共同因素，再以最大变异法进行共同因素正交转轴处理，使转轴后的每一共同因素内题项的因素负荷量大小相差尽量达到最大，以利于共同因素的辨认与命名。②为了保证项目区分度，根据每一个题项在各共同因素上的最大因素负荷量来挑选题项，删除在两个或两个以上因素上的负荷量同时大于0.35，并且数值非常接近的题项，以更清晰地看清问卷的结构，之后重新进行因子分析，直到所保留的题项经再次因素分析时无须删除的状态。

使用主成分分析法会得到几个公因子，其中，共同度是各因子所解释的变量的标准化的方差值，由此可以看到所提取的公因子是否能够解释大部分方差。变量的共同度从 0 ~ 1，0 为因子且不解释任何方差，1 为所有方差均被因子所解释。一个因子所解释的变量的方差越大，说明因子包含原有的变量的信息量越多。

调查问卷是根据调查需求设计出来，其有效性如何，则需要经过科学的信度和效度检验，只有根据信度和效度都有保证的问卷调研得到的数据才有决策价值。一个效度高的问卷其信度必然高，但是一个信度高的问卷效度不一定高；反之，问卷的信度低，其效度必然低，但是问卷的效度低，信度就不一定低。在检查调查问卷的效度和信度时，研究者应在确保效度的前提下，努力提高信度。

效度（Validity）是指测量的有效程度或测量的正确性，一种调查工具或测量手段在社会调查中其结果达到预期调查目的的有效程度。效度检验是科学测量工具最重要的必备条件，一个测验若无效度，则无论具有其他任何优点，一律无法发挥其真正的功能。一种调查工具或测量手段的效度越高，所得到的调查结果越能达到调查的预期效果。因此效度是衡量一种调查或测量工具的重要标准。没有效度的调查工具或测量手段，即使收集的数据资料很丰富，也是没有价值的。

表 1－1－4　KMO and Bartlett 检验值（KMO and Bartlett's Test）

Kaiser－Meyer－Olkin Measure of Sampling Adequacy	0.701
Bartlett' s Test of Sphericity　Approx. Chi－Square	634.693
df	328
Sig.	0.000

对影响因素的 13 个题项进行因素分析，首先要经过 KMO 和 Bartlett 检验以决定数据是否适合进行因子分析。表 1－1－4 是区域绿色竞争力影响因素的 KMO 值和 Bartlett 值。对影响因素的 21 个题项进行因素分析，首先要经过 KMO 和 Barteltt 检验以决定数据是否适合进行因子分析。表格中第一行为检验变量间偏相关性的 KMO 统计量，它比较的是各变量间的简单相关和偏相关的大小，取值在 0～1 之间，大于 0.7 效果较好。本书分析 KMO 数值为 0.701，因此适合进行因子分析。第二行 Bartlett' s 球形检验的结果，该值检验相关阵是否是单位阵，即各变量是否相互独立。表中结果显示，近似卡方值为 634.693，自由度为 328，检验的显著性概率为 0（该数据小于 0.05 时，拒绝统计量相关矩阵为单位矩阵的假设，即认为适合做因子分析），因此因子分析在此时适用。

表 1－1－5　变量的共同度（Communalities）

	Initial	Extraction
环保因子	1.000	0.859
持续因子	1.000	0.886
低碳因子	1.000	0.772
生态因子	1.000	0.890
循环因子	1.000	0.628
制度因子	1.000	0.907
增长因子	1.000	0.835
健康因子	1.000	0.815
民生因子	1.000	0.873
政策因子	1.000	0.651
文化因子	1.000	0.783
协调因子	1.000	0.845
资源因子	1.000	0.869

Extraction Method：Principal Component Analysis.

表 1－1－6 影响因素的因子负荷矩阵 Component Matrix (a)

	Component					
	1	2	3	4	5	6
环保因子	0. 613	0. 120	0. 668	－0. 053	－0. 053	0. 131
持续因子	0. 618	0. 256	0. 030	－0. 131	0. 696	0. 714
低碳因子	－0. 390	0. 789	0. 472	0. 039	－0. 384	－0. 098
生态因子	0. 668	0. 560	－0. 239	0. 699	－0. 019	0. 624
循环因子	0. 611	0. 305	0. 799	－0. 152	－0. 144	－0. 170
制度因子	0. 229	－0. 187	－0. 312	0. 221	－0. 187	0. 118
增长因子	0. 481	－0. 075	－0. 036	0. 156	0. 310	－0. 487
健康因子	－0. 363	0. 629	－0. 197	0. 876	0. 784	－0. 015
民生因子	－0. 230	0. 472	0. 409	0. 335	0. 418	－0. 378
政策因子	－0. 405	－0. 164	0. 080	0. 419	0. 261	0. 088
文化因子	－0. 375	0. 222	0. 509	0. 194	－0. 018	0. 429
协调因子	0. 120	－0. 522	0. 581	0. 253	0. 086	－0. 186
资源因子	0. 046	－0. 492	0. 235	－0. 077	0. 342	0. 250

Extraction Method: Principal Component Analysis.

a 6 components extracted.

表 1－1－7 影响因素旋转因子负荷矩阵 Rotated Component Matrix (a)

	Component					
	1	2	3	4	5	6
环保因子	0. 804	0. 303	0. 224	0. 032	0. 057	0. 256
持续因子	0. 755	－0. 052	－0. 043	0. 062	0. 727	0. 866
低碳因子	0. 205	0. 853	0. 646	－0. 103	0. 267	－0. 408
生态因子	0. 763	－0. 442	－0. 008	0. 718	0. 153	0. 660
循环因子	0. 779	－0. 080	0. 883	－0. 001	0. 067	0. 066
制度因子	－0. 153	0. 099	－0. 120	0. 921	－0. 099	－0. 049
增长因子	0. 422	0. 204	－0. 582	0. 225	0. 303	0. 087
健康因子	－0. 349	0. 875	－0. 008	0. 912	0. 827	0. 328
民生因子	0. 045	－0. 025	0. 173	0. 001	0. 513	－0. 077
政策因子	－0. 322	0. 245	0. 285	0. 124	0. 317	－0. 084
文化因子	－0. 026	0. 147	0. 437	0. 005	0. 223	0. 105
协调因子	0. 147	0. 450	0. 010	0. 077	0. 116	－0. 197
资源因子	－0. 213	0. 322	－0. 081	－0. 158	－0. 221	0. 261

Extraction Method: Principal Component Analysis. Rotation Method: Varimax with Kaiser Normalization.

a Rotation converged in 7 iterations.

表 1-1-8　因子转换矩阵（Component Transformation Matrix）

Component	1	2	3	4	5	6
1	0. 731	0. 098	-0. 445	0. 304	-0. 169	0. 369
2	0. 288	0. 788	0. 275	0. 021	0. 442	0. 156
3	0. 478	0. 536	0. 673	-0. 212	0. 324	-0. 075
4	-0. 185	0. 169	0. 112	0. 889	0. 350	-0. 113
5	-0. 296	0. 230	-0. 303	-0. 221	0. 787	0. 611
6	-0. 178	0. 007	0. 542	0. 156	-0. 451	0. 669

Extraction Method: Principal Component Analysis.

Rotation Method: Varimax with Kaiser Normalization.

表 1-1-9　各因子的得分矩阵（Component Score Coefficient Matrix）

	Component					
	1	2	3	4	5	6
环保因子	0. 346	0. 155	0. 193	-0. 009	0. 003	0. 124
持续因子	0. 034	0. 011	0. 089	-0. 014	-0. 038	0. 644
低碳因子	0. 183	-0. 115	0. 316	-0. 009	0. 055	-0. 306
生态因子	0. 035	-0. 181	0. 076	0. 434	0. 052	0. 203
循环因子	0. 362	-0. 043	-0. 036	-0. 056	0. 034	-0. 080
制度因子	-0. 120	0. 044	0. 020	0. 626	-0. 045	-0. 057
增长因子	0. 145	0. 118	-0. 448	0. 059	0. 345	-0. 072
健康因子	-0. 208	-0. 149	-0. 110	-0. 224	0. 350	0. 302
民生因子	0. 013	0. 070	-0. 060	0. 008	0. 628	-0. 064
政策因子	-0. 298	0. 158	0. 114	0. 148	0. 218	0. 063
文化因子	-0. 013	0. 108	0. 512	0. 080	0. 024	0. 188
协调因子	0. 080	0. 423	-0. 014	0. 057	0. 161	-0. 141
资源因子	-0. 144	0. 393	0. 005	-0. 104	-0. 065	0. 288

Extraction Method: Principal Component Analysis.

Rotation Method: Varimax with Kaiser Normalization. Component Scores.

表 1-1-10　主因子变量的协方差矩阵（Component Score Covariance Matrix）

Component	1	2	3	4	5	6
1	1. 000	0. 000	0. 000	0. 000	0. 000	0. 000
2	0. 000	1. 000	0. 000	0. 000	0. 000	0. 000

续表

Component	1	2	3	4	5	6
3	0.000	0.000	1.000	0.000	1.255E-16	0.000
4	0.000	0.000	0.000	10.000	0.000	0.000
5	0.000	0.000	1.255E-16	0.000	1.000	0.000
6	0.000	0.000	0.000	0.000	0.000	1.000

Extraction Method: Principal Component Analysis.

Rotation Method: Varimax with Kaiser Normalization. Component Scores.

表1-1-11　全部变量解释百分率（Total Variance Explained）

Component	Initial Eigenvalues			Extraction Sums of Squared Loadings			Rotation Sums of Squared Loadings		
	Total	% of Variance	Cumulative %	Total	% of Variance	Cumulative %	Total	% of Variance	Cumulative %
1	2.726	20.973	20.973	2.726	20.973	20.973	2.270	17.464	17.464
2	2.357	18.133	39.106	2.357	18.133	39.106	2.136	16.434	33.898
3	1.890	14.542	53.648	1.890	14.542	53.648	1.774	13.646	47.544
4	1.419	10.912	64.559	1.419	10.912	64.559	1.540	11.842	59.386
5	1.168	8.983	73.543	1.168	8.983	73.543	1.528	11.757	71.143
6	1.053	8.101	81.644	1.053	8.101	81.644	1.365	10.500	81.644
7	0.777	5.975	87.618						
8	0.525	4.037	91.655						
9	0.413	3.173	94.829						
10	0.270	2.074	96.903						
11	0.239	1.839	98.742						
12	0.139	1.070	99.811						
13	0.025	0.189	100.000						

Extraction Method: Principal Component Analysis.

下面开始主因素提取：根据上述因素提取的方法进行探索性因子分析，表1-1-5、表1-1-6为影响因素第一次主因素提取的结果。根据统计的要求，如果因素负荷量小于0.35，一般要剔除掉，而表1-1-5中13个因素的负荷量最小的是循环因子的值0.628，因而第一次主因素的提取时没必要删除。直接对上述的13个题项进行第二次因子分析，结果如表1-1-6、表1-1-7、表

1－1－8 所示。

从表 1－1－6、表 1－1－7、表 1－1－8 中可以看出，影响区域绿色竞争力的因素题项经过旋转后可提取 6 个主因素。并且题项的最大负荷量均大于 0.5，具有很好的项目区分度。在这里把 6 个主因素分别依次定义为环保因子、持续因子、低碳因子、生态因子、循环因子、健康因子，分别用 F_1、F_2、F_3、F_4、F_5、F_6。

（三）因子计算值

从表 1－1－7 影响因素旋转因子负荷矩阵，可知因子分析模型：

$$\begin{cases} x_1 = 0.804F_1 + 0.303F_2 + 0.224F_3 + 0.032F_4 + 0.057F_5 + 0.256F_6 \\ x_2 = 0.755F_1 - 0.052F_2 - 0.043F_3 + 0.062F_4 + 0.727F_5 + 0.866F_6 \\ \qquad\qquad\qquad\cdots\quad\cdots\quad\cdots \\ x_{13} = -0.213F_1 + 0.322F_2 - 0.081F_3 - 0.158F_4 + 0.221F_5 + 0.261F_6 \end{cases}$$

从表 1－1－9 各因子的得分矩阵，可知因子得分函数：

$$\begin{cases} F_1 = 0.346x_1 + 0.034x_2 + 0.183x_3 + 0.035x_4 + 0.362x_5 - 0.120x_6 \\ \quad + 0.145x_7 - 0.208x_8 + 0.013x_9 - 0.298x_{10} - 0.013x_{11} + 0.080x_{12} - 0.144x_{13} \\ F_2 = 0.155x_1 + 0.011x_2 - 0.115x_3 - 0.181x_4 - 0.043x_5 + 0.044x_6 \\ \quad + 0.118x_7 - 0.149x_8 + 0.070x_9 + 0.158x_{10} + 0.108x_{11} + 0.423x_{12} + 0.393x_{13} \\ \qquad\qquad\qquad\cdots\quad\cdots\quad\cdots \\ F_6 = 0.124x_1 + 0.6444x_2 - 0.306x_3 + 0.203x_4 - 0.080x_5 - 0.057x_6 \\ \quad - 0.072x_7 + 0.302x_8 - 0.044x_9 + 0.063x_{10} + 0.118x_{11} - 0.141x_{12} + 0.288x_{13} \end{cases}$$

表 1－1－10 可以看出，六个因子变量之间基本上是不相关的。从表 1－1－11 全部变量解释百分率来看，第一个公共因子反映了原变量信息的 20.973%，提取了 6 个公共因子，它们反映原变量信息的 81.644%，可以说是原信息的大部分。

四、本章小结

通过文献综述和初始资料的收集和整理，区域绿色竞争力的影响因子主要有环保、持续、低碳、生态、循环、制度、增长、健康、民生、政策、文化、协调和资源 13 个；通过对区域绿色竞争力 13 个影响因子进行实证调查，并通过初步统计分析，根据 13 个因子各因子的期望、方差、最值的综合分析，可以认为对区域绿色竞争力影响较大的因子主要有 6 个，分别是生态、健康、环保、持续、

低碳、循环。通过实证调研得出了影响区域绿色竞争力核心影响因子的初步判断；这一初步判断是否合理有效，根据调研数据进行了进一步的分析，利用影响因子探索性分析法对13个因子进行了探索性分析，得出结论，影响区域绿色竞争力的因素题项经过旋转后可提取6个主因素，6个主因素分别依次定义为环保因子、持续因子、低碳因子、生态因子、循环因子、健康因子，而且6个因子变量之间基本上是不相关的。从全部变量解释百分率来看，第一个公共因子反映了原变量信息的20.973%，提取了6个公共因子，它们反映原变量信息的81.644%，可以说是原信息的大部分。

实证调研和探索性分析，是区域绿色竞争力评价体系的第一步，是寻找核心影响因子的过程，在后续的研究中还必须对区域绿色竞争力核心影响因子的影响机理、核心影响因子指标的延伸和演化进行研究，以构建完整的区域绿色竞争力评价指标体系，对区域绿色竞争力水平进行综合评价和动态监测。

第二章　区域绿色竞争力的基本理念、理论本质与影响机理①

通过综述国内外关于竞争力研究的相关理论，尝试性地提出了区域绿色竞争力基本理念，对区域绿色竞争力基本内涵进行了界定。并且从绿色、包容和共生解构了区域绿色竞争力的本质，认为区域绿色竞争力的核心是绿色，模式是包容，目标是共生。而且站在环保、生态、循环、低碳、健康和持续六大因子的基础上研究了其对区域绿色竞争力的影响机理，从影响逻辑和机理结构两方面进行了剖析。通过研究区域绿色竞争力，有利于促进区域经济绿色转型、促使人与自然和谐共生和创建现代文明生态环境。区域绿色竞争力将成为未来区域竞争的关键，绿色生态、环境友好将成为提升区域竞争力的保证。正是在此基础上提出了区域绿色竞争力概念，本章将较为系统地阐述其基本理念、理论本质与影响机理，以实现区域经济绿色发展的目标。

一、基本理念

（一）国外学者对竞争力理论的研究

主要是在理论上做了有益的探讨，包括竞争力含义的界定、竞争力理论的演变、竞争力研究的切入点、竞争力的影响因素等。Adam Smith（1776）提出了“绝对优势”理论，20 世纪 80 年代 Porter 在此基础上提出了“竞争优势”理论，形成了竞争力理论体系。同时把竞争力理论的研究推向了更高的领域——绿色竞争力（Porter，1991），并认为其已成为国家、地区和企业核心的竞争力，它是通

① 本章内容发表于《光明日报》（理论版）2012 年 5 月 4 日，《区域绿色竞争力的本质属性》。

过绿色经济模式而取得市场竞争优势的能力。Porter 关于绿色竞争力这一理念的提出，将经济效益与生态效益结合起来，掀起了国际上关于绿色竞争力研究的热潮。联合国、世界各国政府、知名专家学者从 20 世纪 70 年代就开始以可持续发展的基本思想为基础，对绿色 GDP 的核算理论进行了艰辛的探索。Constanza、Inbchenco（1997）首次系统地设计了测算全球自然环境为人类所提供服务的价值“生态服务指标体系”（ESI）。戚顺荣（2005）用绿色观点的效率、生产率、国民核算和经济增长阐述了绿色 GDP 理论。

（二）国内学者对竞争力理论的拓展研究

主要集中在区域竞争力研究、企业绿色竞争力研究、绿色 GDP、绿色供应链、绿色营销、绿色消费、绿色科技等领域。区域竞争力研究则始于 20 世纪 90 年代末，以王秉安为代表的一些学者做出了较早的贡献。2000 年以后，区域竞争力研究在国内广泛展开，大量文献涉及区域竞争力的内涵、理论基础、决定因素、评价指标体系及改善措施等，研究深度、广度均有所提高。陈红儿、陈刚在区域竞争力的层面提出，区域产业竞争力指在一国内部各区域间的竞争中，特定区域的特定产业在国内市场上的表现或地位。关于企业绿色竞争力研究：金碚（2003）从企业的角度思考，认为竞争力是可以从市场取得，可以模仿而形成的一种能力。余建等（2010）认为，企业绿色竞争力是在“绿色化”前提下相对于其他企业的一种竞争优势。而循环经济作为一种新的发展模式，能够更好地解决生态与经济的矛盾，将绿色理念融入企业的经营和发展中，帮助企业在提高经济效益的同时，致力于改善生态环境。袁瑜等（2010）通过设计包含定性指标和定量指标在内的评价指标体系，引入模糊数学方法，并结合熵权理论，构建基于熵权模糊模式的企业绿色竞争力评价模型。关于产业绿色竞争力研究。尹艳冰（2010）通过针对绿色产业发展的具体特点，从产业发展水平、产业发展潜力、资源综合利用、污染控制、社会效益和公众效益六个方面构建了绿色产业发展的评价指标体系。程士富、刘倩（2010）认为，绿色 GDP 是环境经济综合核算体系的主要核算内容之一，绿色 GDP 核算有两种思路分别为直接测算和间接测算。他们通过对内蒙古这样具有多方面典型意义的地区开展了绿色 GDP 的试算工作，构建模型预测了内蒙古 2008 年绿色 GDP。

（三）区域绿色竞争力基本理念的确立

国内外专家学者对区域绿色竞争力的研究形成了两个层面：一是以循环经济理论、绿色供应链理论为理论指导，绿色生产、绿色消费、绿色营销为研究重点的微观经济学研究；二是以绿色 GDP、绿色税收、绿色贸易壁垒、绿色标志证书为研究重点的宏观经济学研究。国内外学者集中提出了国家竞争力、绿色竞争力、区域竞争力、产业竞争力等概念，而区域绿色竞争力的概念并未涉及，正是在这样的研究背景下，本书提出了区域绿色竞争力的基本理念。对区域绿色竞争力概念内涵的界定、决定因素与测算方法的研究，探索区域经济发展与绿色竞争力之间的联系，并用于指导实践，在实践中不断丰富我国本土化的绿色竞争力理论体系。在研究中注重与区域发展现实的动态结合，不断加强理论研究和创新，力求以科学、创新的理论成果解释和指导实践。区域绿色竞争力是区域在发展过程中以绿色为核心，以环保、生态、循环、低碳、健康和持续为主线，以人与自然包容性增长为模式，以实现人类发展与自然和谐共生效应为目标，通过区域内资源的合理有效配置与创造，为区域发展提供一个更具竞争力的绿色平台，形成具有独特绿色竞争优势的环境友好和绿色生态型区域。这种理论是构架在环境保护、科学发展和绿色生态的理论基础上，改变区域发展过程中单纯追求区域自身利益最大化的片面观点与实践，在现有资源和技术水平的前提下，不以牺牲或者剥夺自然环境和违背代际公平为前提，在为区域发展创造价值的同时，形成以环保、生态、循环、低碳、健康和持续为目标的绿色经济而取得区域发展优势的能力，即向区域绿色竞争力转变。区域绿色竞争力将成为区域竞争力理论体系的核心，成为区域竞争力中的核心竞争力，与区域产业竞争力、企业竞争力、科技竞争力、基础竞争力、国民素质竞争力等相比，其思想更加契合当前区域发展的现实，更能代表区域未来发展的方向，同时与单纯的区域环境竞争力相比，其内涵更加丰富，研究更加深入。因此，界定好区域绿色竞争力的基本理念，可以更加清晰地认识区域绿色竞争力的本质，为区域绿色竞争力水平的提升提供指导思想。

二、理论本质

区域绿色竞争力在区域竞争力理论体系中有其独特的理论本质，而区域绿色竞争力基本理念的界定为进一步认识其本质属性提供了解构思路。区域绿色竞争力要紧紧把握住绿色这一核心，遵循包容的模式，实现经济发展的共生，促进区域经济达到共生崛起的目标。

（一）区域绿色竞争力的核心是绿色

绿色意味着环保、生态、循环、低碳、健康和持续，区域绿色竞争力就是围

绕绿色这一核心构建一系列的主线，把绿色理念嵌入区域发展的每个方面，从而使区域社会、政治、经济、文化和生态都能够朝绿色方向发展，并在绿色架构方面形成区域优势能力，构成区域竞争力的核心部分。环保是人类为解决现实的或潜在的环境问题，协调人类与环境的关系，保障经济社会的持续发展而采取的各种行动的总称。其竞争力主要体现在环保法律体系的完善和执行程度、环保意识和自觉行动、环保技术水平等方面。生态就是指一切生物的生存状态，以及它们之间和它与环境之间环环相扣的关系。其竞争力主要体现在以水、森林、空气、气候等为外延的生态环境，当然还包括生态产业、生态文明等方面。循环就是生物能量的环环相扣、相互影响、相互转化、周而复始的过程。其竞争力主要体现在循环技术水平、循环企业数量、循环产业产值等方面。低碳就是较低（更低）的温室气体（二氧化碳为主）排放，保持人类生存环境和健康安全。其竞争力主要体现在低碳生产、低碳消费、低碳生活等方面，涉及生活、工业、农业和畜牧业等领域。健康指一个人在身体、精神和社会等方面都处于良好的状态，在此基础上加以延伸就是社会群体的健康。其竞争力主要体现在运动、情绪、饮食和休息等方面。持续指既满足现代人的需求又不损害后代人满足需求的能力。其竞争力主要体现在生产方式的绿色转型、资源利用、科技教育等方面。

（二）区域绿色竞争力的模式是包容

区域绿色竞争力的提升不应该只是成为一个观念或概念，它必须务实地采取相应的模式来促进其有效提升，包容性增长模式是区域绿色竞争力提升的核心模式。包容性增长，由亚洲开发银行在 2007 年首次提出。包容性增长寻求的是社会和经济协调发展、可持续发展。与单纯追求经济增长相对立，包容性增长倡导机会平等的增长，最基本的含义是公平合理地分享经济增长。这种模式正好也是区域形成绿色竞争优势的关键，与区域绿色竞争力所倡导的人与自然平衡发展相一致，人类经济发展的成果，除了不以牺牲自然为代价，同时要回馈于自然，使人类社会与自然能够协调发展。通过利用包容性增长模式，在产业化、工业化路径方面实现新的突破，更多地考虑自然的承受能力，更多地倾向于回馈自然，实现人与自然的包容性增长。区域绿色竞争力本质在模式方面体现了新时期的独特性，也只有在包容性增长思想模式下才能发展得更好。

（三）区域绿色竞争力的目标是共生

共生需要包容，共生是提升区域绿色竞争力的追求目标。共生是指两种不同生物之间所形成的紧密互利关系，然而地球上大多数生物都是生活在“优胜劣汰、适者生存”的达尔文式的纯粹竞争过程中，并没有自觉意识和认识到共生的意义，所以协同发展总是要在宏观调控的基础上才能得以实施。区域绿色竞争力概念的提出，就是要解决人与自然非合作、非协调的关系问题，人类社会在追求自身发展的同时，能够多考虑到自然环境的问题，因为人类与自然是相互依赖的共生体，提升区域绿色竞争力就是通过预先考虑或者后期修正人类的行为，在推进经济发展过程中，尽量考虑自然因素，并在此过程中形成竞争优势能力。通过区域绿色竞争力的研究与实践，全球各个区域都能够自觉地提升绿色竞争力，也就是在优化各个区域的自然环境，在美化人类赖以生存的生命共同体，从而实现人与自然的共生效应。

认清区域绿色竞争力的理论本质，可以为区域发展提供明确的发展思路，围绕绿色、包容、共生做好各项工作。

三、影响机理

区域绿色竞争力的提升，会受到诸多因子的影响，根据区域绿色竞争力的基本理念和理论本质，可以发现其中最直接的是环保、生态、循环、低碳、健康和持续六大影响因子。这六大因子对区域绿色竞争力的影响机理主要体现在影响逻辑和机理结构来体现。

（一）影响逻辑

影响逻辑主要是指环保、生态、循环、低碳、健康和持续六大因子对区域绿色竞争力的数理逻辑影响，从数理逻辑方面论证这六大因子对区域绿色竞争的影响关系。现假设区域绿色竞争力综合评价指数为 Y，环保、生态、循环、低碳、健康和持续分别为 F_1、F_2、F_3、F_4、F_5、F_6，根据基本理念和理论本质可以把它们的关系记作 $Y=f(F_1、F_2、F_3、F_4、F_5、F_6)$。

根据前面的基本理念和理论本证，显然有 $\frac{\partial Y}{\partial F_i}>0(i=1、2、3、4、5、6)$，这说明区域绿色竞争力会随着环保因子、生态因子、循环因子、低碳因子、健康因子和持续因子六个因子中任何一个因子的增大而增大。可见要提高区域绿色竞争力，可以从其单个影响因子上入手，大力提升环保因子、生态因子、循环因子、低碳因子、健康因子和持续因子中的任何一个，对与区域绿色竞争力的提升都具有重大的贡献。

同时，根据前面的论证，也可以得到 $\frac{\partial^2 Y}{\partial F_i \partial F_j}>0$、$\frac{\partial^3 Y}{\partial F_i \partial F_j \partial F_k}>0$，依次直到

$\frac{\partial^6 Y}{\partial F_1 \partial F_2 \partial F_3 \partial F_4 \partial F_5 \partial F_6} > 0$，这里 $i \neq j$、$i \neq j \neq k$，i，j，$k = 1$，2，3，4，5，6。说明区域绿色竞争力受到环保因子、生态因子、循环因子、低碳因子、健康因子和持续因子共同的作用，随着它们的增大而增大。可见要提高区域绿色竞争力，应该从其共同影响因子上入手，综合提升环保因子、生态因子、循环因子、低碳因子、健康因子和持续因子的水平，从而达到合力作用，这能够大大减少影响因子之间的摩擦，提升综合影响力，实现“1 +1 >2”的效果。

在此基础上可以构建区域绿色竞争力综合评价体系，把环保因子、生态因子、循环因子、低碳因子、健康因子和持续因子六大因子作为二级指标，并加以延伸和拓展，使指标体系延伸到四级，然后对每一影响因子的指标值，测算出环保因子、生态因子、循环因子、低碳因子、健康因子和持续因子六大因子的指标水平，最后可以应用加法合成法来进行测算区域绿色竞争力综合水平，即 $K = \sum_{i=1}^{n} \lambda_i F_i \Big/ \sum_{i=1}^{n} Fi$（$i = 1$、2、3、4、5、6），其中，$K$ 表示区域绿色竞争力水平，λ 表示各因子的权数，F 表示六大因子。这一综合水平体现了区域绿色竞争力的高低，计算值越大说明区域绿色竞争力程度较高，六大因子的协调能力越强，产生的合力越大。

（二）机理结构

根据前面的论证，可以判断区域绿色竞争力水平受到环保因子、生态因子、循环因子、低碳因子、健康因子和持续因子的直接影响。与影响逻辑相对应，其机理结构也分为单一因子对区域绿色竞争力水平的影响和六大因子对区域绿色竞争力的综合影响。在此主要分析六大因子的综合影响机理结构，它是在综合上述六个单一因子对绿色竞争力影响的基础上，形成的多因子对区域绿色竞争力的机理结构（见图 1 -2 -1），这表现在两个层次上：一是六个因子单独对区域绿色竞争力的影响；二是六个因子相互影响、相互作用，最终形成六个因子对区域绿色竞争力的共同作用。

如图 1 -2 -1 所示，其第一个层次的影响主要体现在以下几个方面：环保因子通过环保意识、环保投资和环保治理等因素，直接提升区域环保竞争力，从而提升区域绿色竞争力水平；循环因子通过综合利用、回收利用和循环产业等因素，提升循环竞争力，从而提升区域绿色竞争力；生态因子通过自然生态、生态环境和生态产业等因素，直接提升生态竞争力，从而提升区域绿色竞争力水平；健康因子会通过人群健康、生活质量和民生保障等因素，作用于区域绿色竞争力，提升其水平；低碳因子会通过低碳生产、低碳消费和低碳生活等因素，促进

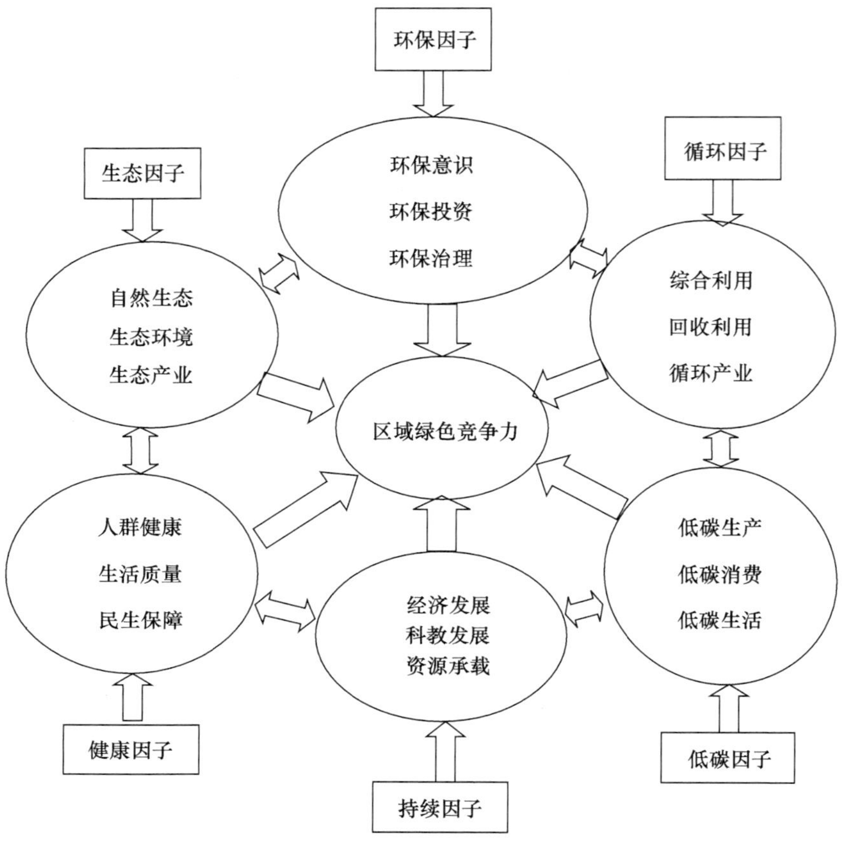

图1-2-1　多因子对区域绿色竞争力的影响

区域绿色竞争力水平的提升；而持续因子会通过经济发展、科技发展和资源承载等因素，促进区域绿色竞争力水平的提升。

其第二个层次的影响是综合的，它是一个三级指标影响机理的内循环过程。随着自然生态变得更加和谐和生态产业不断发展，有利于增强居民的环保意识，受益于生态环境改善的人们将更加倾向于改善环境，自然环保投资和治理的力度将会更大。同时在生产经营中更加注重高新技术的应用，提高社会资源的综合利用率和废品的回收利用率，不断做强做大循环产业，使社会资源得到优化配置和充分利用。当然更重要的是低碳理念逐渐深入人心，不断降低各种废气排放，以至于深入到生产、生活和消费领域，使生态环境变得更加宜人。这些因素的作用会促进经济社会的可持续发展，并通过经济发展领域不断得以显现，同时通过不断提升科技教育水平，提升资源的承载水平，促进经济持续发展。生态、环保、循环、低碳良性循环和经济社会的持续发展，这就是健康，并且会不断地实现社会的和谐、提升生活质量和民生保障水平，这一过程是良性互动的。也正是在这一内循环过程的影响下，六大因子的综合影响效应才得以体现，并把它们的共生效应发挥到了极致，促进区域绿色竞争力水平的综合提升。

四、现实意义

区域绿色竞争力的基本理念、理论本质和影响机理的研究，为进一步研究区域绿色竞争力的评价指标体系构建提供了理论空间和方向，同时具有巨大的实现意义。

（一）促进区域经济绿色转型

区域绿色竞争力的提升有利于区域经济的绿色转型，经济发展由只注重经济利益向重视经济与自然的协调。经济发展方式绿色转型是“中国环境与发展国际合作委员会2011年年会”的主题，而区域绿色竞争力核心思想与这一主题不谋而合。促进经济发展方式绿色转型就是经济发展不再以牺牲自然为代价，而是通过与自然保持协调，在经济发展过程中，更加注重环境保护，更加注重经济投入和产出的绿色转型。在投入过程中尽量使资源得到优化配置，提高资源的利用效率，并且使资源尽可能实现循环、清洁使用。而产出的产品更加环保，更加以人为本。这种思想正是区域绿色竞争力提升过程中所要实施的，运用各种技术手段，实施包容性增长模式，从而使区域积累绿色能量达到最优，并使区域绿色竞争力得到不断提升，而区域经济发展也在此过程中不断得到优化，实现经济发展的绿色转型。

（二）促使人与自然和谐共生

共生是生物学上的理念，但是它也符合人与自然相处的规律和准则，人与自然的和谐共生是人类获得持续繁衍的前提。区域绿色竞争力的提升有利于促进人与自然和谐共生，因为区域绿色竞争力致力于保障自然环境，自然环境优化了，变得更加友好了，区域绿色竞争力指数才能得到提升，区域绿色竞争能力才能得以积累。各区域在追求绿色竞争力提升的过程中，会不断地减少自然剥夺，利用各种创新型技术修复和保护自然环境，在生产过程中利用人与自然共生规律尽量保持生态平衡，通过绿色生产减少甚至不污染自然环境，达到生产过程与自然环境的融洽共生。区域绿色竞争力的提升使人类在沐浴自然环境的美好中不断转变和更新对待自然的不利观念，从而更加注重顺应和保护自然环境，这种自我意识的提升更加有利于人与自然的和谐共生。

（三）创建现代文明生态环境

区域绿色竞争力的提升有利于创建文明生态环境，保证社会健康、和谐进步。随着社会的进步和经济的发展，追求舒适的生活条件、良好的身心健康、较高的消费水平、良好的生活质量和美好的生活环境，成为文明生态环境的主要特征，文明的生态环境是社会全面、健康和持续发展的基础，是社会生产和发展的有力支撑。区域绿色竞争力的提升，可以利用绿色生产力思想，通过调整和升级产业结构，保证社会生产力的持续发展和生活条件的持续改善；同时会影响社会的消费观念、消费水平，使社会各项消费都建立在绿色平台之上，形成绿色消费，进而使消费结构更加合理、消费质量得到提高；而且区域绿色竞争力的提升还会影响社会的整体文明素质和健康水平，通过创建文明的生态环境，以保障人们身心健康，促进社会全民健康。

综上，区域绿色竞争力是在竞争力研究理论体系基础上尝试性提出的基本理念，它具有丰富的理论本质，体现了当前经济发展的科学、包容和共生思想。在基本理念和理论本质基础上，通过拓展和延伸环保因子、生态因子、循环因子、低碳因子、健康因子和持续因子，可以形成区域绿色竞争力的评价指标体系，对我国各省区域绿色竞争力合理有效评价提供实践指导，促进各省份区域绿色竞争力水平的提高。

第二篇　区域绿色竞争力指标体系与系统分析模型构建①

区域经济的快速发展是以牺牲地区生态环境为代价的，随着各地区生态环境恶化问题不断涌现，利用环境问题来提高各地区生产总值已引起全社会的高度关注和重视。随着中共十八大的胜利召开和闭幕，在十八大报告中提出的社会主义和谐社会当中的经济结构调整和转型，是当前国民经济发展的主要任务，保证区域经济能够在良好的环境基础上和谐健康的发展成为摆在政府面前的一个重要的现实难题。在强调经济全球化竞争激烈的21世纪，区域间的竞争不仅仅局限在单纯的追求GDP增长，也体现在资源、能源、环境的优化配置和可持续发展方面，绿色竞争力作为一个新兴的概念已逐步显示出它的重要性。

本篇从国内外有关区域竞争力、区域环境竞争力和绿色竞争力评价指标体系的现有研究成果出发，整理了相关竞争力的演变和评价指标体系，不但对相关竞争力在国内外目前的应用做了回顾和总结，而且还分析了区域绿色竞争力指标选取的依据和方法。文章的核心内容主要涉及两个方面，一是区域绿色竞争力指标体系的选择；二是区域绿色竞争力评价模型的构建。围绕主题，本篇分四个章节进行阐述。第一章主要从相关竞争力的角度梳理了区域竞争力和环境竞争力的理论研究成果，为文章在构建区域绿色竞争力评价体系方面奠定了理论基础；第二章从指标体系构建的原则和影响因素方面对区域绿色竞争力指标体系进行了分析；第三章介绍了目前主流的对绿色竞争力指标体系研究的要素，在比较和归纳公认的指标体系选择基础上，建立了区域绿色竞争力评价指标体系，并从原理、评价方法、相关的计算优缺点等角度对区域绿色竞争力评价模型进行了介绍。

① 本篇内容主要参考陈运平指导的硕士研究生张坤的硕士学位论文《区域绿色竞争力评价指标体系研究》。

第一章 区域绿色竞争力评价指标与模型的理论基础

一、区域竞争力相关评价系统

（一）国外的相关评价指标

国外关于区域竞争力的评价指标随着不同的经济发展阶段主要经历过以下几个时期：最初是通过市场表现来评定的，随着经济的发展，决定竞争力的因素不断变化，后来就以能够决定区域竞争力关键因素来进行评定，其关键因素由初始的单一因素转变为后来的多关键因素。总体来说，上述的区域均是国家范围内的。

1. *早期阶段：以市场表现作为评定标准*

所谓市场表现就是在激烈的竞争中所占有的市场份额，最为直接的表现就是不同区域的经济实力大小。经济学家们分别采用以下方法来决定区域竞争力：①以贸易竞争指数作为评价标准。贸易竞争指数 =（出口额 - 进口额）/（出口额 + 进口额）；②以相对国际竞争力指数作为评价标准；③以人均 GDP 作为评价标准，人均 GDP 是指人均国内生产总值，它是反映一个国家人民生活水平的重要指标，对于不同的国家来说，由于货币的汇率不同，无法直接进行比较，因此经济学家克拉瑞斯、赫斯顿和萨默斯提出用 PPP（购买力平价）来反映各国的 GDP 水平。

上述方法建立的区域竞争力评定标准优点是：简单、便捷、直观，但也有一些问题：第一，竞争力的市场表现不仅受经济实力大小的影响，而且还包括多方面的外部因素影响，如环境因素、文化因素和政治因素的影响；第二，不同的区域在竞争的过程中无法有效地表现出竞争能力；第三，市场表现作为评定标准过于单一，没有考虑综合其他因素。正是有着这样那样的缺陷，这种评价方法慢慢地被淘汰出历史舞台。因此，随着研究的深入，专家学者们开始转变思考方向，从决定区域竞争力众多因素入手开展了大量的研究。

2. 发展阶段：以决定区域竞争力的关键因素作为评定标准

随着区域经济的发展，决定区域竞争力的因素呈现出多样化的趋势，由原来的单一因素转变为多种因素综合作用的结果。丰富了区域竞争力评定指标的标准。

（1）单一因素决定的区域竞争力。影响区域竞争力的因素有很多，可以挑选出最为关键的一个因素作为评价竞争力的大小。目前国外主要有以下几种评价方法：

1）以生产率作为评价标准：该方法认为决定区域竞争力大小的是生产率的高低，生产率与区域竞争力呈正相关关系。美国著名的经济学家 Paul R. Krugman 认为生产率评价一个区域竞争力大小的最为主要的标准。

2）以成本作为评价标准：该方法认为区域竞争力大小与交易成本呈负相关关系，经济学家们分别提出了以单位劳动成本、相对总成本以及总成本和成本要素的过往数据作为评价国家竞争力的大小。

3）以技术创新能力作为评价标准：进入 21 世纪后，随着科学技术发展以及市场验证，科学技术已然成为第一生产力，著名经济学家古斯塔夫森和阿克鲁斯认为，科学技术的发展已经对区域竞争力的提升做出了突出的贡献，应该把科技创新能力作为评价区域竞争力的一个标准。

4）以产业集中度作为评价标准：产业集中度又称市场集中度，它表现为企业在市场内地位高低，市场集中程度决定企业对该行业内市场的支配能力，也就是说，产业集中度与区域竞争力呈正相关关系。除了上述四种主要方法，还有其他的一些方法，如以国家风险作为评价标准，以投资规模作为评价标准等。这种依靠单一影响因素建立起来的指标一般仅针对影响竞争力某个因素，指标比较简单，分析起来比较孤立，评价结果片面，因此其客观性和准确性常常得不到人们的认可。

（2）多种要素交叉影响形成的综合评价体系单独影响要素存在一定的局限性，更多的理论学者开始关注范围更为开阔的评价体系的构成，将在宽度和广度上进行范围的扩充，以求得影响区域竞争力要素的分析结果更为科学。当前最具影响力的是瑞士 IMD 以及世界经济论坛所开展研究的世界国家竞争力的评价和排行。

1）IMD 竞争力评价体系的构成。最早的 IMD 模型可以划分为七个要素，依次为：购买能力、国企控制水平、科研能力、公民受教育程度、政府宏观调控能

力、经济一体化的程度、社会基础建设状况。另外从四个不同的角度对影响国家竞争力排名的要素进行逐步的分析，按照不同的标准又可以分为多种类型，按照区域大小可分为全球性或区域性，按照其风险偏好可分为和睦性或风险性等。整个评价体系另外由多个子要素和更多的评价指标组成。从 2001 年开始逐渐更新评价体系的相关要素，将原有要素合并为四个主要的要素，涵盖综合经济表现、政府执行效率、商务执行效率和各项基础设施建设情况，在四大要素之下又单独分别设置了五个小要素。相应评价的具体指标也随之发生了改变。

2）WEF 竞争力评价指标体系。WEF 成立于 1981 年，其形成的重要标志是《全球竞争力报告》的出版，是关于评价一个国家或地区经济增长能力的理论体系。在 20 世纪八九十年代，WEF 采用的具体评价指标将近四百项，并且被分为软、硬两种指标。90 年代末期，该指标体系进行创新，制定了三项评价国家竞争实力的指数：反映经济实力的综合指数、经济增长速度指标、在世界市场中所占份额的增长速度指数。两年后又进一步发展，增加了对国家微观经济实力的评价。21 世纪初，国家竞争力评价体系进一步改革，在原来四个指数的基础上又增加了创造力和环境指标，经济增长和当前市场竞争力两个指数保持不变。根据这四大指数，又细分为八个主要的评价因素，收集的相关评价标准绝大多数来自调查的数据，其余小部分取自统计资料，在评价的过程中，对每个因素设定不同的权重。上述各个指标评价体系是在当前国际社会中公认为最具权威性的评价体系，是当前研究和比较国家和区域竞争实力的领导者。但是，即使当前最具权威性的两个评价体系也存在一定的不足和缺陷，IMD 的评价要素的设置不够科学，存在重复评价的情况，另外，在区别关键指标和非关键指标时没有严格按照科学的分析和筛选方法，导致现实中关键要素所起到的作用并未显现在评价指标体系内。WEF 的评价体系设置缺少整体性和系统性，评价指标设定后取得的结果在不同时期存在较大的差距，影响评价结果的准确性和权威性。

3）波特的竞争力评价指标体系。哈佛大学教授波特的竞争力评价指标体系主要源于其两部关于竞争的著作：《竞争战略》和《竞争优势》。在这两部著作中，波特对影响国家竞争力的作用因素进行了详细的分析和研究，最终形成了由五大作用力、三个竞争战略、多个价值链在内的竞争力评价指标体系。波特在他的著作中曾尝试将关于国内竞争优势的相关理论成果和研究方法运用到国际竞争范围内，将供需要素、企业关联方和辅助性的经营项目、企业战略模式的详细结构，以及国家竞争的优劣势、国家在国家市场中的机遇和挑战作为其研究的“钻石模型”（见图 2－1－1）的主要要素。在对区域经济进行经济效益衡量和比较时，往往结合总体经济产出和区域创新能力两个方面进行考察，涉及的主要经济指标有区域经济解决的就业人口数量、年失业人数，工人普遍工资、人均消费水平、人均所占进出口额等，区域创新能力主要有从一定时期内该区域所创造出的新的知识产权、风险投资和公共基础设施投入、新创办的机构以及增值迅速的企业等。

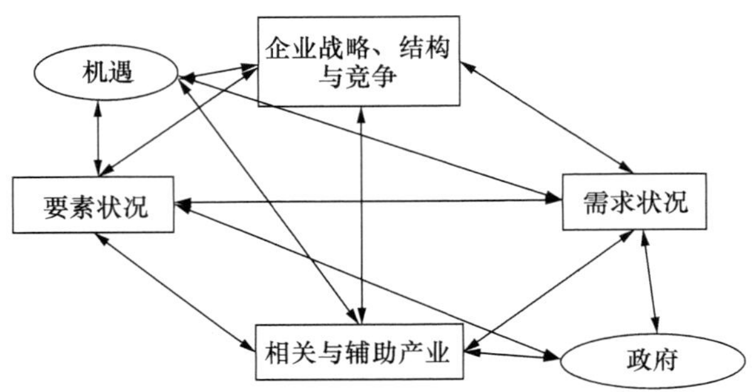

图 2－1－1 波特钻石模型竞争力

波特的国家竞争力评价体系在推出后受到许多地区的欢迎和使用，评价结果受到国际社会绝大多数的赞同，但是也存在一些批评的声音。一些有不同意见的专家和学者认为波特理论缺少正规的科学分析依据；另外一些反对声音认为钻石模型只是静态的反应，无法随着评价指标的变化呈现动态显示，缺乏系统性和整体性的分析数据。

4）标杆测定评价方法。20 世纪 70 年代初在美国进行试点实施，随之众多西方国家开始进行政府组织的标杆测定活动，形成了专门的机构对诸多企业、行业甚至国家最基础的公共设施进行分层次的展开测评。标杆测评方法设计了缜密的环环相扣的测评阶段，每个阶段测评的内容和对象不同，其中主要包括企业的工艺环节、外部环境支撑、政府对企业的支持和关注程度、企业所处行业的发展前景、企业带来的社会环境效益大小等关键环节。针对政府方面的标杆测评主要包括社会教育发展状况、国家进出关口、科研能力和企业开办程序等。国际社会对标杆测定也存在一些质疑，对测评结果的准确性和有效性进行了专项讨论，最终得出最佳发展模式是不存在的，不可能出现成功模式的仿制品。

5）SWOT 评价指标方法。被作为国际社会公认通用的分析和评价方法，是由科特勒在 20 世纪 90 年代末期提出的关于国家竞争力的五个方面要素的分析体系。这五个方面主要涉及一个国家精神层面的如文化和价值观等、生产力和生产关系的结合程度、产业间组织架构、政府组织的领导能力和整个社会的融合程度（见图 2－1－2）。

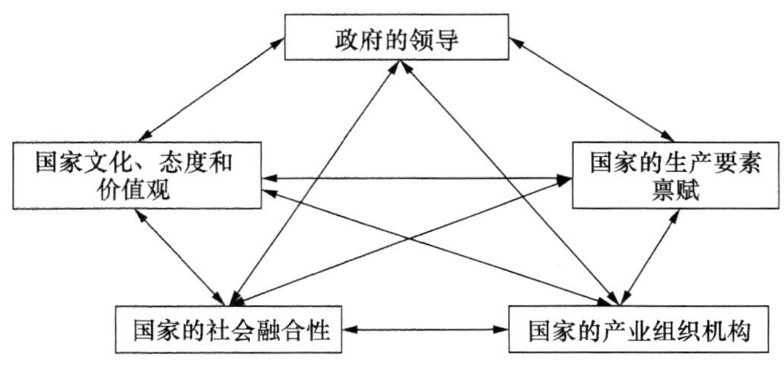

图2-1-2 科特勒国家竞争力研究模型

SWOT分析模型主要从整体上对国家竞争实力的优势和劣势进行对比分析。这个模型同样存在一定的缺陷，其设计的评价指标注重定性分析，而忽视了定量项目的研究，另外，该模型设计的指标不够全面，难以涵盖影响竞争力的所有关键性因素。SWOT主要从宏观的角度进行测评，忽视了对微观性指标的衡量。因此，在测评国际竞争力时很少用到该方法，较多用于对市场竞争力的评价。

以上五个竞争力评价指标体系是在国外专家学者当中比较有影响力的，此外，国际理论和实践学者提出了多个不同的评价方法，但是同样存在不同的缺点而没有被社会接纳和采用，有些指标尽管在提出之时用于分析国家竞争力，但是逐渐被弃用，或者转向区域经济的实力分析。

（二）国内关于评价区域竞争力的指标体系问题的研究

国外研究国家竞争力与竞争优势所取得的理论上的成果为我国研究区域竞争力问题的活动提供了参考。当前，构建我国的国情与区域发展情况相符的区域竞争力的评价体系的工作已经完成。自20世纪90年代起，我国就开始研究区域竞争力的问题了。国家体改委与深圳的综合开发研究院及人民大学密切合作，借鉴IMD和WEF竞争力综合评价体系的基础上，对中国国际竞争力进行了探索和研究，且完成了《中国国际竞争力研究报告》的发表工作。

就国内而言，学者围绕区域竞争力指标体系研究深入，目前大多数学者都采用定性指标与定量指标两类方法进行结合起来研究。

1. 突出竞争优势的区域竞争力评价体系

（1）国内较早对区域竞争力理论进行系统研究的是王秉安教授（执教于福建行政学院），他和同事在研究宏观经济时借助的是微观经济学原理，他们对区域竞争力这一概念进行了完善，在研究区域竞争力的理论和应用问题时参考了相关的国家竞争力的研究成果。在2001年的时候他们提出了一个一级指标，涉及六种因素，即产业转移竞争力、涉外综合实力竞争力、科研竞争力、公民教育的竞争力、公共设施建设的竞争力和经济状况，其中前三种因素属于直接的竞争力因素，而剩余的则属于间接的竞争力因素。在一级指标的基础上，他们又制定了二级（包含25因素）与三级（包含68因素）指标。在定量测算上述指标时，是无须设定指标体系的权重差异的。

（2）《全国省域综合竞争力发展报告（2005~2006)》是2007年的时候由福建师范大学研究经济综合竞争力的分中心出版的。在书中提出了一个相对完整的评价省域经济的综合竞争力的体系，该体系是由一级指标（1个）、二级指标（9个）、三级指标（23个）及四级指标（185个）组成的。就指标体系的整体而言，不同级别的指标所处的地位与所起的作用各异。他们在构建指标体系的数学模型时，借助德尔菲专家调查法对各指数的权重进行了设置，且利用分级加权获取了每一级指标的合成结果。

（3）从WEF和IMD的方法和理论出发，根据我国当前的具体国情，天津财经大学的竞争力研究室构建了一个评价省级区域竞争力的指标体系。其包含的要素模块共有8个，所涉及的要素支撑点共有32个，涵盖的指标共有116项（25项软指标与91项硬指标）。随后，他们适当调整了指标，将软指标的数量严格控制在了全部指标的20%以下。为更好地修正、检验信息，还设置了相应的统计指标。

（4）李明与徐宏基于前人的研究，对影响因素进行了划分，分成间接与直接两种。直接因素主要包括3项，即企业的竞争力、涉外的竞争力与产业的竞争力；而间接因素的内容很广，包括9要素共80项指标，涉及科技的竞争力、国民素质的竞争力、环境的竞争力、区域管理的竞争力以及经济的综合实力等多个方面。

2. 突出比较优势的区域竞争力评价体系

（1）高志刚将区域竞争力划分成8种：管理服务能力、科技创新能力、人力资本能力、基础设施能力、对外开放程度、产业市场的转移、经济实力的比较以及环境资源的承受力。它们共同组成了一个一级指标，其下所设的二级指标共有41个。该体系解决了单一方法存在的局限性与片面性问题，但美中不足的是其覆盖范围还很不全面。

（2）刘勇将区域竞争力被划分成3种：初始的竞争力（区域的比较优势，取决于静态或自然因素）、潜在的竞争力（区域的动态发展优势，取决于软硬环境因素）以及现实的竞争力（在进行区域竞争力的结果或现实的评价时使用）。然而，刘勇并没有对该方法做具体的介绍，也未明确权重的比例分配根据。

（3）和刘勇相同，魏敏也将区域竞争力划分成初始、潜在与现实3类，二者

的区别就在于其细分了这3类竞争力，涉及的量化指标共有35个。量化分析硬指标是该体系的重点所在，但其没有合理的分配权重。

（4）在分析区域竞争力时，潘丽柳使用了文卫、科教、环境、经济等26项指标。该体系只是综合了全部的指标，并未细分指标，所以看起来非常杂乱，加之其并未列举出足够多的指标，因此区域竞争力无法通过该体系准确、客观地反映出来。

3. 突出协调发展的区域竞争力的评价体系

较之上述两类体系，很少有人研究此类体系，吴进红与张为付是此类体系的典型代表，他们制定了一个三力体系，这三力分别是基础的竞争力（支撑和保障）、辅助的竞争力及核心的竞争力（最重要）。在这一指标体系中，所设置的一级指标共有8个，二级指标共有20个，三级指标共有90个。该体系强调了指标间所存在的协调关系，同时对指标间作用力与影响力的大小进行了区分，但受指标间较大的关联性的影响，指标缺乏独立性，这直接影响了该体系的评价效果。

上述的三类评价指标体系都在不同程度上参考了国外的竞争力指标体系，尽管指标的具体设置各异，但差不多都涉及了政府支持、人力技术、财政金融、自然资源等方面，且都进行了指标的分级，借助聚类分析、因子分析及层次分析等评价方法，利用有关的统计计量软件完成处理数据的工作。

二、评价区域环境竞争力的相关系统

（一）区域环境竞争力研究的理论溯源及进展

在我们大力提高效益与环境污染日益严重的严峻形势下，环境竞争力这个新名词随着时代进步而诞生了，它创造性地提出了把构建社会主义和谐社会与环保结合起来的新概念。

当前国内外学术界已广泛、深入地研究了竞争力的相关理论，并取得了城市竞争力、国家竞争力和省域竞争力等方面的成果，然而不论是在区域的层面，还是在国家的层面，都缺乏关于环境竞争力问题的研究。

（二）国外的区域环境竞争力指标体系研究

可持续发展问题是国外学者研究环境问题时的重点所在，很多政策文件与学术文献都涉及了可持续发展的指标问题。尽管环境竞争力在上述研究中并未被直接的提及，然而上述研究对环境竞争力评价指标的制定而言意义重大。现阶段，很多国外学者在进行社会活动、资源流动的可持续发展程度的测定时都使用了非货币指标，这些指标的类型各异。一系列和可持续发展相关的整合框架在 1995 年后陆续出现，在分析可持续发展问题时，多是从环境、经济与社会等多个方面着手的。比较典型的是 GRI，即全球报告倡议组织，其由环境、社会及经济这三大领域入手完成了多层次框架的设计，涵盖的指标多达 100 项。

（三）国内的区域环境竞争力指标体系研究

在分析环境竞争力的问题时，国内学者多是从微观的视角切入，如贸易、企业及产品等，这和本书里宏观意义上的环境竞争力相比有很大的不同，如施用海（1999）、胡贤芳（2000）及尹晓波（2002）等。很少有人所用的环境竞争力的内涵和本书观点相似，只有张伟琴、丁越兰及马凯等，在进行城市的环境竞争力评级的指标体系构建时，主要考虑了四方面的内容，即城市资源的丰裕程度、城市环境的质量竞争力、城市绿化的竞争力以及城市硬件环境的竞争力。郑立（2007）、于桂娥与王玉昭（2008）等在研究中还涉及了生态环境竞争力的内容，他们制定的评价体系涉及了环境管理、区域抗逆、区域生态、生存资源等方面的内容，但从总体上看体系比较单薄，仍需加深。此外，有的研究还涉及了环境竞争力的内容，以评价省域经济的综合竞争力的指标体系为例，其中和环境、资源竞争力相关的指标多达 10 项。

基于上述梳理，笔者发现，静态的综合实力的比较构成了国内外研究区域竞争力评价体系的基础。尽管体系处在日趋完善的过程中，尽管其能够将区域竞争力的特点大体地反映出来，然而能够涉及管理竞争力问题的研究很少，研究多将重点放在比较综合竞争力上。而要想将本区域经济发展的各项能力都准确地反映出来，就必须动态地评价区域的经济发展能力。现阶段，很少有研究会涉及环境竞争力问题。且当前所进行的环境竞争力方面的研究，还多停留在简单论述的层面上，要么是在可持续发展的体系下对其进行分析，要么是在整个社会、经济层面下研究它，研究的重点多在分析经济因素方面，很少会涉及环境因素。因此，就当前的研究情况而言，人们还未清醒地意识到环境竞争力的重要价值，更不用提评价区域环境竞争力的指标体系的构建了。

第二章　区域绿色竞争力评价指标体系的设计

一、区域绿色竞争力评价指标体系的构建原则

指标选择是要为最终的区域绿色竞争力模型设计服务的，所以要按照科学发展观，根据科学性与可操作性相统一、前瞻性和导向性相统一、独立性和完整性相统一、可比性和普遍性相统一以及动态性和稳定性相统一的原则，构建高效、系统的涵盖区域绿色竞争力主要构成要素的指标体系，合理确定权重，采取简明实用的评价方法，全面、科学和客观地评价区域绿色竞争力，为区域绿色发展战略制定和经济社会协调发展提供依据。

（一）科学性与可操作性相结合

我们选取和建立每个指标都要考虑这个指标相关数据查找，能不能计算，要反映出区域绿色竞争力的方方面面，每个指标都要考虑大众的可接受程度，要尽量考虑指标在科学方面的影响。

（二）前瞻性和导向性相结合

研究从区域竞争力和环境竞争力方面出发，在选定评价指标体系时，除了要注意它们与绿色竞争力内在联系，还要考虑两方面自身发展和六大因子结合体现的内在机理，要使评价指标体系迎合研究模型的需要和建立。评价指标体系建立包括三个步骤：第一步为一级指标，即六大因子，它们是环保因子、生态因子、循环因子、低碳因子、健康因子和可持续因子；第二步为二级指标，即六大影响因子分别细化为2、2、3、3、3、3等共16个二级指标；第三步为三级指标，即将第二步的二级指标作出更深的拓展，共计95项指标。

（三）独立性和完整性相结合

多个影响因素叠加组合在一起就构成了一个完整的区域绿色竞争力评价指标体系，指标体系可以反映影响区域绿色竞争力的各个方面，从各个角度反映被评价指标体系的主要特征和状况，同时，对于要表达的各个子系统和影响因子，指标选取既要独立代表一定的含义，还要避免意思重复相近的指标，使指标体系完整统一。

（四）可比性和普遍性相结合

区域绿色竞争力指标选取要考虑时间、空间、适用范围的有效衔接和可对比性，可以进行横向和纵向两方面比较，各个地区的发展速度、水平都不相同，更要选取那些普遍性可以反映一些地区特质和优秀发展品质的东西。

（五）动态性和稳定性相结合

评价指标的选定要能实时、客观、准确地反映区域绿色竞争力的现状和未来趋势，以便预测和决策，随着研究的进一步深入以及统计数据的进一步完善，应该进行合理的变动和调整，充分考虑其动态变化的特点。但是，在一定时期内，指标体系的内容不宜频繁变动，应保持相对的稳定性。也就是说，指标体系是动态性和稳定性的统一。

二、区域绿色竞争力评价指标的形成

评价指标体系的形成过程是在区域竞争力、绿色竞争力和区域环境竞争力等基础理论的指导下，在综合对区域绿色竞争力内涵和影响因素分析的基础上，设计出一套区域绿色竞争力评价指标体系，而且在通过头脑风暴法和反复咨询专家的基础上，对指标体系进行了修改（见表 2－2－1）。

表 2－2－1　区域绿色竞争力评价指标体系

系统层	模块层	要素层	基础层
区域绿色竞争力指标体系	环保因子	环保投资	环保治理投资总额
			环保污染治理投资占 GDP 比重
			本年竣工项目数量（污染治理）
			农村人均改水、改厕的政府投资
			环境保护支出占财政支出比重

续表

系统层	模块层	要素层	基础层
区域绿色竞争力指标体系	环保因子	环保投资	单位耕地面积退耕还林投资完成额
			造林面积
	环保因子	环保治理	建成区绿化覆盖率
			人均公共绿地面积
			工业废水排放总量
			工业废水排放达标率
			工业 SO_2 排放达标率
			工业粉尘排放达标率
			工业烟尘排放达标率
			生活垃圾无害化处理率
			生活垃圾清运量
			城市污水排放量
			城市污水处理率
			交通噪声等效声级
			工业噪声等效声级
			矿区生态环境恢复治理面积
	生态因子	自然生态	人均水资源量
			万元 GDP 用水量
			工业废气总量
			空气质量达到二级以上天数及占全年比重
			自然保护区面积
			湿地面积
			减少耕地面积
			森林覆盖率、森林面积
		生态产业	高技术产业企业数
			高技术产业总产值
	循环因子	综合利用	工业固体废物综合利用率
			土地资源利用率
			“三废”综合利用产品产值
		回收利用	工业用水重复利用率
			农村沼气池产气总量
		循环产业	高技术产业增加值占工业增加值比重
			废弃资源和废旧材料回收加工业增加值占工业增加值比重
			能源生产弹性系数

续表

系统层	模块层	要素层	基础层
区域绿色竞争力指标体系	低碳因子	低碳生产	非煤炭能源消费比重
			可再生能源消费比重
			平均碳排放系数
			单位地区二氧化碳排放的产出
			单位地区二氧化硫排放的产出
			单位地区氨氮排放的产出
			单位化学需氧量排放的产出
		低碳消费	人均二氧化碳排放量
			人均二氧化硫排放量
			人均化学需氧量排放量
			人均氨氮排放量
			人均生活能源消费量
			单位能源消费的碳排放因子
		低碳生活	公共交通客运量（不含出租车）
			轨道交通客运量比重
			每万人拥有公共汽车
	健康因子	人群健康	人均预期寿命
			人口自然增长率
			甲乙类法定报告传染病病死率
			劳动争议案件受理数
		生活质量	城镇居民人均可支配收入
			农村家庭住房面积
			人均生活用电量
			人均生活用水量
			住宅占商品房销售面积的比例
			城镇居民家庭恩格尔系数
			农村居民人均纯收入
			城乡居民收入比
			居民消费价格指数
		民生保障	居民储蓄存款
			城镇基本医疗保险覆盖率
			万人拥有病床数
			城镇新增就业人数
			就业率

续表

<table>
<tr><th>系统层</th><th>模块层</th><th>要素层</th><th>基础层</th></tr>
<tr><td rowspan="21">区域绿色竞争力指标体系</td><td rowspan="21">持续因子</td><td rowspan="9">经济发展</td><td>人均 GDP</td></tr>
<tr><td>固定资产投资额</td></tr>
<tr><td>进出口总额</td></tr>
<tr><td>人均 GDP 增长率</td></tr>
<tr><td>固定资产投资增长率</td></tr>
<tr><td>进出口总额增长率</td></tr>
<tr><td>第三产业占 GDP 比重</td></tr>
<tr><td>工业化率</td></tr>
<tr><td>城镇化率</td></tr>
<tr><td rowspan="7">科技发展</td><td>每万人拥有研究与实验发展（R%D）人员数</td></tr>
<tr><td>R&D 活动人员全时当量</td></tr>
<tr><td>R&D 内部经费支出占 GDP 比重</td></tr>
<tr><td>高新技术产业利润总额</td></tr>
<tr><td>每十万人拥有的大专及以上受教育程度人口数</td></tr>
<tr><td>每万人接受中等职业教育在校学生数</td></tr>
<tr><td>公共财政预算教育经费占公共财政支出比例</td></tr>
<tr><td rowspan="5">资料承载</td><td>劳动力数量占总人口比重</td></tr>
<tr><td>人均耕地面积</td></tr>
<tr><td>人均矿产占有量</td></tr>
<tr><td>人均能源占有量</td></tr>
<tr><td>年末实有道路长度</td></tr>
</table>

三、评价指标体系设计的说明和思路

要对区域绿色竞争力进行评价，必须先对区域绿色化程度的影响因素进行分析，以此确定区域绿色竞争力的评价内容和目标。

区域绿色竞争力的核心是绿色，其绿色核心内涵的界定意味着区域绿色竞争力主要受环保、生态、循环、低碳、健康和持续六个主要方面因素的影响，这六个主题也构成了整个区域绿色竞争力指标体系构建的一级指标，从而影响着后续的研究。

（一）环境保护对区域绿色竞争力的影响

环境保护简称为环保，指的是我们为了应对日益存在和严重的环境污染问题，改善我们与环境的关系，保障经济社会的可持续发展而采取的各种行动的总称。

环保对区域绿色竞争力的影响主要有三个方面：首先，对区域自然环境的保护，主要涉及对青山、绿水、蓝天、大海的保护，包括不能乱砍滥伐，不能乱排污水废气，不能过度放牧开荒，破坏自然界的生态平衡体系，从而达到防止区域自然环境恶化的目的。其次，对区域生物的保护，物种的保全，植物植被的养护，动物的回归，生物的多样性，转基因的合理、慎用，濒临灭绝生物的特别、特殊保护，灭绝物种的恢复，栖息地的扩大，人类与生物和谐共处。我们尽最大的努力保护了我们的生态环境，我们的生活、居住、养老各方面都会更加舒适和安逸。最后，对我们周围生态环境的保护，使之更适合我们工作、学习和健康的需要。这就涉及人们的柴、米、行、玩等各个方面，都要达到我们对绿色健康、和谐共生的要求。环保竞争力主要体现在环保法律体系的完善和执行程度、环保意识和自觉行动、环保技术水平等方面。

（二）生态对区域绿色竞争力的影响

生态，指生物的生存状态，即生物在一定的自然环境下生存和发展的状态。

我们可以从自然生态系统和生态产业链两个方面来看生态对区域绿色竞争力的影响：自然生态系统是在一定时间和空间范围内，依靠自然调节能力维持的相对稳定的生态系统。如原始森林、海洋等。由于人类的强大作用，绝对未受人类干扰的生态系统已经没有了。自然生态系统对区域绿色的影响可以从自然保护区、湿地、空气质量和森林面积等几个方面来考虑；生态产业链是指根据生态学原理，以恢复和扩大大自然存量为宗旨，为提高资源基本生产率和根据社会需要为主体，对两种以上产业的链接所进行的设计，而在这当中最能体现的当然就是高技术产业的数量和总产值了。

（三）循环经济对区域绿色竞争力的影响

循环经济是一种把自然生态物质进行循环使用以及根据能量流动的规律进行组建的一种新的经济系统，使得这种经济系统在运行时能够融入自然生态系统的物质循环整个过程当中，建立起一种新形态经济模式。

对于循环经济而言，实质上就是一种全新的生态型经济，其指导人类社会的经济活动的理论就是生态学规律。它对区域绿色竞争力的影响主要表现在以下几点：①要重视物质的循环利用，在设计上要注意把经济效益、社会效益和环境效益紧密地结合在一起，不可偏废。在进行产品设计时，要采用标准化模式，方便在日后设备进行更新换代时，只替换关键部件就可以了，而不必让整个机器都替换掉。而且也便于在整机面临报废时，还有许多部件可以被重新利用。在设计时还要注意选用的材料不要对人体和环境产生损害，避免使用有毒材料。推进循环经济首先就要采取科学合理的设计。②要依靠科技的力量，在生产和消耗过程中尽量使用新工艺和新材料，减少能源的消耗，以尽可能少的投入换取大的效益，要防止污染，尤其要防止环境遭到污染。③对资源要进行综合利用，对于废弃物的处理要朝资源化、减量化和无害化方面发展，使得有害废弃物的产生达到最低限度。实践证明，高科技产业是实现循环经济最好的一种形式。我国近几年大力建设的高科技园区就是这种形式的推广。高科技园区集中布局，产业扎堆，能源供应和废弃物处理集中进行，园区绿化面积多等，都是优点。但是对于如何循环利用资源，则没有说明。④在管理方面既要严格，也要讲科学。循环经济是新事物，不能想当然地认为只需要依靠先进的设备和技术就能实现；要认识到循环经济是一个系统工程，所包含的方面非常多，科学和管理只是实现这种经济形式的必要条件。还需要在此基础上建立完备的规章制度和严格的监督机制。

（四）低碳经济对区域绿色竞争力的影响

低碳经济是应对全球变暖而提出来的一种新的理念，是低碳发展、低碳产业、低碳技术、低碳生活等一类经济形态的总称。它以低能耗、低排放、低污染为基本特征，以应对碳基能源对于气候变暖为基本要求，以实现经济社会的可持续发展为基本目的。核心是发展绿色清洁技术，主要包括低碳产品以及相关技术、能源地开发和使用。

对于低碳经济的发展以及提升区域绿色竞争力来说，不是一个孤立的发展考虑，而是内容全面的系统工程。在考虑时必须统筹兼顾，对区域内相关资源进行整合，构建一种新型的节能体系。尤其要在三个方面达到低碳化的标准。①低碳生产，一是以减少温室气体排放为目标，构筑低能耗、低污染为基础生产体系，包括低碳能源系统、低碳技术和以低碳为中心的产业体系。对于低碳设备的采用，一定要采用已经成熟和证明有成效的、能带来效益的新型设备，在技术上要加快革新步伐，淘汰落后的设备和工艺技术。二是在节能减排上要勇于改进落后的装备和生产程序，对于落后的技术和设备要加大改进力度，要利用科技的力量对设备进行节能改造，在生产中加强对新工艺和新技术的运用。三是依靠智力因素，充分借助外力作用，引进先进的人才和技术，在自主研发的道路上创造具有核心竞争力的知识产权。②低碳消费。低碳消费不可强制执行，而是体现现代人们在消费观上的时尚和先进的思维与行为习惯，表现对环境负责的消费活动。消费者在进行消费时，考虑和决定购买的不单单是局限在对商品的选择上，而是考虑商品中所消耗的能源多少，自觉选择低碳商品。低碳消费方式表现出人与自然之间的和谐关系以及对生态、经济如何共存的关心。要发展低碳经济，取决于社会生活的发展程度与人的素质。所以，推行低碳消费需要长期不断地进行。对于低碳消费，因为其程度的不同，内容也不一样。在我国，对低碳消费包含五个方面：一是恒温消费，即在消费过程中所消耗的温室气体是最低的；二是在经济方面的考量，即所耗费的资源和能源是最少的；三是安全方面，即对人类生存的环境产生的危害是最小的；四是具有可持续性，即对人类社会未来的影响是最小的；五是新领域消费，即不再是传统意义上的经济消费，而是具有多方面积极意义的新型消费方式，包括生产、就业、能源消耗和生产对象方面的改进。③低碳生活。在生活中要转变观念，在区域发展战略规划中要坚持低碳发展模式和优先发展低碳经济，要从传统的能源消耗转变为在新技术基础上的循环经济的低碳模式，要围绕着低碳产业的战略目标，大力开发绿色品牌的产品，在追求经济效益的同时，注重对环境的保护，增强社会责任心，使低碳意识渗透到生产和消费的各个环节中去。要在民众中宣传低碳经济对于当前和将来生活的重要性，在民众中普及低碳知识，增强低碳消费的意识，抵制高耗、低效的传统消费模式。

（五）健康对区域绿色竞争力的影响

生态健康概念的提出时间很短，生态健康的评价目的不是为生态系统诊断疾病，而是在生态学框架下，结合人类健康观点定义生态系统的期望状态，确定生态系统破坏的阈限，并在文化、道德、政策、法律、法规的约束下，为管理者、决策者提供目标依据，更好地利用、保护和管理好生态系统。

生态系统健康评价对区域绿色竞争力的影响主要是根据区域生态系统的特征、评价目标，建立科学、全面、准确地反映区域生态系统健康状况的指标体系。区域生态系统涉及区域自然环境、社会经济、人群健康状况、资源状况等各个方面，与人类活动密切相关。因此，对区域生态系统健康评价应综合生态学、社会经济学、人类健康的原则和原理进行评价。

（六）持续对区域绿色竞争力的影响

可持续发展是全人类面临的涉及人口、资源、经济、社会、环境等多方面的重大理论与实践问题。它是提升区域绿色竞争力的一个重要方面。要提升可持续发展能力，就要从以下几方面着手：优先发展教育事业，为可持续发展储备人才；改变发展观念，增加科学技术的贡献率；转变经济增长方式，大力发展循环经济，延伸产业链；重视生态环境建设，切实保护生态环境；大力发展第三产业，增强经济实力。

综上所述，区域绿色竞争力的影响因素是多方面、多层次的。以上六个方面从本质上概括了区域绿色竞争力的内涵，兼顾产业创造利润的能力，构建与绿色有关的核心指标，实现产业与环境协调发展和产业的可持续发展等方面。在评价区域绿色竞争力时，可根据具体情况制定相应的评价准则。

四、评价指标权重的赋值

（一）评价指标权重的赋值方法

在各地区绿色经济的发展过程中，各因子对地区的影响是不同的，进行区域绿色竞争力评价时，各因子不能同等看待，权系数即表示各因子的不同重要性及各因子所产生的不同协同效应。所以，在区域绿色竞争力的综合评价体系中，各级指标权重的赋值是一项重要的内容。由于区域绿色竞争力评价指标体系受较多社会性因素的影响，故评价指标权重的赋值宜采用层次分析法与德尔菲法相结合，具体方法为：

（1）采用德尔菲法进行咨询收集，咨询对象为江西省环保、规划等部门的高级官员和科技人员，还有江西省高校相关专业的权威人士，涉及经济、地理、旅游等专业领域。通过对500份咨询问卷的分析，归纳总结出评价指标的相对重要性。具体的标度规则如表2－2－2所示。

表2－2－2　指标的标度规则

标度	含义
1	两个指标重要性相同，不分先后
3	两个指标的重要性不同，前者高于后者，强度较低
5	两个指标的重要性不同，前者高于后者，强度中级
7	两个指标的重要性不同，前者高于后者，强度高级
9	两个指标的重要性不同，前者高于后者，强度超高
2、4、6、8	为两个指标重要性的中间值
倒数1～9	假设指标 i 和指标 j 进行比较，a_{ij} 是反映 i 对 j 的重要性，a_{ji} 是反映 j 对 i 的重要性，$a_{ji}=1/a_{ij}$（如果 B_1 指标与 B_2 指标的重要性比较为3，则 B_2 指标与 B_1 指标的重要性比较则为1/3）

（2）以专业人士评价指标的相对重要性为依据，分析标定值，得到矩阵。

$$A=\begin{pmatrix} b_{11} & \cdots & b_{1n} \\ \vdots & \ddots & \vdots \\ b_{n1} & \cdots & b_{nn} \end{pmatrix}$$

（3）对 A 矩阵进行计算，求出最大特征根，并得到相应的特征向量。求解根的过程使用层次分析法的根求解，要求 A 矩阵必须是达到一致性检验，以下为权重值的求解步骤：

1）将 A 矩阵每一行元素进行乘法运算。

$$M_i = \prod_{j=1}^{n} b_{ij}(i = 1,2,3,\cdots,n)$$

2）计算 M_i 的 n 次方根（n 为判断矩阵的维数）。

$\overline{W_i}=\sqrt[n]{M_i}$（$i=1, 2, 3, \cdots, n$）

以上完成 A 矩阵的几何平均数求解。

3）完成向量 $\overline{W}=[\overline{W}_1, \overline{W}_2, \cdots, \overline{W}_i]^T$ 运算，实现归一化求解。

$$W_i = \overline{W_i}/\sum_{i=1}^{n}\overline{W}_i(i = 1,2\cdots,n)$$

则 $W=[W_1, W_2, \cdots, W_n]^T$ 就是最大特征根所对应的特征向量。

4）求解最大特征根。

$$\lambda\max = \sum_{i=1}^{n}\frac{(AW)_i}{nW_i}$$

其中，$(AW)_i$ 表示第 i 个分量。

5）判断一致性。通过求解一致性指标完成。

$$CI = \frac{\lambda\max - n}{n-1}$$

当 $CI=0$ 时，A 矩阵达到一致性要求，当 CI 非零时，A 矩阵的一致性差，并且 CI 的值越大，A 矩阵的一致性越不容易实现。实际应用中，CI 表示绝对一致性，CR 表示相对一致性，$CR=\frac{CI}{RI}<0.10$ 时，其中 RI 为随机一致性指标，当 CR 的值满足要求时，$W=[W_1, W_2, \cdots, W_n]^T$ 即为权重，如果 CR 的值不在范围之内，就需要重新调整 A 矩阵，再进行计算，直到满足条件为止。

（二）评价指标权重的计算过程

首先，按照上面介绍的方法，将回收的所有调查问卷进行整理、分析，建立成偶对比矩阵。成偶对比矩阵的建立是以每一层的评比要素作为基准，对其所属下一层的 n 个评比要素，进行两两比较，形成成偶对比的评估值，其所产生的

$C_n^2=\frac{n(n-1)}{2}$个评估值a_{ij}即为成偶对比矩阵（见表2－2－3）中主对角线右上方的元素值。将右上方元素值的倒数放置在主对角线左下方的相对位置中，并将主对角线上的元素数值均设为1，则可得到完整的成偶对比矩阵A。

表2－2－3　成偶对比矩阵列表

评比要素	A	B	C
A	1	2	3
B	1/2	1	2
C	1/3	1/2	1

令$a_{ij}=w_i/w_j$，其中w_1，w_2，…，w_n代表层次中各要素对于上一层次中某要素的相对权数。

此时矩阵有两个特点：一是层次分析法的成偶对比矩阵为正倒数矩阵；二是若专家评比时的判断均非常完美精确，此时矩阵为一致性矩阵。

另外，运用AHP专业软件（yaahp 0.5.3）对该矩阵进行计算，得到的结果如表2－2－4～表2－2－10所示。

标度类型：$\hat{e}$（0/5）～$\hat{e}$（8/5）

群决策——专家数据集结方法：各专家判断矩阵加权几何平均。

（1）专家权重：0.1667——区域绿色竞争力，判断矩阵一致性比例：0.0017；对总目标的权重：1.0000。

表2－2－4　区域绿色竞争力影响因子评价比对矩阵表

区域绿色竞争力	环保因子	生态因子	循环因子	低碳因子	健康因子	持续因子	W_i
环保因子	1.0000	1.4918	2.2255	3.3201	4.9530	1.0000	0.2811
生态因子	0.6703	1.0000	2.2255	1.4918	3.3201	0.6703	0.1884
循环因子	0.4493	0.4493	1.0000	1.0000	1.4918	0.4493	0.1034
低碳因子	0.3012	0.6703	1.0000	1.0000	1.4918	0.4493	0.1034
健康因子	0.2019	0.3012	0.6703	0.6703	1.0000	0.2019	0.0607
持续因子	1.0000	1.4918	2.2255	2.2255	4.9530	1.0000	0.2630

（2）专家权重：0.1667——环保因子，判断矩阵一致性比例：0.0000；对总目标的权重：0.2811。

表 2-2-5　环保因子评价比对矩阵表

环保因子	B_1	B_2	W_i
B_1	1.0000	0.4493	0.3100
B_2	2.2255	1.0000	0.6900

（3）专家权重：0.1667——生态因子，判断矩阵一致性比例：0.0000；对总目标的权重：0.1884。

表 2-2-6　生态因子评价比对矩阵表

生态因子	B_3	B_4	W_i
B3	1.0000	1.4918	0.5987
B4	0.6703	1.0000	0.4013

（4）专家权重：0.1667——循环因子，判断矩阵一致性比例：0.0000；对总目标的权重：0.1034。

表 2-2-7　循环因子评价比对矩阵表

循环因子	B_5	B_6	B_7	W_i
B5	1.0000	1.4918	0.4493	0.2567
B6	0.6703	1.0000	0.3012	0.1721
B7	2.2255	3.3201	1.0000	0.5713

（5）专家权重：0.1667——低碳因子，判断矩阵一致性比例：0.0043；对总目标的权重：0.1034。

表 2-2-8　低碳因子评价比对矩阵表

低碳因子	B_8	B_9	B_{10}	W_i
B8	1.0000	3.3201	4.9530	0.6677
B9	0.3012	1.0000	1.2214	0.1881
B10	0.2019	0.8187	1.0000	0.1441

（6）专家权重：0.1667——健康因子，判断矩阵一致性比例：0.0043；对总目标的权重：0.0607。

表 2－2－9 健康因子评价比对矩阵表

健康因子	B_{11}	B_{12}	B_{13}	W_i
B11	1.0000	0.4493	0.3012	0.1542
B12	2.2255	1.0000	0.8187	0.3668
B13	3.3201	1.2214	1.0000	0.4790

（7）专家权重：0.1667——持续因子，判断矩阵一致性比例：0.0000；对总目标的权重：0.2630。

表 2－2－10 持续因子评价比对矩阵表

持续因子	B_{14}	B_{15}	B_{16}	W_i
B14	1.0000	3.3201	4.9530	0.6653
B15	0.3012	1.0000	1.4918	0.2004
B16	0.2019	0.6703	1.0000	0.1343

（三）指标权重的结果汇总

通过计算得到了区域绿色竞争力的一级评价指标权重和二级评价指标的本层权重。二级评价指标的权重是通过计算得到的，计算方法是对一级指标权重进行修订，是二级指标的本层权重与一级指标权重相乘结果。表 2－2－11 为各项指标的综合权重。

表 2－2－11 指标的权重结果

影响因子	权重	二级指标	权重	三级指标	权重
环保因子	0.1256	环保投资	0.0624	环保治理投资总额	0.0093
				环保污染治理投资占 GDP 比重	0.0101
				本年竣工项目数量（污染治理）	0.0098
				农村人均改水、改厕的政府投资	0.0074
				环境保护支出占财政支出比重	0.0067
				单位耕地面积退耕还林投资完成额	0.0107
				造林面积	0.0084

续表

影响因子	权重	二级指标	权重	三级指标	权重
环保因子	0.1256	环保治理	0.0632	建成区绿化覆盖率	0.0053
				人均公园绿地面积	0.0048
				工业废水排放总量	0.0038
				工业废水排放达标率	0.005
				工业 SO_2 排放达标率	0.005
				工业粉尘排放达标率	0.0049
				工业烟尘排放达标率	0.0047
				生活垃圾无害化处理率	0.0054
				生活垃圾清运量	0.0045
				城市污水排放量	0.0043
				城市污水处理率	0.0041
				交通噪声等效声级	0.0033
				工业噪声等效声级	0.0032
				矿区生态环境恢复治理面积	0.0049
生态因子	0.1613	自然生态	0.1098	人均水资源量	0.0109
				万元 GDP 用水量	0.0112
				工业废气总量	0.01
				空气质量达到二级以上天数及占全年比重	0.0133
				自然保护区面积	0.0163
				湿地面积	0.0137
				减少耕地面积	0.0137
				森林覆盖率、森林面积	0.0207
		生态产业	0.0515	高技术产业企业数	0.0245
				高技术产业总产值	0.027
循环因子	0.1204	综合利用	0.0536	工业固体废物综合利用率	0.0172
				土地资源利用率	0.013
				"三废"综合利用产品产值	0.0234
		回收利用	0.0344	工业用水重复利用率	0.0211
				农村沼气池产气总量	0.0133
		循环产业	0.0324	高技术产业增加值占工业增加值比重	0.0091
				废弃资源和废旧材料回收加工业增加值占工业增加值的比重	0.009
				能源生产弹性系数	0.0068
				万元 GDP 能耗	0.0075

续表

影响因子	权重	二级指标	权重	三级指标	权重
低碳因子	0.1366	低碳生产	0.0758	非煤炭能源消费比重	0.0096
				可再生能源消费比重	0.0124
				平均碳排放系数	0.0149
				单位地区二氧化碳排放的产出	0.0092
				单位地区二氧化硫排放的产出	0.0084
				单位地区氨氮排放的产出	0.0109
				单位化学需氧量排放的产出	0.0104
		低碳消费	0.0365	人均二氧化碳排放量	0.0059
				人均二氧化硫排放量	0.005
				人均化学需氧量排放量	0.0048
				人均氨氮排放量	0.0045
				人均生活能源消费量	0.0083
				单位能源消费的碳排放因子	0.008
		低碳生活	0.0243	公共交通客运量（不含出租车）	0.0066
				轨道交通客运量比重	0.0081
				每万人拥有公共汽车	0.0096
健康因子	0.1361	人群健康	0.0332	人均预期寿命	0.0102
				人口自然增长率	0.0067
				甲乙类法定报告传染病病死率	0.0069
				劳动争议案件受理数	0.0094
		生活质量	0.0487	城镇居民人均可支配收入	0.0066
				农村家庭住房面积	0.0063
				人均生活用电量	0.004
				人均生活用水量	0.0038
				住宅占商品房销售面积的比例	0.0051
				城镇居民家庭恩格尔系数	0.0058
				农村居民人均纯收入	0.0055
				城乡居民收入比	0.0055
				居民消费价格指数	0.0061
		民生保障	0.0542	居民储蓄存款	0.0085
				城镇基本医疗保险覆盖率	0.017
				万人拥有病床数	0.0073

续表

影响因子	权重	二级指标	权重	三级指标	权重
健康因子	0.1361	民生保障	0.0542	城镇新增就业人数	0.0099
				就业率	0.0115
持续因子	0.3198	经济发展	0.1523	人均 GDP	0.0166
				固定资产投资额	0.0149
				进出口总额	0.0135
				人均 GDP 增长率	0.0152
				固定资产投资增长率	0.0151
				进出口总额增长率	0.0126
				第三产业占 GDP 比重	0.0231
				工业化率	0.0212
				城镇化率	0.0201
		科教发展	0.0799	每万人拥有研究与实验发展（R%D）人员数	0.0085
				R&D 活动人员全时当量	0.0092
				R&D 内部经费支出占 GDP 比重	0.0123
				高新技术产业利润总额	0.0092
				每十万人拥有的大专及以上受教育程度人口数	0.0141
				每万人接受中等职业教育在校学生数	0.0129
				公共财政预算教育经费占公共财政支出比例	0.0137
		资源承载	0.0876	劳动力数量占总人口比重	0.0196
				人均耕地面积	0.0155
				人均矿产占有量	0.0143
				人均能源占有量	0.02
				年末实有道路长度	0.0182
合计	0.9998		0.9998		0.9998

五、本章小结

本章尝试将区域绿色竞争力的指标进行量化研究，依据科学性、可操作性、完整性、可比性和系统性等原则，通过头脑风暴法和反复咨询专家意见的基础上

建立了区域绿色竞争力评价指标体系；基于区域绿色的影响因素遴选了环保、生态、低碳、循环、健康和持续六大因子和95 个基础指标；采用层次分析法和德尔菲法相结合对各指标进行权重赋值。

第三章　区域绿色竞争力系统分析模型的构建

一、区域绿色竞争力评价模型选用方法的比较

（一）单一的评价方法

评价的对象千差万别，评价的指标也各不相同，评价方法从单一指标评价到多指标评价都旨在表现评价对象的特点。在实际应用中，从评价对象的类型出发，设计评价指标，根据具体情况，采用不同的评价方法。单一的评价方法通常分为三类：①专家评价法被认为权威性高，由专业背景的权威人士讨论完成，这种方法主观性较强，从专家自身的认知和体验出发进行评价；②主观评价法从评估的角度出发，多采用层次分析和模糊评判等；③客观评价法从测量的角度出发，应用主成分分析和数据包络分析。这三种类型的评价方法各有特色，表现的侧重点也各不相同，表 2-3-1 为三种类型的比较。

表 2-3-1　单一评价法的分类比较

类别	优点	缺点
专家评价法	本领域专家具有丰富且专业的知识背景，达到一致性的意见具有权威性和代表性	仅以专家的主观意见作为判断依据，信服度不高
主观评价法	能够根据现实中各个指标的重要程度来进行赋权，体现出指标的差异性	带有主观色彩的赋权并不一定就是科学的，评价结果会因主观意识产生误差
客观评价法	以测量为主，数据采样消除了主观的影响，计算结果易实现	客观评价法中通过计算得到的指标权数有限，表现不出该指标的重要程度，且同一指标体系会随样本不同而改变

（二）综合的评价方法

目前的单一评价方法通常是对被评对象的现状进行评估，重在掌握被评对象的单一属性，像综合排名等。评价结果也因不同的评价方式而不同，一种是考虑定量指标，采用一定的方法计算出被评对象的分数，以具体数值表现被评对象的优劣；另一种是对多个被评对象进行排名，以排名的先后表现被评对象的优劣。

由于单一评价法的范围有限，某一属性的具体数值反映不出被评对象的总体情况，所以目前大多使用综合加权的评价方法评价被评对象。综合加权评价的方法以单一评价的方法为基础，对单一评价的方法的结果进行处理。以下为综合加权评价的方法的三种类型：

第一类

对单一评价方法得出的属性指标进行权重组合，得到符合实际的组合权重指标。这样的处理方式能够反映出被评对象的总体特性，权重组合需要数学模型来实现。

第二类

对单一评价法得出的属性指标排序结果进一步排序。

（1）平均值法（前提条件是名次间是等距的）。计算过程：一是将单一评价法中得到的排名顺序转换为得分值 R_{ij}，假设第 1 名用 n 分表示，第 n 名用 1 分表示，以此类推，r_{ij}是 i 对象的第 j 种评价方法的排名次序，那么 $R_{ij}=m-r_{ij}+1$，$i=1,2,\cdots,m$；$j=1,2,\cdots,n$（设有 m 个被评对象）；二是计算不同方法下的得分值的平均值其 $\overline{R_i}=\frac{1}{n}\sum_{j=1}^{n}R_{ij}$。其中若相同的名次，则取这几个位置的平均分；如果存在$\overline{R}_x=\overline{R}_y$，就计算它们的标准差，$\sigma_i=\sqrt{\frac{1}{n}\sum(R_{ij}-\overline{R_i})^2}$，标准差值越小被评对象的平均值越高。

（2）Borda 法。可以认为是集优法，以被评对象的少数优服从被评对象的多数优，用 x_iSx_j 表示 i 对象优于 j 对象的个数多于 j 对象优于 i 对象的个数，那么定义 $B=\{b_{ij}\}_{m\times n}$，其中，当出现 x_iSx_j 时，$b_{ij}=1$；在其他情况下，$b_{ij}=0$。被评 i 对象的得分为 $b_i=\sum_{j=1}^{m}b_{ij}$，b_i 就是优次数，反映 i 对象集优程度，以 b_i 的值进行排序，出现 $b_i=b_j$ 时，计算标准差，值小排名在前。

（3）Copeland 法。Borda 方法是以优的个数计算排名，Copeland 法是对优劣的个数同时计算，能够更加准确地反映被评对象的排名。定义矩阵 $C=\{c_{ij}\}_{m\times n}$，i 对象优于 j 对象的个数多于 j 对象优于 i 对象的个数时，$c_{ij}=1$；i 对象优于 j 对象的个数少于 j 对象优于 i 对象的个数时，$c_{ij}=-1$，其他情况下，$c_{ij}=$

0。由此可以得到 $c_i = \sum_{j=1}^{m} c_{ij}$，即被评对象 i 的得分，依 c_i 的大小再给 x_i 排序，若出现 $c_i = c_j$，计算标准差，值小排名在前。

第三类

对不同评价方法得到评价值进行组合，操作过程是先进行综合评价值组合后，再依组合后的评价值大小进行排序，具体方法分为：

（1）算术平均组合法。如果单一评价方法有 n 种，被评对象有 m 个，用 x_{ij} 表示评价值，i 对象的第 j 种评价值（$i=1, 2, \cdots, m$；$j=1, 2, \cdots, n$），那么评价值进行组合表示为 $X_i = \frac{1}{n}\sum_{j=1}^{n} x_{ij}$，最后按 x_i 进行排名（见表 2－3－2）。

表 2－3－2　对综合评价值的算术平均组合方法

被评对象	评价方法 1	评价方法 2	…	评价方法 n	综合评价值
被评对象 1	x_{11}	x_{12}	…	x_{1n}	$X_1 = \frac{1}{n}\sum_{j=1}^{n} x_{1j}$
被评对象 2	x_{21}	x_{22}	…	x_{2n}	$X_2 = \frac{1}{n}\sum_{j=1}^{n} x_{2j}$
…	…	…	…	…	…
被评对象 m	x_{m1}	x_{m2}	…	x_{mn}	$Xm = \frac{1}{n}\sum_{j=1}^{n} x_{mj}$

（2）模糊 Borda 法。算术平均方法重点考虑不同的评价方法对排名造成的影响，采用不同评价方法的评价值组合后再排名，模糊 Borda 法不仅体现算术平均方法的优点，而且增加不同评价方法排名的次序对排名的影响，因此得到的排名结果更为准确。

计算过程分为四步：第一步，计算隶属度，假设单一评价方法有 n 种，被评对象有 m 个，隶属度 $\mu_{ij} = \frac{x_{ij} - \min\{x_{ij}\}}{\max\{x_{ij}\} - \min\{x_{ij}\}} \times 0.9 + 0.1$（$i=1, 2, \cdots, m$；$j=1, 2, \cdots, n$），$x_{ij}$ 表示 i 对象的第 j 种方法的评分，$\min\{x_{ij}\}$ 是 i 对象在评价方法中的最低评分，$\max\{x_{ij}\}$ 是 i 对象在评价方法中的最高评分。第二步，计算模糊频数 $f_{hi} = \sum_{j=1}^{n} \sigma_{ih}\mu_{ij}$ 模糊频数可以体现评分的差异。$\delta_{ih}=1$ 表示 h 个对象 i 排在 h 位，排在其他位置时 $\delta_{ih}=0$，则模糊频数为 $w_{hi} = f_{hi} \Big/ \sum_{h} f_{hi}$。第三步，将

排序位次转换为得分，Q_h 就是对象 i 排在 h 位的分数，公式表示为 $Q_h = \frac{(m-h)\ (h-h+1)}{2}$。第四步，计算 $F_i = \sum_h w_{hi}Q_{hi}$，$F_i$ 是被评对象最后排名的依据，称为模糊 Borda 数。

综上所述，综合加权评价方法体现“少数服从多数”的思想，在实际应用中会有偏差，因为并不是所有的被评对象都可以适用此法，所以应用前要有充足的分析。

二、区域绿色竞争力的评价模型选定和构建

（一）区域绿色竞争力评价模型的选择

综合加权评价法通常都是首先对那些被评对象进行客观与主观的单一评价，之后再进行事前与事后检验，进而得出最优的组合效果。综合加权评价法作为一种新型的评价法，它建立在单一综合评价法的基础上，并能够将评价方法里的客观与主观评价方法的优势集中起来，然后在自身的方法中加以改进，最后得出科学合理的评价总结。

综合加权评价法从这些具有代表性的单一评价法中对每个被评者做出一个全面的评估显得格外重要。根据本书的研究情况来说，综合主成分分析法（Principal Components Analysis，PCA）以及选取层次分析法（Analytic Hierarehy Proeess，AHP）两大类评价方法。这两类评价法都是在竞争力领域以及研究区域环境经常用到的方法。在这两种评价方法中，主成分分析法的基本含义指的是把多个项目指标改为极少的综合项目指标。我们要达到降维的目的就需要使用综合的指标对多变量方差进行解释，处理这些数据也降低了问题的难度，减少了人为地确定各个指标的比重，所以，主观因素受到的影响会较少。然而，在主成分因子的符合符号中有正负的时候，综合评价函数的意义便会模糊，不明确。层次分析法对于决策者来说更加容易掌握与熟悉，其计算过程简单明了，而结果也精确，但该种方法十分容易受到人为因素的影响。所以说，如果单纯地依靠层次分析，针对那些要求高的决策问题，是不能看出具体结果来的。本书选择以上两种分析法进行组合的目的是能够让评价结果更加合理，扬长避短。以下对层次分析法 AHP 模型和主成分分析法 PCA 模型分别进行阐述：

1. *层次分析法*（AHP）

20 世纪 60 年代，美国运筹学家萨蒂（T. L. Saaty）开创了层次分析法，萨蒂

是匹茨堡大学的教授，他通过对多目标综合评价法以及网络系统理论，发明了层次权重决策分析法。层次分析法是将定性和定量融合的一种方法，虽然只是一些定量信息的使用，最终能够找到这些难题的分析法。而层次分析法可以对多种准则与方案都提供简便的决策方法，并通过决策者的经验进行重要性的判断。依据那些权数排列为每个方案做出优劣的顺序排列，科学地给出标准权数，所以，该方法适合较难定量的课题使用。归根结底，AHP 法是通过本质，将问题分解为不同因素，根据不同因素的隶属度与联系度进行集合，最终呈现一个多层次的结构模型，进而得出一个最高层次相对于最低层次的相对优劣顺序以及重要权数的确定。

在构建系统模型中，通过 AHP 法构造，主要由四大步组成：

（1）构建结构分层的模型。把研究决策对象、考虑因素以及总目标都依照相互关联的关系划分成最低层、中间层以及最高层（后文将画出该层次结构图）。

1）最低层：是指能够被选择的解决方法中的每个方案、政策、措施等，是指在决策中的备选，一般情况下还有几种方案可以选择。

2）中间层：决策的判定指标与顾虑的因素，是指选择这种方案、政策以及措施等实现预期总计划的过程中相应的中间步骤，通常划分成约束层、策略层、指标层以及准则层等。

3）最高层：也是目标层，指的是需要解决的问题以及决策目标，最高层一般仅一个最高目标。

我们通常把其中相邻的任意两层，底层的叫作因素层，而高层的叫作目标层。要解决层次分析法的本质问题是要依照最低层次里相对权重对这些措施以及备选方案进行排序，解决最低层给最高层的相对权重的问题，最终形成做出选择方案的具体原则。

（2）构建成对比较的矩阵。判断矩阵是根据因素间的两两比较后，得出相对重要性而取得的。原则上说，对元素 a_{ij} 的判断需要不同的相对比率的精确数值，但在实际操作中实施起来比较难，所以，绝大部分都是运用分等评分的办法计算。我们一般运用萨蒂所提出的 1 ~ 9 的标度方法进行矩阵的元素 a_{ij} 的判断。具体方法如表 2 – 3 – 3 所示。

表 2 – 3 – 3　标度方法

标度	基本含义
9	是指比较因素 j 和因素 i，因素 i 比 j 极端重要
7	是指比较因素 j 和因素 i，因素 i 比 j 强烈重要
5	是指比较因素 j 和因素 i，因素 i 比 j 明显重要

续表

标度	基本含义
3	是指比较因素 j 和因素 i，因素 i 比 j 稍微重要
1	是指比较因素 j 和因素 i，一样重要
倒数	$a_{ji}=\frac{1}{a_{ij}}$ 比较因素 j 和 i 判断 aij，那么比较判断因素 i 和 j
2，4，6，8	是指以上的 2 个相邻的判断中值

（3）检验一致性与层次单排序。判断矩阵的具体方法是：首先要解出矩阵的最大特征值 λ_{max}，还有最大特征值的向量 W，把该特征值的向量进行处理，向量综合等于 1 以后，将准则层里的因素对上层的因素进行排序，也就是单排序权重向量，这个过程又被叫作层次单排序。然而，在进行因素两两比较的过程中，因为该单序排列有可能造成最终结果的矛盾性产生，所以得出了单排序权重向量是否获得认同，还有待进行一致性检验。一致性检验的基本含义是指对 A 确定不一致的允许范围。

一致性指标的计算是通过：$CI=\frac{\lambda_{max}-n}{n-1}$，当 n 是判断矩阵 C 的阶数。

当 CI 值变大时，有严重的不一致性。

当 CI 接近 0 时，有满意的一致性。

当 $CI=0$ 时，便有完全一致性。

一致性比率 CR 的基本含义是：$CR=\frac{CI}{RI}$。RI 指的是随机的一致性指标，该值一般查表得到。通常情况下，$CR<0.1$ 的时候是可以被接受的不一致程度，能够通过一致性检验，表示满意一致性。也就是说，能够运用现有的归一化特征向量当作权向量，不然就要从头构造判断矩阵 C，之后对 a_{ij} 进行调整，最终通过一致性检验。

（4）检验层次一致性和总排序。检验层次一致性需要计算总排序权向量。层次总排序指的是算出其中任意一层的因素对最高层的相对重要性的权值，该过程要从高到低进行排序。

假设 B 层（元素为 $B1$，$B2$，…，B_m）对上一层 A 层中元素 A_j（$j=1, 2, \cdots, n$）的层次一致性指标是 RI_j，单排序一致性指标是 CI_j，那么，可以得到层次总排序一致性比率是 $CR=\frac{a_1CI_1+a_2CI_2+\cdots+a_nCI_n}{a_1RI_1+a_2RI_2+\cdots+a_nRI_n}$，其中 a_1，a_2，…，a_n 是指 A 层里的 n 个元素的总目标 O 的排列顺序。在 $OR<0.1$ 后，总排序权数达到满意

的一致性，层次总排序通过一致性检验。如果没有通过一致性检验，那么便从头调整 CR 值较高的元素的值。

（5）通过决策层的层次总排序得到终极决策。

2. 主成分分析法（PCA）

（1）主成分分析法概念的提出。在数学、医学、统计学等研究领域中，所涵盖的内容和课题往往十分广泛和复杂。这是由于这些学科要考察的变量非常多。如在医学领域中，癌症的病因很多，且涉及变量也较多，如 X_1，X_2，…，X_m，同时这些变量是相关的，很难对其进行归纳总结，因而，研究人员收集到的信息是复杂多样的。然而，这些复杂的信息并不利于医生在诊治时及时地做出判断。于是，人们希望在这些变量中找到一个或几个较好的综合指标来概括信息。在这样的前提下，美国数学大师哈罗德·霍特林（Harold Hotelling）在 1969 年提出了主成分分析方法。后来，经多位经济学家的推广、优化，该方法现已广泛应用于很多研究领域。

主成分分析法，顾名思义，就是通过研究几个主成分来解决多个变量的方差结构研究的方法，是一种常见的降维方法。在使用这种分析方法前，首先要搞清楚几个问题。第一，降维的原因。在研究之前，研究者往往能总结出很多个影响因素，但是这些因素有可能会存在信息重叠的问题，即多个因素反映的是同一个问题或者同一方面。这就要求研究者提前分析好这些因素，防止因信息重叠而造成结果失真。第二，用主成分分析时，所有因素一起考虑吗？答案是否定的。在主成分分析前，要先对因素进行大致的分类，将同一类型或者是反映同一问题的归为一类。这样才能得到相对客观的分析结果。第三，主成分加权分析的可行性如何。加权要依据各个主成分的方差贡献率大小来判断，同时要考虑因素的实际意义。只有这样，才能做出相对客观的主成分分析。

（2）主成分分析的作用。主成分分析是研究随机向量的方法，在实际应用中，有如下几点作用：首先，可以降低研究的维数。如在计算主成分 X_1 的均值时，要考虑之前所选的 S 个主成分，如果其中的一个主成分的系数为零或者接近于零，则可以将其剔除，这就减少了多余的变量。其次，在主成分分析回归变量的时候，可以从原始的众多变量中选取最佳变量，组成最佳变量的子集合，这样就达到了用主成分对变量相关性进行筛查的目的。最后，主成分分析方法的运用，可以很直观地看到各因素的离群性。我们可以根据主成分的得分情况，画出各因素的分布图。此图可以供我们得出各个因素的地位和作用。

（3）主成分分析模型的建立。假设有 n 个因素需要考虑，每个因素的考察指标（变量）依次为 X_1，X_2，…，X_p，由此构成的数据库为：$X = \begin{pmatrix} x_{11} & \cdots & x_{1p} \\ \vdots & \ddots & \vdots \\ x_{n1} & \cdots & x_{np} \end{pmatrix}$ =（X_1，

X_2，…，X_p），在这个数据库中，对考察因素的 P 个向量 X_1，X_2，…，Xp 进行组合，即将其概况成综合向量，可以如下所示：

$$\begin{cases} F_1 = a_{11}X_1 + a_{21}X_2 + \cdots + a_{p1}X_p \\ F_2 = a_{12}X_1 + a_{22}X_2 + \cdots + a_{p2}X_p \\ \cdots \\ F_p = a_{1p}X_1 + a_{2p}X_2 + \cdots + a_{pp}X_p \end{cases}$$

上式可以简化为：$F_1 = a_{1i}X_1 + a_{2i}X_2 + \cdots + a_{pi}X_p$，（$i = 1$，2，…，$p$）。此式成立的提前是：$a_{1i}^2 + a_{2i}^2 + \cdots a_{pi}^2 = 1$，（$i = 1$，2，…，$p$），并且系数 a_{ij}要符合如下要求：①F_1 和 F_j（$i \neq j$，i，$j = 1$，2，…，p）是没有关联的；②在变量系数满足如上方程的前提下，F_1 是变量 X_1，X_2，…，X_p 中所得方差数目最大的，而 F_2 则是与 F_1 不相关的变量 X_1，X_2，…，X_p 中方差数目最大的，同理，F_p 是与 F_1，F_2，…，F_{p-1}不相关的变量 X_1，X_2，…，X_p 中所得到的方差数目是最大的。

（二）针对区域绿色竞争力进行评价的结构模型的构建

1. 构建区域绿色竞争力评价模型的基本原理

任何评价模型与方法的研究，都只能集中于某一特定的视角。就算评价对象相同，不同学者进行评价的思维方式也各不相同，得出的评价结果自然多有偏差。因此，若是局限于一种评价方法得出自己的结论，权威性明显不足。假使学者在选用评价方法时失当，极有可能导致最后的研究结果完全与事实相悖，进而影响人们的管理决策，造成重大损失。选择科学有效的评价方法关系重大，不能目光短浅，以为某方面的评价结果正确就行，若评价不够全面，依然会影响最终的研究结论。由于评价方法的权威性不足的问题客观存在，学者们也加大了研究力度，终于提出了一种全新的综合加权评价方法。这一评价法能够对研究对象展开全面系统的评价，以此大大降低评价结果的不科学性。综合加权评价法的基本原理是：对研究对象的各种相关信息进行整合分析并加以高效利用，针对不同评价方法所产生的评价结果进行系统化综合，再通过科学有序的方法使研究对象能够得到全面剖析，使评价结果尽量符合事实。这样看来，这一评价方法的实质就是对各种评价方法的科学整合与叠加利用，尽力提高评价结果的准确度。目前，各大研究领域都开始逐步利用综合加权评价法，它已逐步发展为学术评价业内最为重要的一个研究方法。

针对同一研究对象有多种不同的评价视角，所采用的评价方法也存在各自的优劣性，一般来说，每一种评价方法都有其特定的优势，所提供的信息有用性也是独特的，当然其固有的局限性也是不能忽视的。这种情况下，我们把各类评价方法整合利用，就可以有效地弥补这些缺陷，帮助提高评价结果的准确性。不难理解，综合评价法较单一评价法更为合理有效，其最终得到的评价结果也更加精确，更具有说服力。综合加权评价法最值得称颂的地方就是扬长避短，同时还可以对各个评价方法本身展开评价，验证其结果的真实性。具体而言，采用这一评价方法可以进行两种检验：一是事前检验，即对各个独立进行的评价方法的实用性进行检验；二是事后检验，目的是使综合评价法所得结果与某一单独的评价法所得结果保持一致。在两种检验进行过程中，实质上是对评价方法的误差进行了评估，这样的话可以帮助我们了解综合加权评价法的准确度究竟有多高，这是单个评价法所望尘莫及的。总之，综合加权评价法不仅适用性更强，其应用程度也更高。

2. 区域绿色竞争力评价系统模型的分析与建立

运用综合加权评价法主要涉及以下几个步骤：第一步，整理以往所运用过的单一评价法，挑选出具有代表性的方法对研究对象展开评价；第二步，事前检验；第三步，在事前检验合格的基础上再选定最为恰当的综合加权评价法；第四步，事后检验；第五步，如果事后检验为合格，并且在之前选用综合评价法时仅用了一种方法对评价结果进行综合，则表明这一结果科学有效，如果之前选用了好几种综合加权评价法，那么就选择能得到最佳评价结果的那种，具体如图2－3－1所示，这一具体评价步骤适宜使用技术线路图来加以描绘。

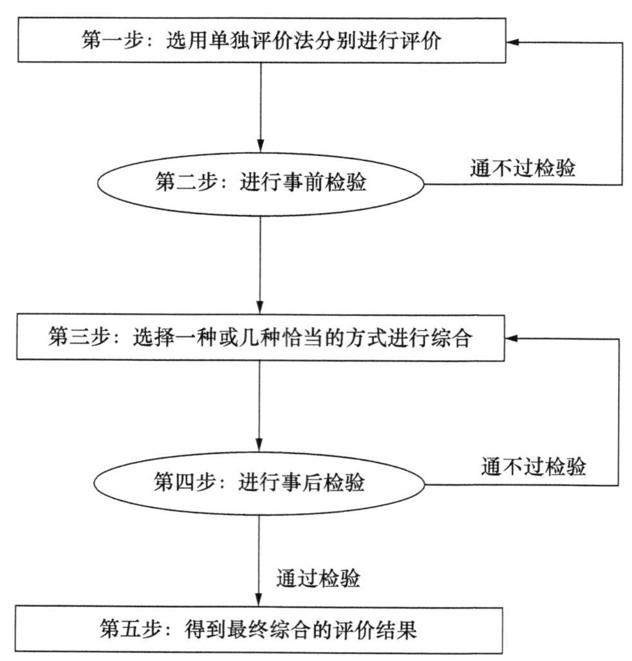

图2－3－1　综合评价加权法的技术路线

笔者将对图2－3－1进行具体的阐释说明：第一步，在评价体系中一般分为主客观两大评价方法，所以要在这两大评价方法中选择几种独立的方法对研究对象分别进行评价，这样可以很好地避免在评价过程中主观因素的介入对评价结果准确性的影响。

第二步，如果在一开始仅用了两种独立评价法，则采用斯皮尔曼（Spearman）等级相关系数法对所得到的两种结果进行事前检验步骤；但是如果选择的是多种不同评价法同时进行的话则适合采用肯达尔（Kendall）一致性系数法对其实施事前检验步骤；之所以要进行事前检验，是考虑到综合加权评价法的应用条件就是单独的评价法，当各种独立的评价法所得结果具有高度重合时才适宜对其采用综合评价法。也就是说，唯有通过了评价结果的一致性检测，证明上述所采用的不同的单独评价法所得结果能够构成互相验证的关系，最终采用的综合评价法才是科学有效的。在对各种评价结果的一致性程度进行检验时一般采用的就是等级相关系数法。

（1）方法一：斯皮尔曼（Spearman）等级相关系数法。斯皮尔曼等级相关系数可大致反映出事前所采用的不同单独评价法所得出结果之间的关联性。具体来说，r 值越高的话，说明不同评价法所得结果之间的关联性越强。至于 H_0 表示的是两种不同的评价法之间毫无关联；H_1 则表明它们之间紧密相连。在这里，我们用 M_i 来表示某一单独评价法的等级次序，用 N_i 来表示另一种独立评价法的等级标准，D 表示出上述两种评价法所得结果之差，m 表示出研究对象的总量，那么根据斯皮尔曼（Spearman）等级相关系数理论则可将其表述为下列公式：$r=1-6\sum_{i=1}^{m}D^2/m(m-1)$，这一公式可以对单独评价法所得结果的等级次序进行检验。在既定的条件下，可以计算出等级相关系数的临界点 p 的大致范围，若 $r>p$，说明原先假设不成立，由此得出两种独立性的排序结果有着很高的一致性，也就表明事前检验顺利通关。

（2）方法二：肯达尔（Kendall）一致性系数法。在描述第一种系数法时，我们已经得知它只能对两种不同评价方法之间的关联性进行检测，但是不适用于多种评价方法，因此也就不能对它们的一致性进行检测。然而，肯达尔一致性系数法可以对两种或是多种单独的评价法所得评价结果之间的一致性程度进行检测。假使有 m 个研究对象，所选择的单独评价法有 n 种，预先假定 H_0 表示所检测的多种不同评价结果并不具备内在联系；假定 H_1 表示 n 种评价方法最后所得的评价结果之间具有高度的相似性。最后再根据公式对其假定进行检测。

1）当 m<8 时，检测公式表示为：$S=\sum_{i=1}^{m}R_i^2-1/m(\sum_{i=1}^{m}R_i)^2$，统计量 S 为肯

达尔一致性系数，式中 $R_i = \sum_{j=1}^{n} r_{ij}$，$r_{ij}$是被评对象 i 在第 j 种单一评价方法下所排的位次，如果显著性水平值已经确定，便可得出肯达尔一致性系数的临界值的数值范围 Sa。若 $S > Sa$，则原有假定不成立，说明各评价法所得结果之间存在密切的内在联系，也就是说一致性程度高。

2）当 $m > 8$ 时，检测公式表示为：$\chi^2 = n(m-1)W$，χ^2 扩近似服从自由度为 $m-1$ 的χ^2 分布。

其中，$W = \frac{12\sum_{i=1}^{m} R_i^2}{n^2 m(m^2-1)} - \frac{3(m+1)}{m-1}$，式中 $R_i = \sum_{j=1}^{n} r_{ij}$，$r_{ij}$ 是被评对象 i 在第 j 种单一评价方法下所排的位次，在给定的显著性水平下，可查出临界值χa（$m-1$）。当$\chi^2 > \chi a^2$（$m-1$）时，则原有假定不成立，各独立评价方法所得结果的一致性程度很高，事前检验为通过。

第三步，在事前检验顺利通过的基础上，在选择最为适宜的组合评价法继续综合评价的步骤；如若不然，就必须更换其他的评价组合方法，总之，必须保证能顺利通过事前检验才能继续下个步骤。

第四步，之所以要进行事后检验，主要目的是验证综合评价法最终得到的排序结果的合理性程度，以及综合评价法的结果与之前选用单独评价法所得结果的一致性程度。若是采用了多种不同的组合评价法，依靠事后检验还能有效挑选出最符合原始评价结果的最科学有效的组合法，在这一环节适宜采用肯达尔一致性系数法，至于操作过程与事前检验并无二异。在运用斯皮尔曼（Spearman）等级相关系数法实施事后检验过程时，主要从以下几方面入手：

（1）将综合评价法所得结果全部转成相应的排序值。在对 n 种单独评价法进行 p 种排列组合之后得到如表 2－3－4 所示的排序结果。R_{ij}所表示的是：研究对象 i 在组合法 j 中的排位（$i=1, 2, \cdots, m$；$j=1, 2, \cdots, p$）。

表 2－3－4　综合结果排序表

被评对象	综合方式 1	综合方式 2	…	综合方式 p
被评对象 1	r_{11}	r_{12}	…	r_{1p}
被评对象 2	r_{21}	r_{22}	…	r_{2p}
…	…	…	…	…
被评对象 m	r_{m1}	r_{m2}	…	r_{mp}

（2）原假设 H_0 为：第 j 种组合方法与原 n 种单一评价方法无关，备择假设

H_1 为：综合评价法 j 与原始的 n 种单独评价法之间有着高度的关联性。

（3）对检验结果进行分析计算，同时对预先假设进行检测。

1）如果 $m<11$，$\rho_j=(1/n)\sum_{k=1}^{n}\rho_{jk}$，$\rho_{kj}$所代表的是：综合评价法 j 与单独评价法 k 之间的等级相关系数，ρ_{kj}值越高，说明 j 与 k 之间的关联性越高。ρ_j 代表的是：综合评价法 j 与原始 n 种单独评价法之间的关联性程度。

2）当 $m>11$ 时，统计量为：$t_j=\rho_j\sqrt{(m-2)/1-\rho_j^2}$（$j=1, 2, \cdots, p$），公式中，$\rho_j$ 与 t_j 都是 $m-1$ 的 t 分布值。在既定的水平值下，可以计算出各个临界值。如果最后得出的数值大于临界值，说明预先假设不成立，那么评价结果之间存在着重要联系，事后检验结果为合格。

第五步，在步骤三顺利通过的情况下，如当时只采用了一种综合法，而前面的事后检验也顺利通过，则表示可以接受综合评价法的评价结果；当 $p>2$ 时，就需要在其中选出最为恰当的评价方法。综上所述，应挑选出与 n 种单独评价结果最为靠近的综合评价法。换句话说，当 $m<11$ 时，ρ_j 数值最高时即为最合适的综合评价法；$m>11$ 时，t_j 值最高时就是最适宜的组合法。

第三篇　中部地区绿色竞争力的实证研究[①]

随着全球工业化进程的加快，人类赖以生存的自然环境不断恶化，对人类自身的持续发展带来了巨大的威胁。在传统经济发展模式下，社会发展、经济繁荣总是以大量占有、利用和浪费自然资源，进而破坏和牺牲自然环境为代价，最终导致经济发展、生态环境和自然资源三者的不可持续。区域经济快速增长的同时，必须得考虑人与自然和谐共存的关系，保护人类的生存环境。区域经济是整个国民经济中的重要组成部分，在国民经济中居于重要的战略地位。近几年，低碳经济、循环经济等绿色经济不断发展，区域经济逐渐实现绿色增长。中部地区经济发展对资源环境的依赖性较大，本章对其区域绿色竞争力进行研究，分析中部六省绿色经济发展过程中存在的问题并提出相应对策。

基于上述的认识与思考，本书以区域经济理论、绿色经济理论及竞争优势理论为基础，分析区域绿色竞争力的本质及内涵，构建区域绿色竞争力的评价模型；并广泛收集数据资料，对中部地区的区域绿色竞争力进行实证分析，提出提升区域绿色竞争力的对策建议。

本篇的研究内容分为五章。第一章为区域绿色竞争力的理论框架，对理论研究回顾并进行简要评述；第二章为区域绿色竞争力评价模型的建立，主要介绍评价方法的选取、指标体系设计；第三章为区域绿色竞争力的实证分析，测算中部六省区域绿色竞争力的综合评价值，并对中部六省区域绿色竞争力进行分析；第四章为中部六省区域绿色竞争力各因子的比较分析；第五章为培育与提升区域绿色竞争力的对策建议，主要从宏观经济的角度对中部区域绿色竞争力的培育与提升对策进行研究分析。

---

① 本篇内容主要参考陈运平指导的硕士研究生方小祥的硕士学位论文《区域绿色竞争力的实证研究——以中部地区为例》。

第一章 区域绿色竞争力实证分析理论基础

一、国内外研究现状与发展趋势

（一）国外研究现状与发展趋势

国外三大最具代表性的区域竞争力评价模型是波特的“钻石模型[①]”、世界经济论坛（WEF）国际竞争力模型与瑞士洛桑国际管理发展学院（IMD）的国家竞争力模型。波特于1991年发表著作《国家竞争力》，首次提到区域竞争力的评价模型（钻石模型），从国家的层面分析某一产业在国际上具有较强的竞争力的原因，进一步认为区域竞争力主要体现为产业在区域市场中的竞争优势，即产业竞争力；对于一国的特定产业是否在国际市场具有相对优势主要取决于七个方面，分别为生产要素、市场需求、关联产业与辅助产业、产业结构与同业竞争、企业战略、机遇作用、国家政策，这些因素构成了“钻石模型”，即区域竞争力评价模型。世界经济论坛（WEF）将国际竞争力定义为“一国企业能够提供比国内外竞争对手更优质量和更低成本的产品与服务的能力”，更加着重国际间的比较优势。1989年，世界经济论坛（WEF）与瑞士洛桑国际管理发展学院（IMD）共同探讨国际竞争力的理论框架；1996年之后，基于新古典经济增长理

---

① 波特钻石模型（Michael Porter Diamond Model）又称波特菱形理论、钻石理论及国家竞争优势理论，是由美国哈佛商学院著名的战略管理学家迈克尔·波特于1990年提出的，用于分析一个国家如何形成整体优势；其中心思想是一国兴衰的根本原因在于国际竞争中是否赢得优势，它强调不仅一国的所有行业和产品参与国际竞争，并且要形成国家整体的竞争优势，而国家竞争优势的取得，关键在于该国资源与才能要素、需求条件、关联和辅助性行业以及战略、结构和竞争企业四个方面综合作用的结果。

论、竞争优势理论，WEF 独自对国家竞争力进行调整，逐渐形成目前的国际竞争力理论模型，即增长竞争力指数和企业竞争力指数，综合评价国家的生产创造与经济增长的潜在能力。基于不同的国际背景，IMD 偏向于从国际市场的角度阐述国家竞争力，即国际竞争力是“一国创造与保持一个能够使企业持续产出更多价值、人民拥有更多财富的环境的能力”；IMD 认为国家或地区竞争力的提升更多地在于所在的制度环境与经济基础，包括吸引力与扩张力、全球化与本土化、社会凝聚力与个人冒险主义、资产与过程 4 种环境。1989 年，瑞士洛桑国际管理发展学院首次提出其区域竞争力理论模型，并进行不断修正；国际竞争力的评价模型由最初的 10 个要素到 1992 年修正为 8 个要素，再到目前具有代表性的理论模型，即 2001 年修正为 4 个要素，将国际竞争力分解为经济运行、政府效率、商务效率与基础设施，并含有 20 个子要素，指标体系中含有 300 多项指标。

瑞士洛桑国际管理发展学院（IMD）理论模型是建立在大量实证数据上，对国家竞争力的评价相对较为成熟；但 IMD 认为国家竞争力的重点在于企业发展的环境，说明影响竞争力的要素复杂多样性，并且其综合评价研究注重从国家竞争力结果这一存量上进行静态分析；相比较，世界经济论坛（WEF）在评价方法上更趋于动态化，从国际竞争力的来源进行模型的构建。波特的钻石模型为评价区域竞争力构建了较为完善的理论框架，适用于某一国家的各种产业，但对于各国经济环境来说，经济发展的侧重点有所不同，分析层次较难。波特的钻石模型用于解释如美国、日本、德国和英国等发达国家的国际竞争力来源很有说服力，这些国家自身具有良好的国内经济环境（波特模型中的各个决定因素具备）。对于小国经济，对于欠发达国家和发展中国家而言，它们现实经济并不必然地具备与波特钻石模型相称的国内经济环境，它们有的缺乏足够大的市场容量，如缺乏资本、技术要素等。

本章区域绿色竞争力评价模型的研究是建立在区域竞争力的范畴内，IMD 区域竞争力评价模型是直接以国家竞争力为研究对象，从国家的宏观层面建立模型分析竞争力，但国家内不同地区因地域环境、内部结构和影响要素的差异，其区域竞争力的评价模型有所不同。虽然三大传统区域竞争力评价模型均有不足之处，但是对于国内各种竞争力的评价模型研究有一定的借鉴作用。

（二）国内研究现状与发展趋势

1. 区域竞争力理论研究

国内区域竞争力的研究兴起于 20 世纪 90 年代，研究内容由区域竞争力的内涵逐渐涉及理论基础、影响因子、评价模型、实证分析等方面，其研究的深度与广度大幅度提高。

（1）有关区域竞争力内涵的一般理论。国内学者对区域竞争力的内涵研究主要是借鉴与吸收了国外关于竞争优势理论研究的成果。王秉安（2003）从新古典经济学角度出发，认为区域竞争力是综合体现区域经济与社会客观现状及发展的潜在能力，是大区域内对资源的吸引力与配置以及市场占有能力的比较研究。张为付、吴进红（2002）认为，区域竞争力是“一个区域与整个市场加强分工与协作，实现区域经济和社会可持续发展的能力”。郭秀云（2004）定义区域竞争力为“一个区域在与其他区域竞争中所具有的相对优势，包括经济增长潜力、资源优化配置能力和市场占有能力等，是社会、经济、文化、制度、政策等多种因素综合作用的结果”。阳国新（1995）认为，区域竞争力是指“各经济区域所提供的商品在某一特定区域市场中占领的市场份额”。孙利娟（2010）从博弈论视角，将区域竞争力定义为区域在实现本身发展目标的过程中，与其他区域进行博弈时，对策略空间中的策略进行分析、评价、选择和执行的能力。以上学者对区域竞争力内涵的不同理解给出了不同的定义。

（2）国内对于绿色竞争力研究。大致分成了两个研究层面：一是以循环经济理论、绿色供应链理论①为理论指导、绿色生产、绿色消费、绿色营销为研究重点的微观经济学研究；二是以绿色 GDP、绿色税收、绿色贸易壁垒、绿色标志证书为研究重点的宏观经济学研究。吴晓玲、纪超（2005）指出，企业绿色竞争力是企业基于自身利用和环境保护，采用可持续发展战略，向消费者提供比其他竞争对手更具吸引力的绿色产品或服务，并认为企业绿色竞争力最主要的五个来源为：绿色产品、绿色价格、绿色包装、环境标志、绿色服务。李梦觉（2008）的企业绿色竞争力是基于环保、绿色壁垒和自身的可持续发展而提出的概念，其含义集中体现在发展度、持续度和协调度这三个方面。

2. 区域竞争力的评价模型研究

国内的区域竞争力模型主要集中在两个方面，分别基于国外权威的理论模型和从国家竞争力与企业竞争力两个宏观、微观的层次进行研究。严于龙（1998）在瑞士洛桑国际管理发展学院（IMD 模型）的基础上，提出了区域竞争力评价模型的基本要素，即管理水平、科技水平、地区经济实力、人力资本、政府作用、对外开放程度、基础设施、金融体系；他根据区域经济的客观情况，综合评价该区域经济的强弱程度。肖红叶、李晶（2003）根据区域发展的实际情况，把

① 绿色供应链概念，最早由美国密歇根州立大学的制造研究协会在 1996 年进行一项“环境负责制造”（ERM）的研究中首次提出，又称环境意识供应链（Environmentally Conscious Supply Chain，ECSC）或环境供应链（Environmentally Supply Chain，ESC）是一种在整个供应链中综合考虑环境影响和资源效率的现代管理模式，它以绿色制造理论和供应链管理技术为基础，涉及供应商、生产厂、销售商和用户，其目的是使产品从物料获取、加工、包装、仓储、运输、使用到报废处理的整个过程中，对环境的影响（负作用）最小，资源效率最高。

IMD 模型的八个要素调整成十个要素，分别为经济水平、对外开放、企业效率、产业结构、科学技术水平、基础设施建设、人力资本、环境保护、生活质量、政府作用；他从宏观的层面构建区域竞争力的模型，其竞争力的评价体系由 10 个要素、37 个子要素、119 项指标构成，综合评价国际背景下区域竞争力的现状。王秉安（1999）从区域资源配置优化的角度，提出了区域竞争力模型，认为区域竞争力分为直接竞争力和间接竞争力两个层次，其中包括产业竞争力、企业竞争力和涉外竞争力、经济综合实力竞争力、基础设施竞争力、国民素质竞争力和科技发展竞争力七个因素，共同构成了区域竞争力的有机整体。中国人民大学竞争力评价与研究中心组（2004）则将区域竞争力分解为核心竞争力、基础竞争力、环境竞争力，其中核心竞争力由国家经济实力、企业管理竞争力、科技竞争力共同支撑，基础竞争力由基础设施竞争力、国民素质竞争力共同组成，环境竞争力包含市场竞争环境、社会组织和结构环境。

综上所述，国内区域竞争力评价模型的研究，主要是由影响因子与决定要素逐步分解区域竞争力，评价准则涵盖经济实力、科学技术、企业发展、环境保护等，具有较强的综合性。

3. 区域绿色竞争力实践研究

区域绿色竞争力是区域在发展过程中以绿色为核心，以环保、生态、循环、低碳、健康和持续为主线，以人与自然包容性增长为模式，以实现人类发展与自然和谐共生效应为目标，通过区域内资源的合理有效配置与创造，为区域发展提供一个更具竞争力的绿色平台，形成具有独特绿色竞争优势的环境友好和绿色生态型区域。国内学者对区域绿色竞争力理论的研究主要集中在循环经济、低碳经济等为研究重点的微观经济学研究。

（1）基于循环经济理论的绿色竞争力研究。近年来由于经济发展中出现的环境和生态问题，发展的可持续性受到了极大的关注。循环经济作为一种新的发展模式，更好地解决生态与经济的矛盾。孙虎等（2006）学者运用因子分析法，从静态、动态的角度分别分析，认为“一个区域的生态和经济水平以及技术水平直接影响着该区域的竞争力大小和竞争战略的选取”，充分论证了区域生态因子与区域竞争力的关联性。诸大建、陈静（2011）将城市低碳竞争力评价指标体系分为三大类，即低碳环境竞争力、低碳生产竞争力和低碳社会竞争力，引入灰色理论建立灰熵分析评价模型，采用上海市 2002 ~ 2007 年的相关数据进行实证研究，突出生态环境的重要性。陈国生、陆利军（2011）以湖南省为例，采用因子分析方法论证，生态环境对城市经济发展、城市竞争力的重要性。以上学者的研究，更进一步地说明生态水平对绿色竞争力的影响。

但是，绿色竞争力的多数研究集中在微观的层面上，即企业绿色竞争力。陈

红喜（2006）认为企业绿色竞争力是基于环境保护、绿色经济、企业可持续发展的现实，而在竞争力理论基础上引出来的一个概念。为了提升企业的绿色竞争力，陈红喜还以农业类上市公司为例，采用层次分析法（AHP）与模糊评判法组合评价的方法，提出了改善对策。康娟、薛丽丽（2011）运用 AHP 模型确定绿色竞争力指标评价体系，并在此基础上结合数据包络分析法（DEA）对中国农业上市公司 2009 年的绿色竞争力进行综合评价。余建（2010）认为，在经济范畴内循环经济与企业绿色竞争力在本质上是相通的，他以江苏板块上市公司为例，构建了数据包络分析（DEA）模型，评价了上市公司的企业绿色竞争力。赵领娣、徐新（2005）给出了企业绿色竞争力模型，并提出了提升绿色竞争力的相应措施。

（2）基于低碳经济理论的绿色竞争力研究。从低碳经济理论视角，绿色竞争力可以理解为低排放、低污染、低能耗的竞争力，即低碳竞争力。澳大利亚气候研究机构与英国第三代环境主义组织（E3G）联合发布的研究报告中，将低碳竞争力定义为“未来低碳发展方式下，各国人民创造物质繁荣的能力”，具体表现为企业生产过程中节能减排，获得竞争优势的综合能力。低碳经济背景下的绿色竞争力研究，主要集中在从不同角度进行评价实践理论，王皓（2010）在低碳经济发展模式下评价企业竞争力，企业生产、经营的低碳化，构建低碳竞争力的评价模型，涵盖经济效益、避险能力、发展潜力、能源利用、环保能力、碳排放效率。熊焰（2010）从社会责任观念的视角出发，阐述了发展低碳经济的重要性，以及辩证分析低碳竞争力与企业责任的相互关系。陈晓春、陈思果（2010）认为低碳竞争力体现了区域内低碳产业、固碳技术、生活方式，是实现经济绿色增长的能力；并从能源结构、消费需求、产业结构、竞争战略规划、政策导向、参与机会六个方面对低碳竞争力进行综合评价。李晓燕、邓玲（2010）认为低碳经济是由经济、科技、社会和环境共同构成的有机系统；并以直辖市为例，构建低碳经济发展综合评价模型，运用模糊层次分析法和主成分分析法，对低碳经济水平进行了综合评价。付允等（2010）将低碳城市的特征概括为 5 个方面：经济性、安全性、系统性、动态性和区域性，他从经济、社会和环境三个方面构建了低碳城市评价指标体系，并运用主要指标法和复合指标法对低碳城市发展进行评价。胡大立、丁帅（2010）则从低碳经济的内涵以及产业链路径的角度出发，构建了低碳经济的评价指标体系。郭红卫（2010）运用模糊综合层次分析法（F－AHP）对低碳经济的发展水平进行分析，力求通过对低碳经济的定量测度，探寻低碳经济的综合评价体系。

4. *测算方法研究*

国内关于区域竞争力多指标体系的评价方法很多，包括主成分分析法、层次分析法（AHP）等，主要区别在于确定因子权重的方法，有主观赋权、客观赋权和组合赋权。主观赋权所采用的方法是专家从不同的角度对研究对象打分，但难以避免主观因素对评价结果的影响，如模糊综合评判法、层次分析法、德尔菲法等；客观赋权所采用的方法避免了人为因素带来的偏差，但往往忽略指标本身的重要程度，有时确定的指标权数与预期不一致，如主成分分析法、因子分析法、熵值法等；组合赋权就是主观赋权与客观赋权相结合。主成分分析法在区域竞争力研究上的应用得到很多学者的认同。杨瑞艳（2000）采用主成分分析法并以特征值贡献率为权数，加权求和得到综合得分，对中国各省、自治区、直辖市的区域竞争力进行总体评价。蒋同明（2006）以西部 12 省市区为例，运用主成分分析法进行区域竞争力的测评，对竞争力的大小进行定性分析，提出若干改善对策。同样地，层次分析法（AHP）在区域竞争力测评中的应用也比较广泛。牛卫平、陈艳笑（2007）以国内 8 省市为比较对象，运用层次分析法对广东省区域竞争力进行了总体评价，提出相应的建议。对于组合赋权的运用，可以适当弥补单一方法的缺陷，提高测算精度。高志刚（2006）采用主成分分析法、层次分析法相结合确定权重，对中国区域竞争力进行了组合评价，并按区域竞争力组合评价指数和系统协调度进行分类。陈桃红（2012）运用模糊综合评判法与层次分析法组合评价西南 5 省区市的区域竞争力。

各种区域竞争力的测算方法并没有明显的优劣，而是根据研究人员所建立的指标体系以及各指标的特点，选择一种或几种方法的组合。

二、区域竞争力界定

随着我国经济的快速发展，区域经济的发展显得尤其重要。区域竞争力的提高是区域经济发展的内在因素。目前，对于区域竞争力的概念并没有统一的内涵界定，大多数定义包含了盈利、企业的扩展和居民生活质量的提高等内涵。国内对区域竞争力的研究开始于 20 世纪 90 年代，分别从资源配置能力、可持续发展能力、财富创造能力、区域综合实力等角度，阐述了区域竞争力的内涵。

区域竞争力从资源配置视角看，区域的比较优势在于对各种现有资源与未来资源的控制。王连月、韩立红（2004）认为，区域竞争力是对区域资源的一种控制能力与市场的争夺能力；王秉安（2003）认为，看待区域竞争力应立足于区域经济的发展现状，能够显示现有资源的控制与未来资源的掌控能力，是区域经济发展综合实力的体现，是由直接竞争力、间接竞争力等各方面竞争力综合形成

的；单玉丽、张旭华（2005）认为，区域竞争力是集聚资源、产品、服务的综合能力。

区域竞争力从可持续发展视角看，体现的是地区经济的持续发展能力。左继宏、胡树华（2006）认为，区域竞争力是充分利用现有产业挖掘潜在的竞争优势的能力；张为付、吴进红（2002）认为，区域竞争力是区域内社会资源的整合与利用，实现经济的持续发展能力的体现；丁力、杨茹（2006）提到区域竞争力是地区经济增长的增长能力，不同于经济实力和经济能力，更多地体现为经济增长的加速度。

区域竞争力从财富创造视角看，是区域经济的生产能力、市场地位的外在表现。阳国新（1995）认为，区域竞争力是区域所提供的商品在某一特定区域市场中占领的市场份额，强调区域的比较优势和竞争优势。樊纲（1998）认为，狭义的竞争力是一国商品在国际市场上所处的地位，商品在市场上是否具有竞争力源于同样质量的产品具有较便宜的价格，或者说同样质量的产品具有较低的成本，竞争力包含着制度（包括管理等软性技术）进步、技术进步、要素成本和比较优势三个环节。

区域竞争力从区域综合实力视角看，郭秀云（2004）认为，区域竞争力为“一个区域在与其他区域竞争中所具有的相对优势，包括经济增长潜力、资源优化配置能力和市场占有能力等，是社会、经济、文化、制度、政策等多因素综合作用的结果”。徐宏、李明（2005）认为，区域竞争力是“某一区域在所从属的大区域中对有限资源的吸引力，配置区内资源形成自身比较优势和实现经济成效的行动力，及实现未来良性发展的趋向力，是竞争力资源与竞争力过程的统一”。

三、区域绿色竞争力界定

（一）区域绿色竞争力内涵

区域绿色竞争力是区域在发展过程中以绿色为核心，以环保、生态、循环、低碳、健康和持续为主线，以人与自然包容性增长为模式，以实现人类发展与自然和谐共生效应为目标，通过区域内资源的合理有效配置与创造，为区域发展提供一个更具竞争力的绿色平台，形成具有独特绿色竞争优势的环境友好和绿色生态型区域。[①] 区域绿色竞争力是以生态循环理论、低碳经济理论、可持续再生理论为基础，结合区域的现实情况，综合评价地区的经济发展的比较优势。区域绿色竞争力，不同于区域产业竞争力、企业竞争力、科技竞争力、基础竞争力、国民素质竞争力，寻求改变过去的高消耗、高污染和低效率的粗放式经济模式，实现经济发展与环境保护协调一致，不牺牲或者剥夺自然环境和违背代际公平的绿色经济。

（二）区域绿色竞争力构成

绿色意味着环保、生态、循环、低碳、健康和持续，区域绿色竞争力就是围绕绿色这一核心，把绿色理念嵌入区域发展的每个方面，从而使区域社会、政治、经济、文化和生态都朝绿色方向发展，并在绿色架构方面形成区域优势能力，构成区域竞争力的核心部分。

环保是指人类有意识地保护自然资源并使其得到合理的利用，防止自然环境受到污染和破坏；对受到污染和破坏的环境必须做好综合治理，以创造适合人类生活、工作的环境。生态是指一切生物的生存状态，以及它们之间和它与环境之间环环相扣的关系。其竞争力主要体现在以水、森林、空气、气候等为外延的生态环境，当然还包括生态产业、生态文明等方面。循环是指在一定系统内的运动过程，物质资源在其开发、利用的整个生命周期内贯穿“减量化、再利用、再循环”的理念。低碳是较低（更低）的温室气体（二氧化碳为主）排放，保持人类生存环境和健康安全。其竞争力主要体现在低碳生产、低碳消费、低碳生活等方面，涉及生活、工业、农业和畜牧业等领域。健康指一个人在身体、精神和社会等方面都处于良好的状态。其竞争力主要体现在运动、情绪、饮食和休息等方面。持续指既满足现代人的需求以不损害后代人满足需求的能力。

① 陈运平，黄小勇．区域绿色竞争力的本质属性［N］．光明日报，2012－05－04．

第二章　区域绿色竞争力综合评价的框架构建

本章主要介绍区域绿色竞争力评价指标体系、区域绿色竞争力评价结果。课题组利用影响因子探索性分析法对13个因子进行了探索性分析，并得出区域绿色竞争力六个主因素，六个主因素依次定义为环保因子、持续因子、低碳因子、生态因子、循环因子、健康因子，而且六个因子变量之间基本上是不相关的。[①]在此基础上，本章构建了区域绿色竞争力评价指标体系。

一、区域绿色竞争力评价体系

多指标评价体系是由一系列相互关联与制约的影响因素，共同组成的科学的、完整的体系。任何指标体系的设计都服务于某一特定目标、以一定的理论为指导、符合客观实际和符合已被证明的科学理论及所有的指标形成一个具有层次性和内在联系的指标系统。

（一）评价体系构建原则

本书是根据中部地区资源优化配置能力、经济发展对于环境的依赖性等来进行综合评价与排序，选定评价指标体系的原则是：

---

① 区域绿色竞争力的评价指标体系的提出，是国家自然科学基金项目《区域绿色竞争力的影响因子探索与系统分析模型构建研究：以中部地区为例》的阶段性研究成果。根据区域绿色竞争力相关文献，课题组初步把影响区域绿色竞争力的主要因素归纳为环保、持续、低碳、生态、循环、制度、增长、健康、民生、政策、文化、协调和资源13个因素，并对高校及研究机构中研究区域竞争力的专家和学者进行调查问卷，检验其信度和效度。结果表明，区域绿色竞争力影响较大的因子主要有六个，分别是生态、健康、环保、持续、低碳、循环。

1. 理论性与实践性相统一的原则

评价指标体系的具体指标的选择是建立在系统性研究区域经济理论、发展经济学理论、生态循环理论、低碳经济理论、可持续再生理论等基础上，充分考虑中部六省的经济发展的实际情况，全面涵盖区域绿色竞争力的各个构成要素。在指标的选取上，易理解，简单明了，充分考虑指标体系数据的可靠性及获取的难易程度等可行性因素，尽可能选择具有代表性的重点指标。

2. 整体性和层次性相统一的原则

对区域绿色竞争力的研究主要从环保因子、生态因子、循环因子、低碳因子、健康因子、持续因子六个方面进行分析。评价指标的选取，既要考虑各个因子系统与区域绿色竞争力整体目标的关系，还要考虑因子系统间和自身内部的结构平衡性，使评价指标体系符合研究模型的内在逻辑关系。评价指标体系的研究分为目标层、约束层、准则层、指标层四个层次，共有 95 个评价指标，系统全面设计评价体系。

3. 全面性和代表性相统一的原则

评价指标体系是多种因素综合作用的结果，从不同视角评价系统的主要特征与状况，能够反映区域绿色竞争力的各个方面。对于指标层等子系统，指标的选取具有代表性、典型性，避免相近与重复指标，精简评价系统。

4. 可比性和针对性相统一的原则

评价指标体系的设计充分考虑时间、地点等因素，适于横向比较，充分体现设计的可比性原则；根据中部地区自然禀赋、经济水平等实际情况，针对性评价各子系统。

5. 动态性和静态性相统一的原则

评价指标的设计应能科学、客观地反映区域绿色竞争力的现状和未来趋势，便于预测和决策。随着研究的进一步深入以及统计数据的进一步完善，可进行合理的变动和调整，充分考虑其动态变化的特点。但是。在一定时期内，指标体系的内容不宜频繁变动，应保持相对的稳定性。

（二）评价指标体系设计

区域绿色竞争力评价指标体系的设计，需对区域绿色竞争力影响因子进行探索性分析，陈运平、黄小勇（2012）运用探索性因子法对影响区域绿色竞争力的主要影响因子进行了研究，认为影响区域绿色竞争力的核心因子是环保因子、持续因子、低碳因子、生态因子、循环因子、健康因子。[①] 区域绿色竞争力评价指

① 陈运平，黄小勇．区域绿色竞争力影响因子的探索性分析［J］．宏观经济研究，2012（12）．

表 3-2-1 区域绿色竞争力评价指标体系

目标层	一级指标 A	二级指标 B	三级指标 C
区域绿色竞争力	环保因子 A1	环保投资 B1	C1 环保治理投资总额（亿元）
			C2 环保污染治理投资占 GDP 比重（%）
			C3 本年竣工项目数量（污染治理）（个）
			C4 农村人均改水、改厕的政府投资（万元）
			C5 环境保护支出占财政支出比重（%）
			C6 单位耕地面积退耕还林投资完成额（万元）
			C7 造林面积（公顷）
		环保治理 B2	C8 建成区绿化覆盖率（%）
			C9 人均公园绿地面积（平方米）
			C10 工业废水排放总量（万吨）
			C11 工业废水排放达标率（%）
			C12 工业 SO_2 排放达标率（%）
			C13 工业粉尘排放达标率（%）
			C14 工业烟尘排放达标率（%）
			C15 生活垃圾无害化处理率（%）
			C16 生活垃圾清运量（万吨）
			C17 城市污水排放量（万立方米）
			C18 城市污水处理率（%）
			C19 交通噪声等效声级（dB（A））
			C20 工业噪声等效声级（dB（A））
			C21 矿区生态环境恢复治理面积（公顷）
	生态因子 A2	自然生态 B3	C22 人均水资源量（立方米/人）
			C23 万元 GDP 用水量（立方米/万元）
			C24 工业废气总量（亿标立方米）
			C25 空气质量达到二级以上天数及占全年比重（%）
			C26 自然保护区面积（万公顷）
			C27 湿地面积（千公顷）
			C28 减少耕地面积（公顷）
			C29 森林覆盖率（%）
		生态产业 B4	C30 高技术产业企业数（个）
			C31 高技术产业总产值（亿元）

续表

目标层	一级指标 A	二级指标 B	三级指标 C
区域绿色竞争力	循环因子 A3	综合利用 B5	C32 工业固体废物综合利用率（%）
			C33 土地资源利用率（%）
			C34 “三废”综合利用产品产值（万元）
		回收利用 B6	C35 工业用水重复利用率（%）
			C36 农村沼气池产气总量（万立方米）
		循环产业 B7	C37 高技术产业增加值占工业增加值比重（%）
			C38 废弃资源和废旧材料回收加工业增加值占工业增加值的比重（%）
			C39 能源生产弹性系数
			C40 万元 GDP 能耗（吨标准煤/万元）
	低碳因子 A4	低碳生产 B8	C41 非煤炭能源消费比重（%）
			C42 可再生能源消费比重（%）
			C43 平均碳排放系数（吨碳/吨标准煤）
			C44 单位地区二氧化碳排放的产出（万元/吨碳）
			C45 单位地区二氧化硫排放的产出（万元/吨碳）
			C46 单位地区氨氮排放的产出（万元/吨）
			C47 单位化学需氧量排放的产出（万元/吨）
		低碳消费 B9	C48 人均二氧化碳排放量（吨碳/人）
			C49 人均二氧化硫排放量（千克/人）
			C50 人均化学需氧量排放量（千克/人）
			C51 人均氨氮排放量（千克/人）
			C52 人均生活能源消费量（千克标准煤/人）
			C53 单位能源消费的碳排放因子（吨/吨标准煤）
		低碳生活 B10	C54 公共交通客运量（不含出租车）（万人次）
			C55 轨道交通客运量比重（%）
			C56 万人拥有公共汽车（标台）
	健康因子 A5	人群健康 B11	C57 人均预期寿命（岁）
			C58 人口自然增长率（‰）
			C59 甲乙类法定报告传染病病死率（%）
			C60 劳动争议案件受理数（件）
		生活质量 B12	C61 城镇居民人均可支配收入（元）
			C62 农村家庭住房面积（平方米/人）
			C63 人均生活用电量（千瓦时/人）

续表

<table>
<tr><th>目标层</th><th>一级指标 A</th><th>二级指标 B</th><th>三级指标 C</th></tr>
<tr><td rowspan="32">区域绿色竞争力</td><td rowspan="11">健康因子 A5</td><td rowspan="6">生活质量 B12</td><td>C64 人均生活用水量（升/人）</td></tr>
<tr><td>C65 住宅占商品房销售面积的比例（%）</td></tr>
<tr><td>C66 城镇居民家庭恩格尔系数（%）</td></tr>
<tr><td>C67 农村居民人均纯收入（元/人）</td></tr>
<tr><td>C68 城乡居民收入比</td></tr>
<tr><td>C69 居民消费价格指数（%）</td></tr>
<tr><td rowspan="5">民生保障 B13</td><td>C70 居民储蓄存款（亿元）</td></tr>
<tr><td>C71 城镇基本医疗保险覆盖率（%）</td></tr>
<tr><td>C72 万人拥有病床数（张/万人）</td></tr>
<tr><td>C73 城镇新增就业人数（万人）</td></tr>
<tr><td>C74 就业率（%）</td></tr>
<tr><td>持续因子</td><td>经济发展</td><td>C75 人均 GDP（元/人）</td></tr>
<tr><td rowspan="20">持续因子 A6</td><td rowspan="8">经济发展 B14</td><td>C76 固定资产投资额（亿元）</td></tr>
<tr><td>C77 进出口总额（万美元）</td></tr>
<tr><td>C78 人均 GDP 增长率（%）</td></tr>
<tr><td>C79 固定资产投资增长率（%）</td></tr>
<tr><td>C80 进出口总额增长率（%）</td></tr>
<tr><td>C81 第三产业占 GDP 比重（%）</td></tr>
<tr><td>C82 工业化率（%）</td></tr>
<tr><td>C83 城镇化率（%）</td></tr>
<tr><td rowspan="7">科教发展 B15</td><td>C84 每万人拥有研究与实验发展(R% D)人员数(人/万人)</td></tr>
<tr><td>C85 R&D 活动人员全时当量（人年）</td></tr>
<tr><td>C86 R&D 内部经费支出占 GDP 比重（%）</td></tr>
<tr><td>C87 高新技术产业利润总额（亿元）</td></tr>
<tr><td>C88 每十万人拥有的大专及以上受教育程度人口数（人）</td></tr>
<tr><td>C89 每万人接受中等职业教育在校学生数（人）</td></tr>
<tr><td>C90 公共财政预算教育经费占公共财政支出比例（%）</td></tr>
<tr><td rowspan="5">资源承载 B16</td><td>C91 劳动力数量占总人口比重（%）</td></tr>
<tr><td>C92 人均耕地面积（公顷/人）</td></tr>
<tr><td>C93 人均矿产占有量（吨/人）</td></tr>
<tr><td>C94 人均能源占有量（吨标准煤/人）</td></tr>
<tr><td>C95 年末实有道路长度（公里/万人）</td></tr>
</table>

标体系分为四个层次：目标层、约束层 A（一级指标）、准则层 B（二级指标）、指标层 C（三级指标）。目标层为区域绿色竞争力，表明评价研究的总目标；约束层为目标层的子系统，包括环保因子、生态因子、循环因子、低碳因子、健康因子、持续因子，从不同角度评价区域绿色竞争力；准则层为目标层的二级子系统，包括环保投资、环保治理、自然生态等 16 项因子；指标层为评价系统的最低层，包括万元 GDP 能耗、工业废水排放达标率、建成区绿化覆盖率等 95 项指标。

二、区域绿色竞争力评价方法

（一）评价方法的选取

综合评价方法又称多变量综合评价方法、多指标综合评估技术。它是运用于多指标同时进行定量评价和比较的一种方法。综合评价就是指对多属性体系结构描述的对象系统做出全局性、整体性的评价。

根据所采用的理论，综合评价方法大致分为三类：一是基于经验的综合评价方法，即咨询法，这类方法是通过向各领域专家咨询，对得到的评价分析进行简单数据处理，得出综合评价结果的方法，如专家打分法和德尔菲法；二是基于数值和统计的方法，以数学理论和解析方法对系统进行严密的定量描述和分析，如加权平均法、TOPSIS 法和因子分析法；三是基于决策和智能的综合评价方法，这类方法或是重现决策支持或是模仿人脑的功能，使评价过程具有像人类思维那样的信息处理能力，如层次分析法、模糊综合评价法和人工神经网络法。

本书选取的综合评价方法为层次分析法（The Analytic Hierarchy Process，AHP），是美国运筹学家、美国匹兹堡大学 T. L. Saaty 教授在 20 世纪 70 年代初期提出的，是对定性问题进行定量分析的一种简便、灵活而又实用的多准则决策方法。用层次分析法作系统分析，首先要把问题层次化。根据问题的性质和达到的总目标，将问题分解为不同的组成因素，并按照因素间的相互关联影响以及隶属关系，将各因素按不同层次聚集组合，形成一个多层次的分析结构模型。最终把系统分析归结为最低层，相对于最高层（总目标）的相对重要性权值的确定或相对优劣的排序问题。

（二）评价的数学模型

1. 判断矩阵的构建

层次分析法是用两两重要性程度之比的形式表示出两个方案的相应重要性程

度等级。如对某一准则，对其下的各方案进行两两对比，并按其重要性程度评定等级。这些等级通过引入合适的标度用数值表示出来，构成判断矩阵。判断矩阵表示针对上一层次某因素，本层次与之有关因素之间相对重要性的比较。假如 A 层因素中 a_k 与下一层次中 B_1，B_2，…，B_n 有联系，则构造判断矩阵取为表 3－2－2 的形式。

表 3－2－2 判断矩阵 a_k-B

a_k	B_1	B_2	…	B_n
B_1	b_{11}	b_{11}	…	b_{1n}
B_2	b_{21}	b_{22}	…	b_{2n}
⋮	⋮	⋮		⋮
B_n	b_{n1}	b_{n2}	…	b_{nn}

其中判断矩阵 a_k-B 中的元素 b_{ij}满足：

$$b_{ij}=\frac{1}{b_{ji}} \qquad （互反性）$$

$$b_{ij}=\frac{b_{ik}}{b_{jk}},\ i,\ j,\ k=1,\ 2,\ 3,\ \cdots,\ n \qquad （一致性）$$

假设用向量 a_k 表示整体，则通过求解此线性方程可得出向量 a_k。如果上述线性方程满足一致性，则矩阵 a_k-B 的最大特征值完 $\lambda max=n$。此时 λmax 对应的特征向量即为向量 a_k。

在层次分析法中，为了使决策判断定量化，形成上述判断矩阵，Saaty 引用了如表 3－2－3 所示的 1～9 标度方法。将 a_k-B 中的元素两两比较，可得出标度。

表 3－2－3 判断矩阵 1～9 标度法及其含义

B_i 与 B_j 比较	Saaty 标度	含义
B_i 与 B_j 相比，具有同样的重要性	1	$B_i=B_j$
B_i 与 B_j 相比，前者比后者稍微重要	3	$B_i=3B_j$
B_i 与 B_j 相比，前者比后者明显重要	5	$B_i=5B_j$
B_i 与 B_j 相比，前者比后者强烈重要	7	$B_i=7B_j$
B_i 与 B_j 相比，前者比后者极端重要	9	$B_i=9B_j$
B_i 与 B_j 相比，上述两相邻判断的中间值	2、4、6、8	
B_i 与 B_j 相比，不重要的描述	相应上述描述的倒数	

2. 特征向量（权重）及其对应最大特征根的计算

根据矩阵理论，判断矩阵在满足完全一致性条件下，具有唯一非零的，也是最大的特征根 λmax = n，且除 λmax 外，其他特征根均为零。如已知判断矩阵 A 满足：$AW = nW$ 的特征向量 W 为：

$$W_i = \frac{1}{n}\sum_{j=1}^{n}\frac{b_{ij}}{\sum_{i=1}^{m} b_{ij}}$$

从而得到向量 $W=[W_1, W_2, \cdots, W_n]^T$，就是判断矩阵 a_k-B 的特征向量，也就是权重系数。

其最大特征根 n 为：

$$\lambda_{max} = \frac{1}{n}\sum_{i=1}^{m}\left(\sum_{j=1}^{n} b_{ij}W_j \Big/ W_i\right)$$

3. 一致性检验

在一般决策问题中，决策者不可能给出精确的 W_i/W_j 度量，只能对它们进行估计判断。实际给出的 a_{ij}判断与理想的 W_i/W_j 有偏差，不能保证判断矩阵具有完全的一致性。因此，为考虑分析得到的结果是否基本合理，需要对判断矩阵进行一致性检验。在层次分析法中引入判断矩阵最大特征根以外的其余特征根的负平均值，作为度量判断矩阵偏离一致性的指标，即：

$$CI = \frac{\lambda_{max} - n}{n-1}$$

检测决策者判断思维的一致性。

为了度量不同阶判断矩阵是否具有满意的一致性，需引入判断矩阵的平均随机一致性指标 RI。表 3－2－4 是 1～9 阶判断矩阵的平均随机一致性指标的取值。

表 3－2－4 一致性指标 RI 的取值

阶数	1	2	3	4	5	6	7	8	9
RI	0.00	0.00	0.58	0.90	1.12	1.24	1.32	1.41	1.45

在这里，1 与 2 阶判断矩阵总具有完全一致性；当阶数大于 2 时，判断矩阵的一致性指标 CI 与同阶平均随机一致性指标 RI 之比称为随机一致性比率，记为 CR。当 $CR = \frac{CI}{RI} < 0.10$ 时，即认为判断矩阵具有满意的一致性，否则就需要调整判断矩阵，使之具有满意的一致性。

（三）层次分析法分析步骤

层次分析法的步骤为：

1. 建立层次结构模型

在问题分析之前，需将其包含的因素划分为不同层次，如目标层、约束层、准则层、指标层，用以说明各个层次的从属关系。针对区域绿色竞争力的研究，目标层为区域绿色竞争力的综合评价，逐层进行具体分析。

2. 构建判断矩阵

判断矩阵元素的值反映了各因素相对重要性（或偏好、优劣、强度等）。本书采用1～9及其倒数的标度方法，收集并整理各领域专家问卷调查的数据，构造判断矩阵。

3. 层次单排序及其一致性检验

层次单排序是，判断矩阵A的特征根问题 $AW = \lambda_{max} W$ 的解 W，经过归一化后即为同一层次相应因素对于上一层次某一层次某因素相对重要性的排序权值，然后进行层次单排序的一致性检验，判断结果是否为满意的一致性。

4. 层次总排序及其一致性检验

层次总排序是，计算同一层次所有因素对于最高层相对重要性的排序权值，需从最高层次到最低层次逐层进行，然后进行一致性检验。

（四）区域绿色竞争力综合权重结果

通过对问卷调查，汇总反馈信息，通过SPSS软件分析得出区域绿色竞争力各级子系统的权重系数（见表3－2－5）。

表3－2－5　区域绿色竞争力权重结果

指标	权重	指标	权重	指标	权重	指标	权重	指标	权重
C1	0.0093	C13	0.0049	C25	0.0133	C37	0.0091	C49	0.0050
C2	0.0101	C14	0.0047	C26	0.0163	C38	0.0090	C50	0.0048
C3	0.0098	C15	0.0054	C27	0.0137	C39	0.0068	C51	0.0045
C4	0.0074	C16	0.0045	C28	0.0137	C40	0.0075	C52	0.0083
C5	0.0067	C17	0.0043	C29	0.0207	C41	0.0096	C53	0.0080
C6	0.0107	C18	0.0041	C30	0.0245	C42	0.0124	C54	0.0066
C7	0.0084	C19	0.0033	C31	0.0270	C43	0.0149	C55	0.0081
C8	0.0053	C20	0.0032	C32	0.0172	C44	0.0092	C56	0.0096
C9	0.0048	C21	0.0049	C33	0.0130	C45	0.0084	C57	0.0102
C10	0.0038	C22	0.0109	C34	0.0234	C46	0.0109	C58	0.0067
C11	0.0050	C23	0.0112	C35	0.0211	C47	0.0104	C59	0.0069
C12	0.0050	C24	0.0100	C36	0.0133	C48	0.0059	C60	0.0094

续表

指标	权重	指标	权重	指标	权重	指标	权重	指标	权重
C61	0. 0066	C68	0. 0055	C75	0. 0166	C82	0. 0212	C89	0. 0129
C62	0. 0063	C69	0. 0061	C76	0. 0149	C83	0. 0201	C90	0. 0137
C63	0. 0040	C70	0. 0085	C77	0. 0135	C84	0. 0085	C91	0. 0196
C64	0. 0038	C71	0. 0170	C78	0. 0152	C85	0. 0092	C92	0. 0155
C65	0. 0051	C72	0. 0073	C79	0. 0151	C86	0. 0123	C93	0. 0143
C66	0. 0058	C73	0. 0099	C80	0. 0126	C87	0. 0092	C94	0. 0200
C67	0. 0055	C74	0. 0115	C81	0. 0231	C88	0. 0141	C95	0. 0182

第三章　中部六省区域绿色竞争力实证分析

一、样本选择与数据收集

本章以中部地区，即江西省、安徽省、湖南省、湖北省、河南省、山西省为研究样本。

区域绿色竞争力评价指标体系数据的时间跨度为 2001 ~2010 年，总共 10 年数据。原始研究数据主要通过两种途径：一是收集 2001 ~2011 年的《中国统计年鉴》、《中国城市统计年鉴》、《中国环境统计年鉴》、《中国科技统计年鉴》、《中国能源统计年鉴》等；二是访问国家统计局、地方人民政府网站收集。对于指标体系中缺失的数据通过两种方法进行处理：一是利用年均增长率推算，如指标体系中 C57 人均预期寿命，以 2000 ~2012 年人口普查数据为依据，推算平均年增长率，估算样本中的人均预期寿命；二是通过权威发布的数据进行间接统计所得，如 C48 人均二氧化碳排放量，以《综合能耗计算通则》、《省级温室气体清单编制指南》、《能源统计报表制度》以及 IPCC 官方发布数据计算而来。

二、数据的标准化处理

由于中部区域绿色竞争力评价指标体系中包括 95 个指标，各指标间可能存在着不可公度性和矛盾性。为了消除各指标的量纲、类型以及数量级的差异对评价结果的影响，需对评价样本进行数据标准化处理。数据的标准化处理主要包括数据的同趋化处理和无量纲化处理两个方面。数据同趋化处理主要解决不同性质的数据问题，对不同性质指标直接加总不能正确反映不同作用力的综合结果，须先考虑改变逆指标数据性质，使所有指标对测评方案的作用力同趋化，再加总才能得出正确结果。数据的无量纲化处理，主要解决数据的可比性问题。数据标准化处理是利用一定的数学变换，把量纲、性质各异的指标值转化为可综合处理的量化值，即通过将属性数据按照比例缩放，使之落入一个小的特定区间，一般情况下，将各指标值统一变换至［0，1］之间，以进一步分析数据的属性。

数据的标准化常用方法包括极差正规化法（Min - max 法）、标准差法（Z - score 法）、均值化法等。极差正规化法对数据个数和分布的具体情况依赖性不大，标准化处理的数据都在 0 ~1 区间内，处理后的数据相对数性质明显，就每个指标数值处理来说，极差正规化所依据的原始数据信息较少。本书采用的数据标准化为标准差法，是目前使用最为广泛的数据处理方法，适用于多指标综合评价体系的数据处理，能够更好地体现原始数据的数学特征，便于准确分析。

在多指标评价体系中，指标类型可分为正向指标、逆向指标、适度指标。正向指标，即效益型指标，是指标值越大，评价值越高；逆向指标，即成本型指标，是指标值越大，评价值越小；适度指标，是指标值越趋向于某一固定值，评价值越高，不宜过大或过小。在数据标准化处理前，需将逆向指标、适度指标同趋化，即转化为正向指标，再进行无量纲化。区域绿色竞争力评价体系中包含了 95 项指标，其中有 72 项正向指标、23 项逆向指标；对逆向指标的处理是取原始数据的倒数，转化为正向指标，再进行无量纲化处理。

三、中部区域绿色竞争力测算

（一）区域绿色竞争力测算方法

区域绿色竞争力的综合评价值是通过加权求和方法进行计算。根据层次分析法确定 95 项指标的权重系数，原始数据经过同趋化与无量纲化等标准化处理，计算中部六省的综合评价值，来进行区域绿色竞争力的优劣分析。

本书选用的是加权平均的多指标综合评价模型进行测算：

$$P = \sum_{i=1}^{n} \omega_i C_i$$

其中，P 为综合评价值，C_i 为第 i 项指标，ω_i 为 C_i 相应的权重系数；C_i 指标值为标准化处理数据。

（二）区域绿色竞争力测算结果

按照多指标综合评价方法，对2001～2010年时间跨度内的江西省、安徽省、湖南省、湖北省、河南省、山西省中部地区的区域绿色竞争力进行评价测算，其结果如表3－3－1所示。

表3－3－1　中部六省区域绿色竞争力测算值

年份＼地区	山西	安徽	江西	河南	湖北	湖南
2001	－0.20232	－0.10519	－0.15975	－0.00406	0.41022	0.06110
2002	－0.06468	－0.09774	－0.20544	－0.00595	0.35122	0.02259
2003	－0.14417	－0.11571	－0.12931	0.04866	0.33996	0.00057
2004	－0.09563	－0.14862	－0.19707	0.08271	0.26137	0.09723
2005	－0.16825	－0.15295	－0.20003	0.07299	0.41105	0.03719
2006	－0.17074	－0.13362	－0.18547	0.08694	0.46969	－0.06681
2007	－0.10155	－0.16771	－0.13643	0.02908	0.42263	－0.04602
2008	－0.18901	－0.18115	－0.08713	0.05747	0.42170	－0.02188
2009	－0.23860	－0.16892	－0.09316	－0.00459	0.45627	0.04900
2010	－0.21806	－0.10263	－0.06464	－0.06240	0.41133	0.03641

资料来源：根据2001～2011年《中国统计年鉴》、《中国环境统计年鉴》、《中国科技统计年鉴》、《中国人口和就业统计年鉴》、《中国劳动统计年鉴》、《中国能源统计年鉴》等测算。

对表3－3－1进行简单说明：

第一，原始数据采用标准差标准化法进行无量纲化处理。测算样本为中部六省2001～2010年的数据，测算值为0，表示中部区域绿色竞争力的平均水平；测算值大于0，表示该省的区域绿色竞争力水平高于中部平均水平，在中部地区排名中位于前列；测算值小于0，表示该省的区域绿色竞争力水平低于中部平均水平，在中部地区排名中位于后列。测算值绝对值大小，表示对中部平均值的偏离程度，具体排名如表3－3－2和图3－3－1所示。

表3－3－2　中部六省区域绿色竞争力排名

地区	2001年	2002年	2003年	2004年	2005年	2006年	2007年	2008年	2009年	2010年
山西	6	4	6	4	5	5	4	6	6	6
安徽	4	5	4	5	4	4	6	5	5	5
江西	5	6	5	6	6	6	5	4	4	4
河南	3	3	2	3	2	2	2	2	3	3
湖北	1	1	1	1	1	1	1	1	1	1
湖南	2	2	3	2	3	3	3	3	2	2

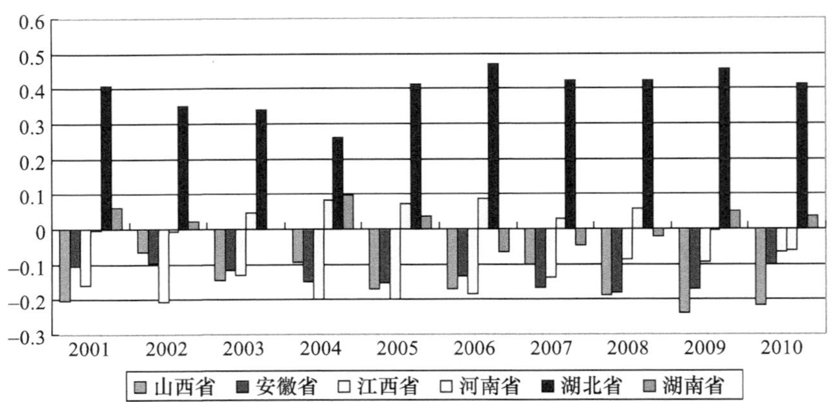

图 3-3-1　中部六省 2001 ~ 2010 年区域绿色竞争力比较

第二，测算值是对环保因子、生态因子、循环因子、低碳因子、健康因子、持续因子的加权平均所得，体现的是该省区域绿色竞争力的整体水平。

四、中部六省区域绿色竞争力分析

（一）山西省区域绿色竞争力分析

山西省矿产资源十分丰富，煤炭资源产量位居全国首位，在全国能源供应格局中具有不可替代的地位，形成了以能源工业、重化工为主导的经济发展结构。山西省产业是以煤炭工业、电力供应、冶金工业为主，轻工业相对薄弱。区域绿色竞争力包含环保因子、生态因子、循环因子、低碳因子、健康因子、持续因子，资源型产业对绿色经济的发展影响较大，如循环因子对资源的利用效率比较敏感。对于山西省的资源型经济结构，经济的增长严重依赖煤炭产业，第一产业、第三产业的发展相对滞后；煤炭等不可再生资源开发过度，煤炭为高碳源泉，环境污染比较严重，不利于区域绿色竞争力的发展。

近 10 年山西省经济大幅度增长，地区生产总值从 2001 年的 1779 亿元上升到 2010 年的 9200 亿元（见图 3-3-2）。经济增长的动力在于自然资源的开发利用，特别是煤炭资源，不利于低碳产业、循环产业的发展。近 10 年山西省区域绿色竞争力呈现逐年下滑的趋势，总体来看相对较弱（见图 3-3-3）。

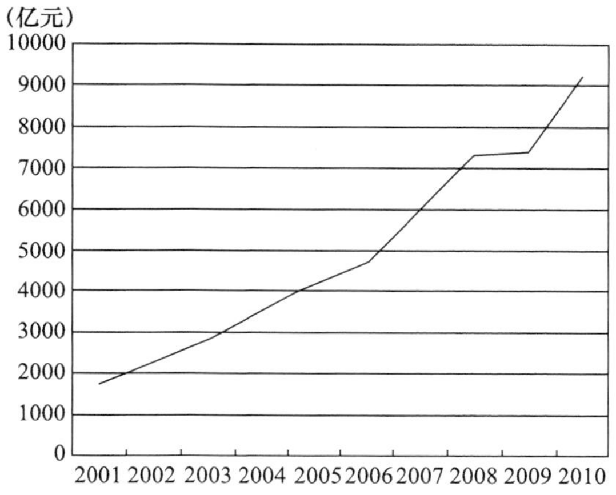

图3-3-2 山西省GDP趋势图

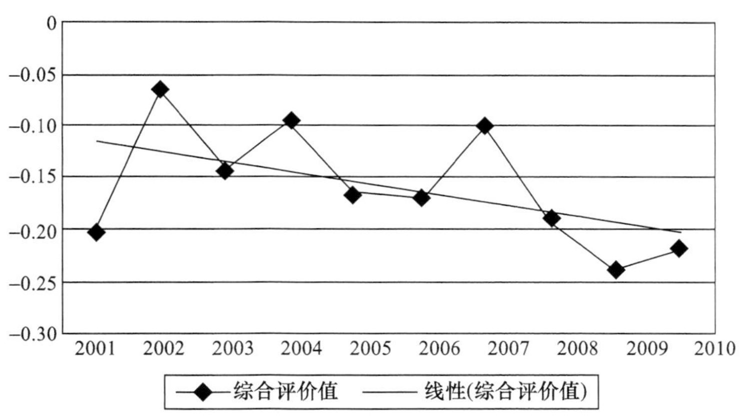

图3-3-3 山西省区域绿色竞争力趋势图

2001~2010年，山西省区域绿色竞争力的综合评分一直为负数，低于中部地区的平均水平，呈不断恶化的发展趋势，总体上山西省绿色经济的发展相对落后。根据区域绿色竞争力各因子趋势图（见图3-3-4），近10年山西省区域绿色竞争力中持续因子、健康因子与循环因子下降相对明显，环保因子与低碳因子保持持平趋势，生态因子有微弱的上浮。在区域绿色竞争力的六大因子综合评价中，持续因子对山西省区域绿色竞争力的贡献度一直处于首位，环保因子的贡献度第二，这两大因子在中部地区相对领先，高于平均水平，说明山西省环境保护的意识以及环境污染的治理机制与实施，相对于其他因子比较强烈；但是，低碳因子、生态因子对山西省区域绿色竞争力的贡献度一直处于末位，拉低了整体水平，说明山西省低碳经济、生态经济发展程度相对落后，对低碳生产、低碳消费的意识相对薄弱。

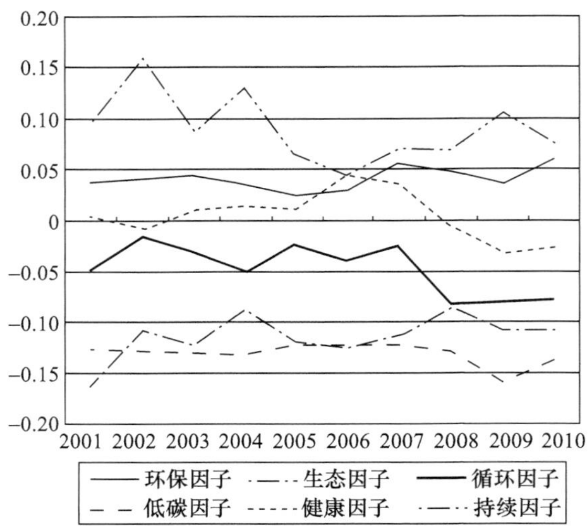

图 3－3－4　山西省区域绿色竞争力因子趋势图

2010 年山西省区域绿色竞争力综合评价为－0. 21806，环保因子、生态因子、循环因子、低碳因子、健康因子、持续因子的综合评价分别为 0. 05831、－0. 10629、－0. 07867、－0. 13883、－0. 02694、0. 07435；其贡献度排名为持续因子、环保因子、健康因子、循环因子、生态因子、低碳因子（见图 3－3－5）。目前，山西省区域绿色竞争力位于中部地区末位，各项因子都有待进一步提高。

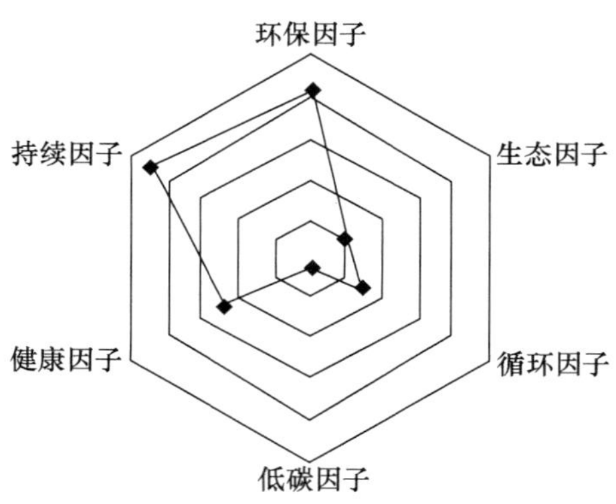

图 3－3－5　2010 年山西省区域绿色竞争力

（二）安徽省区域绿色竞争力分析

安徽省最近几年的经济发展水平逐步提高，GDP 从 2001 年的 3290. 13 亿元上升到 2012 年的 17212. 1 亿元，其产业结构由“一二三”转变为“二三一”的格局，目前其经济结构以第二产业为主导，已形成能源、建筑、冶金、有色、化工五大基础产业，是国家级的材料工业基地和华东的能源供应基地。淮南、淮北煤田是中国南方最大的煤炭生产基地。在资源匮乏的背景下，第二产业的迅速发展，对资源的依赖较大，发展绿色经济对安徽经济转型有其必要性。安徽省区域绿色竞争力从 2001 ~2010 年一直处于负数（见图 3 -3 -6），低于中部六省的平均水平，说明绿色经济发展程度相对落后，不利于安徽省经济转型。

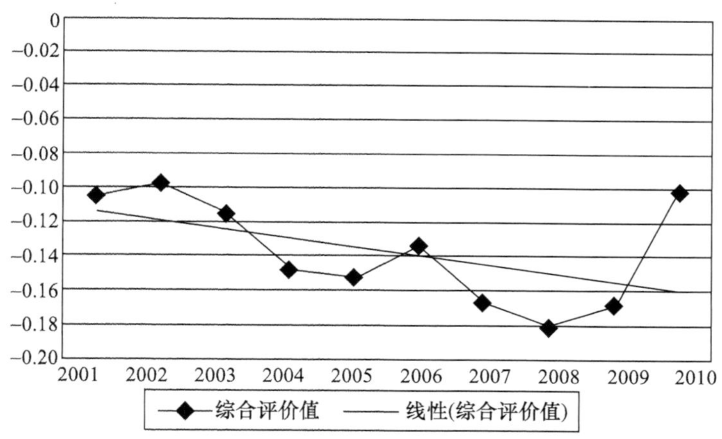

图 3 -3 -6　安徽省区域绿色竞争力趋势图

安徽省区域绿色竞争力在 2008 年达到最低水平，为 -0. 18115；随着大力发展绿色经济，2010 年区域绿色竞争力达到 -0. 10263，恢复到 2001 年的水平，绿色化已基本渗透到绿色产品生产、环境服务业、资源综合利用、自然生态保护、清洁技术与清洁产品等领域，已从过去的单纯“三废”治理发展成为跨行业、跨地区的综合性新兴产业，构建与经济发展相适应的绿色产业体系。

根据安徽省区域绿色竞争力各因子趋势图（见图 3 -3 -7），近 10 年循环因子、持续因子、健康因子、生态因子变动幅度较大，不够稳定；环保因子有明显的下降趋势，环境污染问题比较严重，环境治理机制不够完善。相对于其他中部地区省份来说，安徽省区域绿色竞争力各因子优势并不明显，都处在平均水平阶段；健康因子、生态因子、持续因子一直为负数，低于中部地区平均水平，说明安徽省生态经济发展程度比较落后，居民基本保障制度还不够完善，经济的增长并没有提高人们的生活质量。

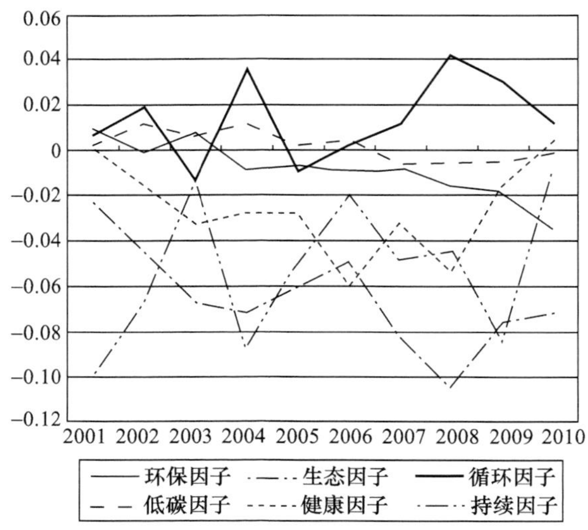

图 3-3-7　安徽省区域绿色竞争力因子趋势图

2010 年安徽省区域绿色竞争力中，环保因子、生态因子、循环因子、低碳因子、健康因子、持续因子的综合评价分别为 -0.01564、 -0.10432、0.04168、 -0.00500、 -0.05332、 -0.04457；其贡献度排名为循环因子、健康因子、低碳因子、持续因子、环保因子、生态因子（见图 3-3-8）。目前，安徽省区域绿色竞争力位于中部地区第五位，各项因子都有待进一步提高。

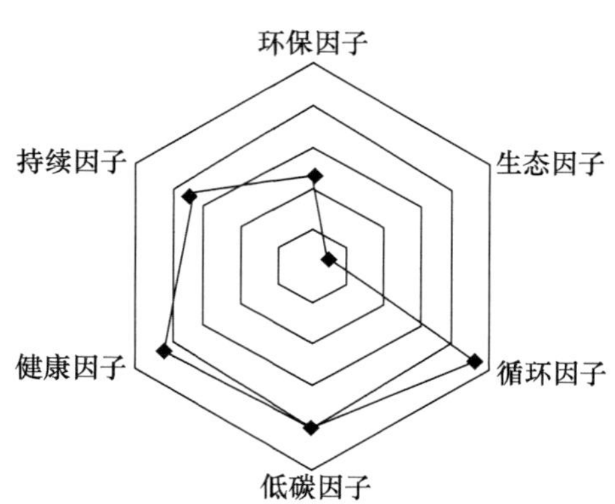

图 3-3-8　2010 年安徽省区域绿色竞争力

（三）江西省区域绿色竞争力分析

江西省经济发展比较迅速，GDP 从 2001 年的 2175.68 亿元上升到 2010 年的 9451.26 亿元。目前的产业结构为“二三一”发展格局，江西省作为农业大省，在全国占有重要地位；发展新型工业化战略，汽车航空及精密制造、特色冶金和金属制品、中成药和生物制药、电子信息和现代家电产业、食品工业、精细化工及新型建材六大支柱产业有较好的基础；第三产业的发展相对缓慢。江西省的绿色经济的增长速度在中部地区位于前列，提高了江西省区域绿色竞争力水平。

2001～2010 年，江西省区域绿色竞争力综合评价为负数，低于中部地区平均水平，其发展水平仍未赶上湖南省、湖北省，绿色经济发展水平相对落后；可观的是，区域绿色竞争力的增长速度很快，逐年上升（见图 3－3－9）。总体上看，江西省区域绿色竞争力在不断提升，涉及现代绿色农业、新型工业、现代服务业等多个领域。

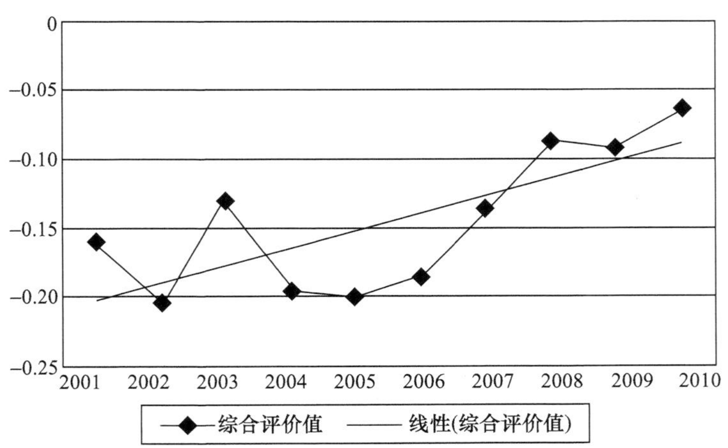

图 3－3－9　江西省区域绿色竞争力趋势图

根据江西省区域绿色竞争力因子趋势图（见图 3－3－10），生态因子、环保因子、健康因子、持续因子呈现明显的上升趋势，循环因子基本持平，低碳因子有下降的趋势。在江西省区域绿色竞争力综合评价中，生态因子、低碳因子综合评分一直维持正数，高于中部地区平均水平，对区域绿色竞争力的贡献度较高，说明江西省节能减排制度完善、相关措施效果明显；环保因子、健康因子，基本保持在中部地区平均水平；循环因子、持续因子综合评分一直为负数，低于中部平均水平，对区域绿色竞争力的贡献度较低，说明江西产业集聚发展水平较落后，产业整合不够紧凑，资源型经济结构过于依赖资源，且资源使用的技术还不够先进，综合利用效率不高。

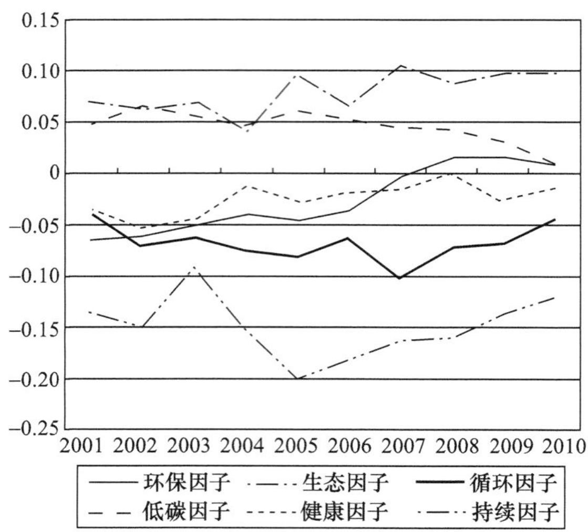

图 3-3-10　江西省区域绿色竞争力因子趋势图

2010 年江西省区域绿色竞争力综合评价为 -0.06464，环保因子、生态因子、循环因子、低碳因子、健康因子、持续因子的综合评价分别为 0.00888、0.09740、-0.04457、0.01055、-0.01522、-0.12168；其贡献度排名为生态因子、低碳因子、健康因子、循环因子、环保因子、持续因子（见图 3-3-11）。目前，江西省区域绿色竞争力位于中部地区第四位，各项因子都有待进一步提高。

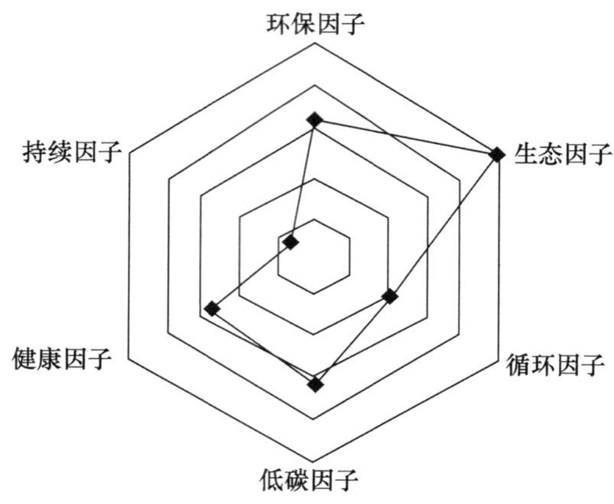

图 3-3-11　2010 年江西省区域绿色竞争力

（四）河南省区域绿色竞争力分析

河南省经济发展迅速，2011 年地区生产总值 27232.04 亿元，第一产业增加值 3512.06 亿元，第二产业增加值 15887.39 亿元，第三产业增加值 7832.59 亿元。在 2004 年，产业结构首次形成“二三一”的经济格局；现阶段，第一产业比重仍然偏高，工业化进程发展较慢。河南省传统优势产业有食品、有色、化工、装备制造、汽车及零部件、纺织服装等，带动整个国民经济发展。河南省循环经济的发展程度位于中部地区前列，提高了绿色经济的发展水平。2010 年河南省区域绿色竞争力综合评价为 -0.06240，环保因子、生态因子、循环因子、低碳因子、健康因子、持续因子的综合评价分别为 -0.00910、-0.02127、0.07460、-0.01735、-0.02249、-0.06679；其贡献度排名为循环因子、环保因子、低碳因子、生态因子、健康因子、持续因子（见图 3-3-12）。2010 年循环经济发展程度达到中部地区平均水平，其他因子有待进一步发展。

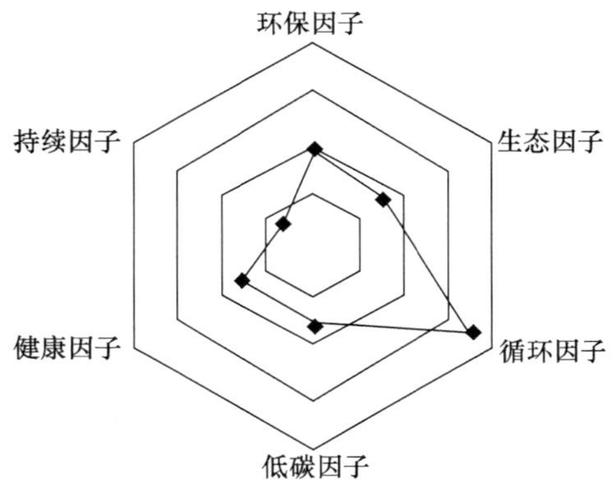

图 3-3-12　2010 年河南省区域绿色竞争力

近 10 年，河南省区域绿色竞争力呈现逐渐下滑的态势，绿色经济的发展程度落后于中部地区其他省份；2003 年开始，区域绿色竞争力达到平均水平，绿色经济水平不断提升。随着经济的不断发展，在 2010 年区域绿色竞争力为 10 年来最低点（见图 3-3-13）。根据河南省区域绿色竞争力因子趋势图（见图 3-3-14），循环因子呈现明显的上升趋势，生态因子、环保因子、健康因子、持续因子、低碳因子都出现不同程度的下降趋势。与河南省总体经济上行不同的是，绿色经济发展水平不断下降，环境遭到破坏。特别是区域绿色竞争力持续因子下降的幅度最大，说明河南省资源的使用过度，在资源的综合利用技术等水平相对落后；健康因子、环保因子、生态因子综合评价值不高，说明人民生活水平与河南省经济发展水平不对等，生态环境遭到一定的破坏；低碳因子有微弱的上升幅度，而评价值低于中部地区平均水平，低碳经济的发展相对其他地区趋于落后，有待进一步提高。

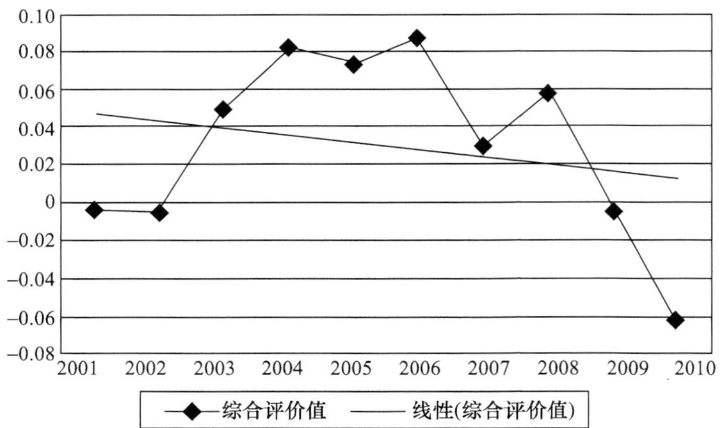

图 3－3－13　河南省区域绿色竞争力趋势图

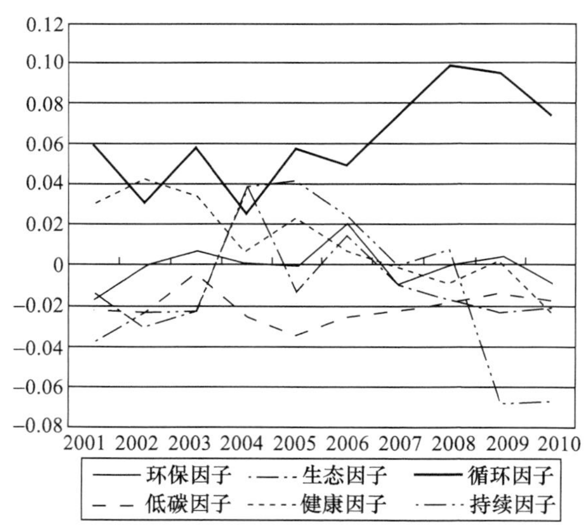

图 3－3－14　河南省区域绿色竞争力因子趋势图

（五）湖北省区域绿色竞争力分析

近几年，湖北省经济发展在中部地区处于前列，到 2012 年完成生产总值 22250.16 亿元，比 2011 年增长 11.3%，连续 9 年保持两位数增长。其中，第一产业完成增加值 2848.77 亿元，增长 4.7%；第二产业完成增加值 11190.45 亿元，增

长13.2%；第三产业完成增加值8210.94亿元，增长10.8%；三次产业结构为12.8∶50.3∶36.9。湖北省大力发展汽车、农副食品加工、化工、钢铁、电力、建材、纺织、通用设备制造、电子信息、医药十大“千亿元行业”。2010年湖北省区域绿色竞争力综合评价为0.41133，环保因子、生态因子、循环因子、低碳因子、健康因子、持续因子的综合评价分别为0.00217、0.02563、0.03616、0.08284、0.04252、0.22201；其贡献度排名为持续因子、低碳因子、健康因子、循环因子、生态因子、环保因子（见图3－3－15）。湖北省2010年绿色经济发展水平位于中部地区首位，持续因子的评价值最高，对湖北省区域绿色竞争力的贡献度较高。

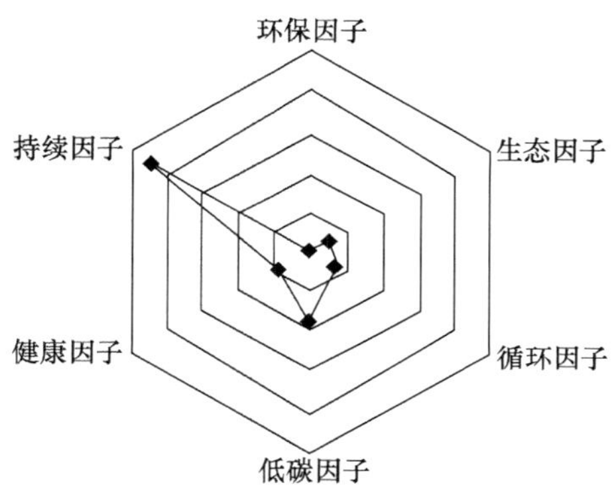

图3－3－15　2010年湖北省区域绿色竞争力

近10年，河南省区域绿色竞争力综合评价值一直为正数，高于平均水平，并呈现逐渐上升的趋势，绿色经济的发展程度领先于中部地区其他省份；尤其在2004年后，区域绿色竞争力进入快速增长阶段，绿色经济发展程度不断提升（见图3－3－16）。

根据湖北省区域绿色竞争力因子趋势图（见图3－3－17），生态因子、健康因子、持续因子、低碳因子呈现明显的上升趋势，环保因子、循环因子出现微弱的下降趋势。在湖北省总体经济上行的同时，绿色经济发展水平也在不断提升。其中，持续因子的变动幅度较大，对湖北省区域绿色竞争力的贡献度最高，说明在产品生产、生活消费等环节资源的综合利用效率较高；低碳因子有微弱的上升幅度，且高于中部地区平均水平，充分说明湖北省对于各产业的碳基能源效率管理机制相对完善，“减碳”措施与“固碳”技术较先进；生态因子、健康因子、持续因子、低碳因子的提高，说明湖北省除了可持续发展理论、低碳经济理论思想得到贯彻的同时，其他方面也有了一定的发展，如生态环境。可是，湖北区域绿色竞争力的各因子的变动幅度较大，稳定性不强，需进一步加强各项措施，保障绿色经济的有序发展。

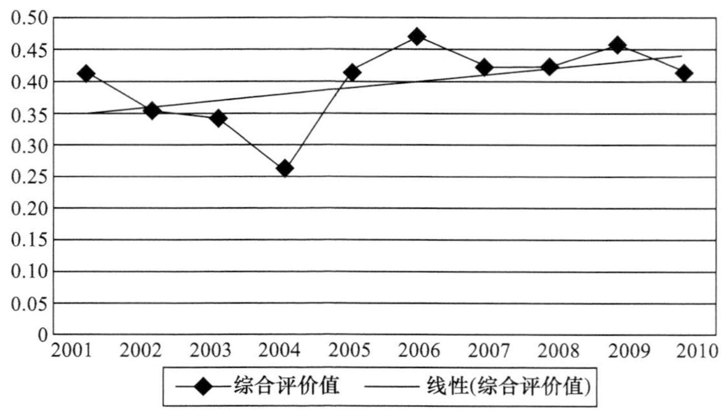

图 3－3－16 湖北省区域绿色竞争力趋势图

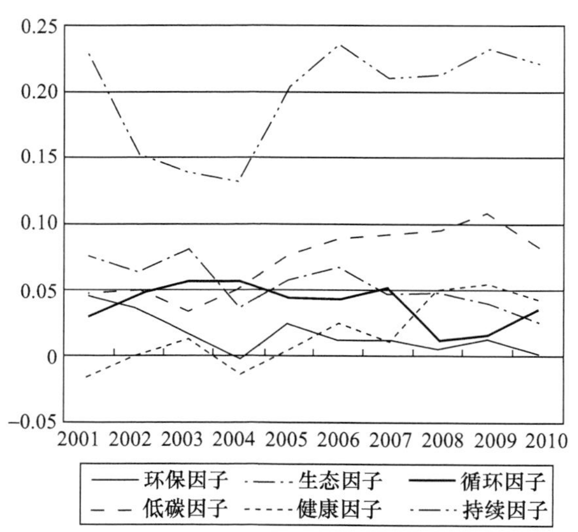

图 3－3－17 湖北省区域绿色竞争力因子趋势图

（六）湖南省区域绿色竞争力分析

2001 年以来，湖南省经济发展保持快速增长，地区生产总值从 2001 年的 3983 亿元上升到 2010 年的 16037.96 亿元，产业结构已形成“二三一”的经济格局。湖南省绿色经济的发展比较迅速，大力培育战略性新兴产业，先进装备制造、新材料、文化创意三大产业已成为全省的支柱产业，生物、新能源、信息和节能环保四大产业已成为湖南省经济的先导产业。从能源消费结构上，湖南省仍以煤炭和油品等碳基能源和电力为主，煤品和油品等碳基能源平均消费量占全省能源消费量的比

重达78.07%，对碳基能源依赖性较强；水电、核电和风电等清洁能源平均消费量占湖南省能源消费量的15.82%，比例有了一定的提升（见图3－3－18）。2010年湖南省区域绿色竞争力综合评价为0.03641，位于中部地区第二位，环保因子、生态因子、循环因子、低碳因子、健康因子、持续因子的综合评价分别为－0.02583、0.07611、0.00045、0.06440、0.01796、－0.09669；其贡献度排名为生态因子、低碳因子、健康因子、循环因子、环保因子、持续因子（见图3－3－19）。

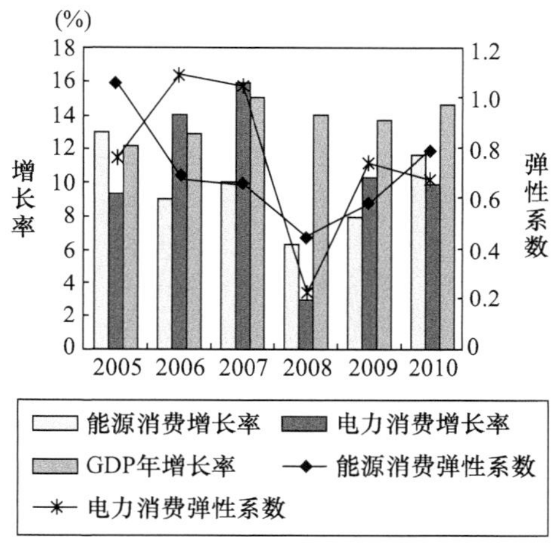

图3－3－18　2005～2010年湖南省经济发展与能源消费

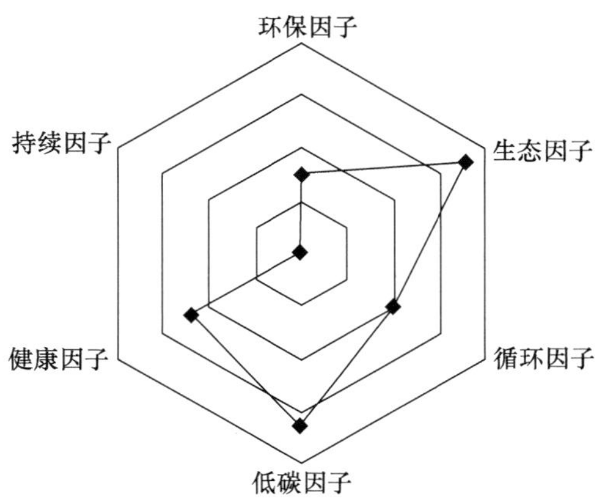

图3－3－19　2010年湖南省区域绿色竞争力

如图3－3－20所示，湖南省区域绿色竞争力总体呈现下降趋势，2001～2009年呈现W形发展。根据湖南省区域绿色竞争力因子趋势图（见图3－3－21），生态因子、低碳因子有上扬趋势，对区域绿色竞争力的综合评价贡献度较高，说明对生态环境保护意识较好，碳基能源的“固碳”技术较先进；循环因子、健康因子基本维持稳定；持续因子有微弱的下降态势，并处于中部地区平均水平以下，说明在资源枯竭背景下湖南省资源长期过度使用，并不能长远保持经济增长；环保因子在2007年开始有不断上升趋势，说明湖南省在环境保护的措施以及治理制度逐渐完善。

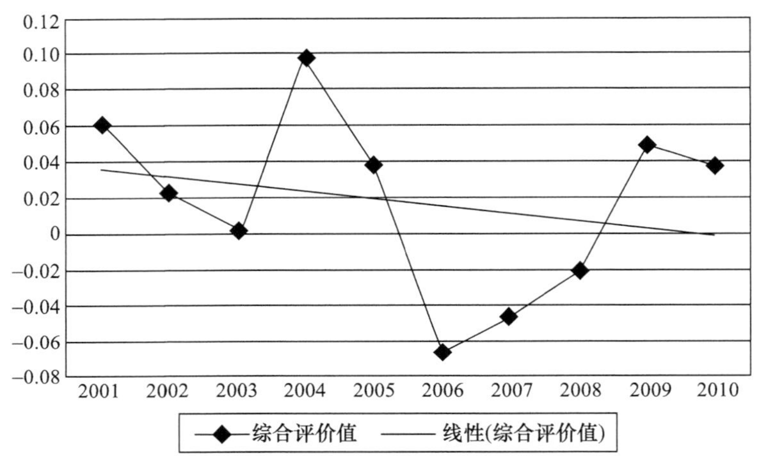

图 3-3-20 湖南省区域绿色竞争力趋势图

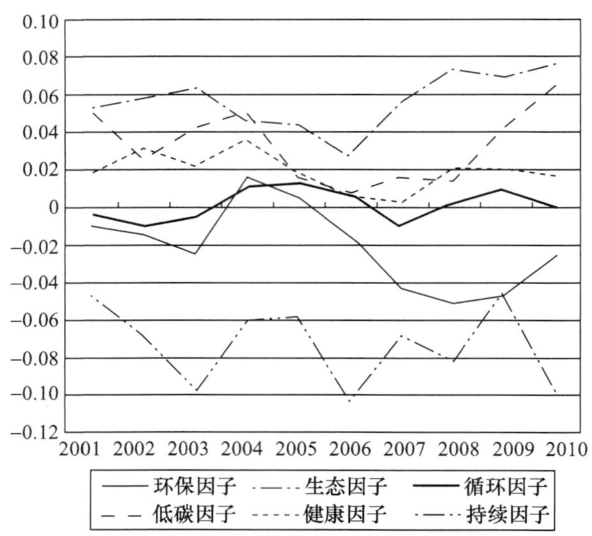

图 3-3-21 湖南省区域绿色竞争力因子趋势图

五、中部六省区域绿色竞争力比较分析

近10年，中部地区的经济发展较快，2010年山西省、安徽省、江西省、河南省、湖南省、湖北省的地区生产总值（GDP）分别为9088.1亿元、12263.4亿元、9435亿元、22000亿元、15902.12亿元、15806.09亿元，GDP增长率分别为13.9%、14.5%、14.0%、12.0%、14.5%、14.8%，保持两位数的GDP增长率。相比较而言，中部地区作为东部地区与西部地区的关联地带，在绿色经济发展上面临较大的压力；东部的制造业不断向中部地区转移，对资源环境承载能力进一步考验；同时，经济实力远没有东部雄厚，对环境保护的投入力度相对有限，造成中部地区绿色经济的发展总体相对迟缓。2010年中部区域绿色竞争力的排名为湖南省、湖北省、河南省、江西省、安徽省、山西省；2010年中部地区经济发展的前三位为河南省、湖南省、湖北省，可见，绿色与经济发展并不矛盾，区域绿色竞争力的评价着重于资源环境现状以及环境污染的投入、治理的能力。区域经济发展的同时，注重经济结构的调整，可以实现经济的绿色发展。

从全国平均水平看，山西省、安徽省、江西省、河南省、湖南省、湖北省的绿色经济发展水平并不高；相对于西部地区，中部地区缺乏富余的资源环境承载空间，对资源的过度开发以及对环境的明显破坏，影响其绿色经济发展水平；相对于东部地区，产业结构升级较慢，第三产业比重相对较低，用于提升资源利用效率与环境保护的投入相对较少，不利于绿色经济发展。就中部地区来说，2001 ~2010年山西省、安徽省、江西省区域绿色竞争力的评价值一直低于平均水平，其绿色经济发展水平较低；山西省为煤炭资源大省以及“碳”消费大省，资源型产业比重较高，形成了以电力、冶金、焦炭、煤炭等高耗能产业为主导的产业结构，粗放式能源经济的发展，使得山西省的经济发展对能源高度依赖，空气、水资源污染严重，对生态环境造成了严重的破坏，不利于生态经济、低碳经济、可持续经济的发展，造成山西省绿色经济发展一直处于中部的末位。安徽省为能源大省，处于资源禀赋及工业化中期的发展阶段，对能源的依赖性随着经济的增长呈现出不断上升的趋势，工业以钢铁、有色金属、建材、电力、石化等高耗能、高污染产业为主，能源消费以煤化石为主，煤炭和火力发电的生产与利用占能源结构的85%左右，由于能源结构不尽合理以及绿色理念、工业技术等各方面的认识不足，造成绿色经济发展水平不高，中部地区处于中等偏下水平。江西省生态环境相对于其他省份较好，但其经济发展较为缓慢，对环境治理投入较少；其工业进程中更多倾向于钢铁、水泥等高耗能产业，不利于低碳经济、循环经济的发展；整体上，江西省在绿色经济发展过程中的生态环境的天然优势，也表现出一定程度的绿色发展水平，基本处于中部地区的第四位。

2001 ~2010 年区域绿色竞争力评价值的前三位一直是湖南省、湖北省、河南省，绿色经济发展水平较高。湖北省作为全国老工业基地之一，处于工业化中期和城镇化发展较快的阶段，经济增长的粗放型特征明显，环境污染较为严重；但湖北省在环境保护的投入治理上较大，环保等相关产业发展较快，且具备风能、核能、太阳能和生物质能的传统优势，低碳经济发展迅速，对区域绿色竞争力评价贡献度较高。湖南省为传统的农业大省，从产业结构看，第一产业的比重较大，第二产业与第三产业比重相对较小，工业发展水平较为薄弱，对生态环境的破坏较小，表现出一定程度的绿色发展水平，区域绿色竞争力评价值一直处于中部地区前列；但 2005 年实施新型工业化政策以来，湖南省已由传统农业社会进入工业化社会的前期阶段，对能源的需求和消费逐年增加，区域绿色竞争力的评价值大致呈现下降的趋势。河南省作为新型的工业大省，第一产业处于基础地位，第二产业发展迅速，第三产业发展滞后；产业结构偏重资源与能源的消耗高耗能产业为有色冶金、钢铁、化工等，对资源环境的依赖较强，不利于绿色经济的发展；基于河南省农业大省的优势，其生物质能等新型能源的开发潜力巨大，有助于河南省绿色经济的发展。

中部地区的资源型经济，对资源环境的依赖性较强，资源性产业所占比重过高；在绿色经济发展过程中面临资源枯竭、产业结构单一、生态环境恶化等问题。在经济发展到一定水平后，更加重视经济发展与资源环境的协调，更加重视提高经济增长效率。通过调整和优化产业结构，提升能源使用效率，加大环境和生态保护力度，提升区域绿色经济的发展程度。

第四章　中部六省区域绿色竞争力各因子分析

一、环保因子比较分析

区域绿色竞争力评价体系中，环保因子各项指标是用于评价中部地区经济社会发展与环境之间的关系，主要体现在环境治理机制的完善和执行程度、环保意识和自觉行动、环保技术水平等。本书环保因子包含21项指标，从环境投资、环境治理的角度来评价中部地区的经济运行、城市管理中的环境保护情况，并从环境保护投入与产出评价其环境保护能力的强弱。区域绿色竞争力中环保因子的评价结果如表3－4－1所示。

表3－4－1　环保因子评价结果

年份＼地区	山西	安徽	江西	河南	湖北	湖南
2001	0.03571	0.00913	－0.06426	－0.01709	0.04591	－0.00938
2002	0.04106	－0.00089	－0.06064	－0.00056	0.03555	－0.01451
2003	0.04322	0.00750	－0.05130	0.00657	0.01822	－0.02421
2004	0.03448	－0.00858	－0.04053	0.00050	－0.00168	0.01582
2005	0.02337	－0.00736	－0.04473	－0.00104	0.02442	0.00534
2006	0.02775	－0.00928	－0.03512	0.01937	0.01152	－0.01423
2007	0.05494	－0.00870	－0.00561	－0.00946	0.01147	－0.04264
2008	0.04709	－0.01564	0.01460	0.00011	0.00499	－0.05116
2009	0.03663	－0.01893	0.01415	0.00325	0.01190	－0.04700
2010	0.05831	－0.03443	0.00888	－0.00910	0.00217	－0.02583

资料来源：根据2001～2011年《中国统计年鉴》、《中国环境统计年鉴》、《中国科技统计年鉴》、《中国人口和就业统计年鉴》、《中国劳动统计年鉴》、《中国能源统计年鉴》等测算。

从图 3－4－1 中可以看出，山西省环境保护因子的综合评分一直为正数，也就是说，山西省虽然环境污染问题比较严重，但其在环境治理上投入相对其他地区较大，环保意识比较强；2010 年山西省环境保护支出占财政收入的 10.71%，为中部地区的第一位；污染治理竣工的项目数量为 599 个，是其他中部省份的 3～4 倍。山西省的环境保护机制是在生态环境受到严重破坏的基础上逐步建立的，即“先污染，后治理”；在节能减排目标下，2010 年对生态资源环境的治理投资力度不断加大。除 2004 年外，湖北省环保因子的综合评分一直为正数，但其呈现出逐年下降的趋势，环境保护意识较为薄弱，环境治理不到位。湖南省、安徽省的环境因子的评价值不高，低于中部平均水平，并呈现不断下滑的趋势，对环境保护的投资治理不够，需要加大投资力度。江西省虽然前几年在环境治理方面的投入较弱，但随着经济的不断发展，环境保护的机制不断完善，对环境污染的投资逐年增加，呈现好转的态势。

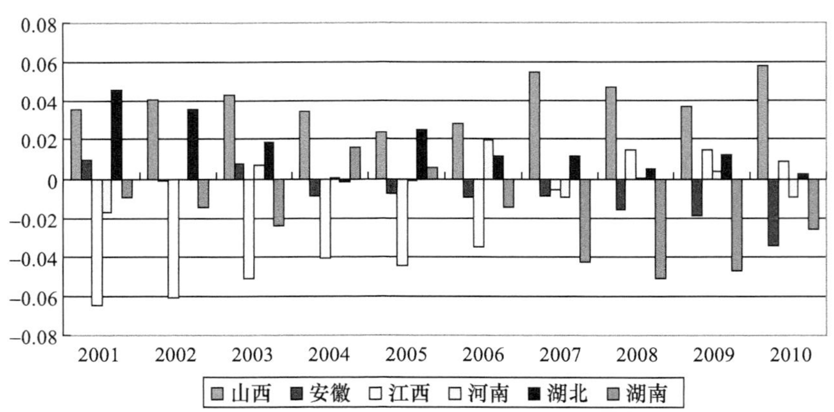

图 3－4－1　环保因子评价排名

二、生态因子比较分析

区域绿色竞争力评价体系中，生态因子各项指标是用于评价中部地区自然生态与生态产业，主要体现在生态环境是否遭到破坏以及生态经济的发展情况等。本书环保因子包含 10 项指标，从水资源、空气质量、生态产业评价区域绿色竞争力。中部六省区域绿色竞争力的生态因子的评价结果如表 3－4－2 所示。

表3-4-2　生态因子评价结果

年份＼地区	山西	安徽	江西	河南	湖北	湖南
2001	-0.16128	-0.02347	0.06945	-0.01383	0.07561	0.05352
2002	-0.10919	-0.04579	0.06294	-0.03023	0.06390	0.05837
2003	-0.12168	-0.06727	0.06796	-0.02237	0.08107	0.06230
2004	-0.08918	-0.07253	0.04145	0.03846	0.03590	0.04590
2005	-0.12108	-0.06142	0.09544	-0.01325	0.05655	0.04377
2006	-0.12458	-0.05019	0.06597	0.01406	0.06668	0.02806
2007	-0.11304	-0.08248	0.10373	-0.00961	0.04657	0.05483
2008	-0.08748	-0.10432	0.08832	-0.01834	0.04820	0.07361
2009	-0.10704	-0.07587	0.09571	-0.02241	0.03982	0.06980
2010	-0.10629	-0.07158	0.09740	-0.02127	0.02563	0.07611

资料来源：根据2001~2011年《中国统计年鉴》、《中国环境统计年鉴》、《中国科技统计年鉴》、《中国人口和就业统计年鉴》、《中国劳动统计年鉴》、《中国能源统计年鉴》等测算。

从图3-4-2中可以看出，2001~2010年的10年跨度内，江西省、湖南省、湖北省生态因子的综合评价值一直为正数，高于中部地区平均水平，生态经济的发展程度相对领先，湖北省有微弱的下降趋势，江西省、湖南省则呈现一定的上升趋势。安徽省生态因子的综合评价值一直为负数，低于中部地区的平均水平，环境保护意识薄弱。由于山西省媒体资源的过度开采，造成生态环境破坏较为严重；山西省生态因子的综合评价值也一直为负数，与中部其他地区的差距较大；

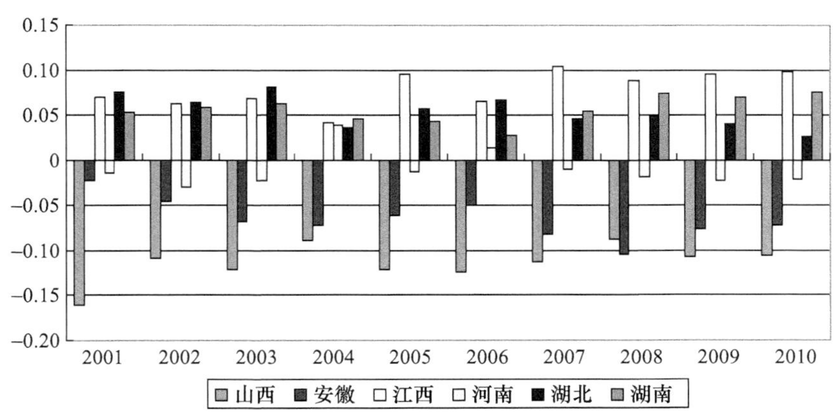

图3-4-2　生态因子评价排名

随着环境治理的投资的加大，生态因子的评价值有一定的提高。从山西省的“先污染，后治理”发展理念出发，这种模式对后期环境治理的成本较大，且效果不明显。

三、循环因子比较分析

在区域绿色竞争力评价体系中，循环因子是在资源短缺以及生态问题日益严重的基础上评价资源的利用效率，将循环经济的理念贯彻到区域经济发展、城市农村建设、企业产品生产的过程中，充分体现资源的高效利用与回收循环利用，提高资源的利用效率。本书循环因子包含 9 项指标，有投入使用阶段、回收利用阶段、循环技术研究阶段的评价，以低消耗、低排放、高效率的方式，提高区域绿色竞争力。中部六省区域绿色竞争力的循环因子的评价结果如表 3 -4 -3 所示。

表 3 -4 -3　循环因子评价结果

年份＼地区	山西	安徽	江西	河南	湖北	湖南
2001	-0. 05040	0. 00636	-0. 04111	0. 05811	0. 03089	-0. 00384
2002	-0. 01670	0. 01942	-0. 07046	0. 03040	0. 04713	-0. 00980
2003	-0. 03098	-0. 01536	-0. 06339	0. 05795	0. 05676	-0. 00498
2004	-0. 05101	0. 03505	-0. 07607	0. 02524	0. 05681	0. 00997
2005	-0. 02264	-0. 00860	-0. 08182	0. 05642	0. 04436	0. 01228
2006	-0. 03927	0. 00234	-0. 06377	0. 04953	0. 04340	0. 00776
2007	-0. 02468	0. 01084	-0. 10134	0. 07342	0. 05075	-0. 00899
2008	-0. 08268	0. 04168	-0. 07141	0. 09791	0. 01240	0. 00211
2009	-0. 08132	0. 03047	-0. 06787	0. 09486	0. 01521	0. 00866
2010	-0. 07867	0. 01203	-0. 04457	0. 07460	0. 03616	0. 00045

资料来源：根据 2001 ~2011 年《中国统计年鉴》、《中国环境统计年鉴》、《中国科技统计年鉴》、《中国人口和就业统计年鉴》、《中国劳动统计年鉴》、《中国能源统计年鉴》等测算。

从图 3 -4 -3 中可以看出，在 10 年的时间跨度里，河南省循环因子评价值相对于其他中部省份一直处在前列，在资源的综合利用、回收利用等循环技术方面较为先进。循环因子的评价差异，印证了中部地区循环经济发展水平存在一定

的差距，2010 年排名为河南省、湖北省、安徽省、湖南省、江西省、山西省，河南省、湖北省、安徽省和湖南省的综合评价为正数，循环经济发展程度相对领先，其余两省的综合评价为负数，循环经济发展程度相对落后。2001 ~ 2010 年，河南省综合评分一直为正数，说明循环因子对于河南省区域绿色竞争力的贡献度较高，并保持上升趋势；相反，江西省与山西省在循环经济发展程度上相对落后，综合评分一直为负数，并有持续恶化的趋势，同河南省等相对领先的区域差距在不断扩大，对资源匮乏的现实认识不足，发展绿色经济的理念相对薄弱。山西为煤炭资源大省，自然资源未能得到充分利用，较大地影响区域绿色竞争力的综合评价。

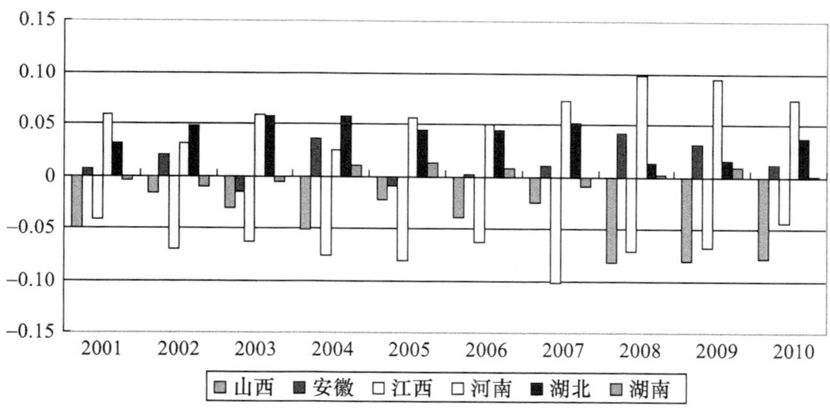

图 3 -4 -3　循环因子评价排名

在循环因子评价指标中，河南省各项指标评价值相对靠前，其中指标 C33（土地资源利用率）2010 年评分最高，为 0. 01891，对土地资源的利用相对合理；湖南省 2010 年 C34 指标（“三废”综合利用产品产值）较高，为 0. 01936。在一定程度上说明，资源的充分利用、“三废”综合利用效率与循环经济发展程度相关度较高，对循环经济发展程度的贡献度最大。

四、低碳因子比较分析

在区域绿色竞争力评价体系中，低碳因子是在全球气候变暖的大背景下评价低碳经济发展程度，包括碳排放的现状与减排潜力，充分评价能源的利用效率与新能源的研究与开发能力，强调区域绿色经济的发展与碳减排的关系。本书低碳因子包含16项指标，涵盖低碳生产、低碳消费、低碳生活等各个方面，“高碳”经济转变为“低碳”经济的方式，优化提高区域绿色竞争力。中部六省区域绿色竞争力的低碳因子的评价结果如表3－4－4所示。

表3－4－4　低碳因子评价结果

年份＼地区	山西	安徽	江西	河南	湖北	湖南
2001	－0.12665	0.00225	0.04892	－0.02232	0.04804	0.04975
2002	－0.12855	0.01199	0.06446	－0.02370	0.05044	0.02536
2003	－0.13113	0.00607	0.05464	－0.00476	0.03277	0.04242
2004	－0.13288	0.01228	0.04516	－0.02577	0.05122	0.04998
2005	－0.12364	0.00320	0.05968	－0.03303	0.07685	0.01694
2006	－0.12370	0.00373	0.05005	－0.02645	0.08841	0.00796
2007	－0.12274	－0.00602	0.04444	－0.02352	0.09214	0.01570
2008	－0.12818	－0.00500	0.04221	－0.01895	0.09528	0.01464
2009	－0.15831	－0.00475	0.02925	－0.01412	0.10532	0.04261
2010	－0.13883	－0.00162	0.01055	－0.01735	0.08284	0.06440

资料来源：根据2001～2011年《中国统计年鉴》、《中国环境统计年鉴》、《中国科技统计年鉴》、《中国人口和就业统计年鉴》、《中国劳动统计年鉴》、《中国能源统计年鉴》等测算。

从图3－4－4中可以看出，2010年区域绿色竞争力低碳因子综合评价排名为湖北省、湖南省、江西省、安徽省、河南省、山西省。2001～2010年，湖南省、

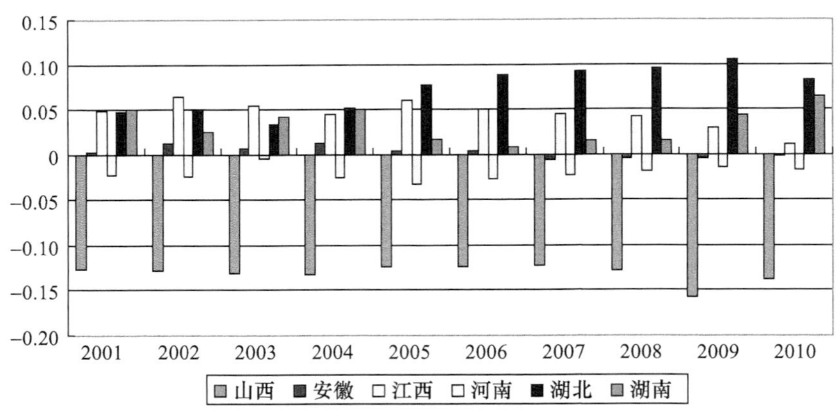

图3－4－4　低碳因子评价排名

湖北省、江西省三省的低碳因子评价得分皆为正数，低碳经济发展程度相对领先，湖南省、湖北省近5年呈现逐渐快速增长的趋势；而江西省随着工业化进程的不断推进，低碳经济发展程度相对变弱。尤为突出的是，山西省低碳因子评价值一直处于中部六省倒数第一，低碳经济发展程度相对落后，与领先的湖南省、湖北省的差距很大。

根据2010年低碳因子的指标数据分析，逆向指标C48（人均二氧化碳排放量）排名为江西省（0.00801）、湖北省（0.00368）、安徽省（0.00158）、河南省（-0.00162）、湖南省（-0.00241）、山西省（-0.00924）。中部地区能源资源丰富，碳排放的主要来源是煤炭等化石能源的利用。山西作为煤炭大省，低碳经济的发展显得尤为重要，其体现在能源的利用效率和清洁的能源结构问题上，碳减排是低碳经济的关键。低碳经济发展程度相对薄弱严重影响了山西省的区域绿色竞争力的发展水平。

五、健康因子比较分析

在区域绿色竞争力评价体系中，健康因子是用于评价中部地区社会生活的健康发展程度，关乎人身健康、精神健康和社会保障等方面，包括对当前的生活质量以及未来的生活保障。区域经济发展的最终目标，应是提高人们的生活水平，受益于民。区域绿色竞争力中健康因子体现了区域经济的增长是否伴随有人民生活质量的提高，和谐发展。本书健康因子包含18项指标，涵盖了人群健康、生活质量、民生保障等方面。中部六省区域绿色竞争力健康因子的评价结果如表3-4-5所示。

表3-4-5 健康因子评价结果

地区 年份	山西	安徽	江西	河南	湖北	湖南
2001	0.00384	-0.00023	-0.03540	0.02958	-0.01671	0.01891
2002	-0.00786	-0.01571	-0.05276	0.04194	0.00298	0.03141
2003	0.00957	-0.03321	-0.04489	0.03393	0.01217	0.02243
2004	0.01381	-0.02776	-0.01348	0.00572	-0.01394	0.03565
2005	0.01061	-0.02829	-0.02917	0.02264	0.00663	0.01757
2006	0.04326	-0.06031	-0.02039	0.00680	0.02441	0.00623

续表

年份＼地区	山西	安徽	江西	河南	湖北	湖南
2007	0.03448	-0.03264	-0.01487	-0.00152	0.01137	0.00318
2008	-0.00596	-0.05332	-0.00089	-0.00927	0.04918	0.02026
2009	-0.03275	-0.01590	-0.02632	0.00096	0.05304	0.02096
2010	-0.02694	0.00417	-0.01522	-0.02249	0.04252	0.01796

资料来源：根据 2001 ~2011 年《中国统计年鉴》、《中国环境统计年鉴》、《中国科技统计年鉴》、《中国人口和就业统计年鉴》、《中国劳动统计年鉴》、《中国能源统计年鉴》等测算。

从图 3 -4 -5 中可以看出，2001 ~2010 年，湖南省区域绿色竞争力健康因子评分一直为正数，相对其他省份较为领先；在 2007 年健康因子的评分达到最低值，近年的综合评分相对稳定。湖北省健康因子评分，在 2008 年、2009 年、2010 年一直处于中部地区第一，人民生活水平达到最好水平。相反，江西省 10 年来健康因子的综合评分一直低于平均值，落后于同时期的其他地区，人民生活水平得不到很好的保障；河南省从 2004 年以来，健康因子评分大体呈现逐渐下降的趋势。

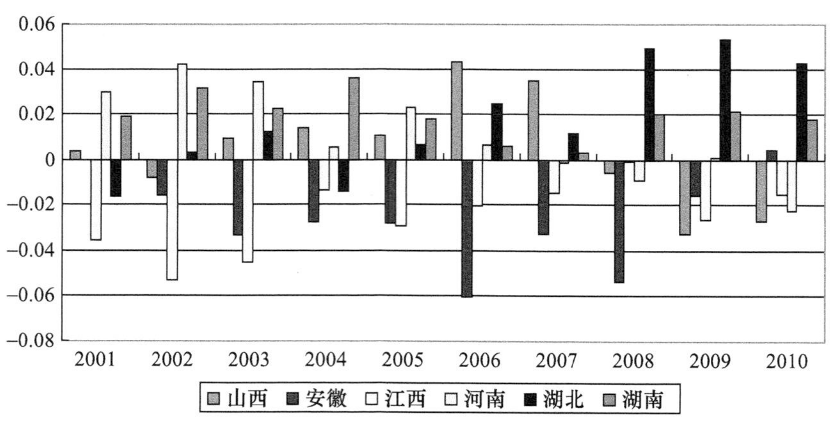

图 3 -4 -5 健康因子评价排名

2010 年，区域绿色竞争力健康因子的排名为湖南省、湖北省、安徽省、江西省、河南省、山西省，湖南省健康因子各项指标总体评价较高，其中 C61（城

镇居民人均可支配收入)、C71（城镇基本医疗保险覆盖率）等多项指标均高于平均水平，从生活、医疗等方面提高了人民生活水平。

六、持续因子比较分析

在区域绿色竞争力评价体系中，持续因子是在满足当代人的各种需求的同时不损害后代人满足需求的能力，是对自然资源、能源匮乏现状的充分认识，对可再生能源的研发能力的评价。持续因子是对区域经济的持续稳定发展的保证，节约资源，有利于经济的可持续发展。区域绿色竞争力的持续因子是保障人类社会长久稳定生活的能力的体现。本书持续因子包含 21 项指标，如人均 GDP 等指标，涵盖了经济发展、科教发展、资源承载等。中部六省区域绿色竞争力持续因子的评价结果如表 3－4－6 所示。

表 3－4－6　持续因子评价结果

年份＼地区	山西	安徽	江西	河南	湖北	湖南
2001	0.09646	－0.09924	－0.13735	－0.03851	0.22649	－0.04786
2002	0.15656	－0.06677	－0.14898	－0.02379	0.15122	－0.06825
2003	0.08684	－0.01344	－0.09232	－0.02266	0.13896	－0.09738
2004	0.12915	－0.08708	－0.15360	0.03856	0.13305	－0.06009
2005	0.06514	－0.05048	－0.19944	0.04124	0.20224	－0.05870
2006	0.04581	－0.01991	－0.18220	0.02363	0.23526	－0.10259
2007	0.06950	－0.04871	－0.16280	－0.00023	0.21033	－0.06810
2008	0.06821	－0.04457	－0.15995	0.00600	0.21165	－0.08134
2009	0.10419	－0.08393	－0.13808	－0.06713	0.23098	－0.04603
2010	0.07435	－0.01121	－0.12168	－0.06679	0.22201	－0.09669

资料来源：根据 2001～2011 年《中国统计年鉴》、《中国环境统计年鉴》、《中国科技统计年鉴》、《中国人口和就业统计年鉴》、《中国劳动统计年鉴》、《中国能源统计年鉴》等测算。

从图 3－4－6 中可以看出，2001～2010 年，湖北省、山西省的持续因子的评分一直为正数，即高于中部地区平均水平，在经济发展、科教发展、资源承载等方面的可持续发展能力高于其他省份；相反，江西省、安徽省、湖南省的持续因子的综合评分为负数，即低于中部地区的平均水平，可持续发展能力相对薄弱；河南省则处在中部地区的平均水平。2010 年，区域绿色竞争力持续因子的排名为湖北省、山西省、安徽省、河南省、湖南省、江西省。

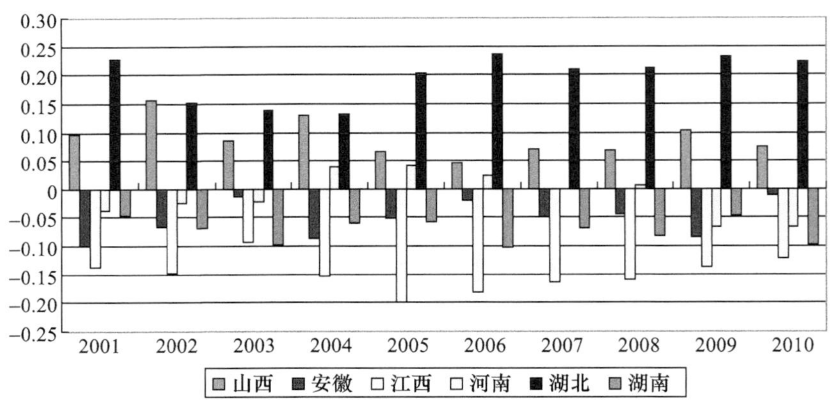

图 3－4－6 持续因子评价排名

第五章　提升中部区域绿色竞争力的对策建议

一、中部区域绿色竞争力中存在的问题分析

虽然中部地区绿色经济的特征逐步显现，但不可否认，各省的经济增长主要依靠投资和资源消耗拉动的粗放型发展方式并没有得到根本改变，资源消耗严重、产出效率较低、污染排放过重、自主创新能力不强，部分产能过剩等矛盾和问题突出。在经济发展过程中，依然存在很多问题。

（一）宏观经济方面

2001～2010年，中部地区的经济发展速度较快，山西省、安徽省、江西省、河南省、湖北省、湖南省的地区生产总值的年平均增长率分别为17.85%、14.15%、15.82%、15.14%、13.10%、14.95%，但其区域绿色竞争力呈现相反的变化趋势，整体经济的绿色度逐年下降。中部六省为资源型经济，对煤炭、水等自然资源的依赖性较大，尤其碳基资源的过度使用，超过了环境资源的承载能力，对环境的污染破坏比较严重。2010年中部六省区域绿色竞争力综合评价排名为湖北省、湖南省、河南省、江西省、安徽省、山西省，整体绿色经济发展水平不高。

10年内，中部六省工业快速发展，其产业结构已形成以工业为主导的“二三一”的经济格局。第二产业是资源消耗最多，对生态环境破坏程度最为严重的部门。2010年山西省、安徽省、江西省、河南省、湖北省、湖南省的二氧化碳排放量分别为40620.15万吨、25563.40万吨、49504.05万吨、31900.54万吨、25168.14万吨，单位二氧化碳排放量产出分别为0.23万元/吨、0.48万元/吨、0.68万元/吨、0.47万元/吨、0.50万元/吨、0.64万元/吨，全国平均水平为

0.57 万元/吨。可见，除了江西省、湖南省，产出比例都低于全国水平，产出效益不高，对环境的污染却很严重。中部地区工业结构重型化问题比较严重，钢铁、石化、水泥等高载能工业行业比重较高，工业的增长对能源高度依赖问题严重，第二产业结构需优化调整。

随着经济建设的逐步深入，中部六省农业生产水平得到了大幅度提高，同时农业的工业化与现代化的负面影响也随之出现。土地资源数量大量减少，2010年山西省、安徽省、江西省、河南省、湖北省、湖南省减少耕地面积分别为3054公顷、653.9 公顷、998.8 公顷、624.1 公顷、927.3 公顷、1226.9 公顷；山西省的耕地面积流失最为严重，造成生态环境损失，不利于绿色经济的发展。另外，在农业生产过程中农药、化肥、化学农膜等农用化学物资的不合理和过量使用造成的水体、土壤、生物和大气的污染，威胁到大气环境与水环境。中部地区对于“绿色农业”的发展理念认识不深，并没有结合实际情况，做到资源可持续利用和生态环境保护，对区域绿色竞争力的贡献度不高。

相对于第一、二产业而言，第三产业对环境污染较小。因此，大力发展第三产业，有助于提高中部地区区域绿色竞争力水平。2010 年山西省、安徽省、江西省、河南省、湖北省、湖南省第三产业在地区生产总值比重分别为 37.09%、33.93%、33.03%、28.62%、37.91%、39.71%；综观这 10 年，中部地区第三产业的比重有微弱的下降趋势（见图 3－5－1），对区域绿色竞争力的贡献度逐年降低。另外，第三产业污染源较多，包括仓储和交通运输业在仓储和运输过程中释放有害气体，污染周围水质和空气；餐饮业产生的油烟气、废水、食物垃圾以及使用一次性物品造成的白色污染；信息产业造成的电子辐射污染，对人体健康的危害等。由于服务业对于环境的破坏往往是隐性的，对其环境污染问题的认识不足，缺乏监管。

（二）生态环境方面

区域绿色竞争力的生态因子是对生态环境、生态产业的现状及潜力进行综合评价；生态经济的发展，是基于当地自然资源的分布以及对生态系统的保护情况。中部地区的生态资源比较丰富，如水资源等；但在水资源供给整体下降、土地资源退化的背景下，生态系统对经济可持续发展至关重要。2010 年山西省、安徽省、江西省、河南省、湖北省、湖南省工业废水排放量分别为 49881 万吨、70971 万吨、72526 万吨、150406 万吨、94593 万吨、95605 万吨。根据中部六省工业废水排放量趋势图可知（见图 3－5－2），除了湖南省外，其他省份的工业废水排放都有不同程度的上升，工业废水对生态系统环境破坏性较大，削弱区域绿色竞争力水平，不利于区域绿色经济的发展。对于生产制造过程中的废水、废气、废热充分利用，注重废物回收利用，形成产业间的代谢和共生耦合关系，构

建生态工业园。中部地区培育区域绿色竞争力需更加重视经济发展与自然资源的协调，提高经济增长的效率，通过调整和优化产业结构，提升能源使用率，加大环境与生态保护力度，提升经济增长的绿色程度。

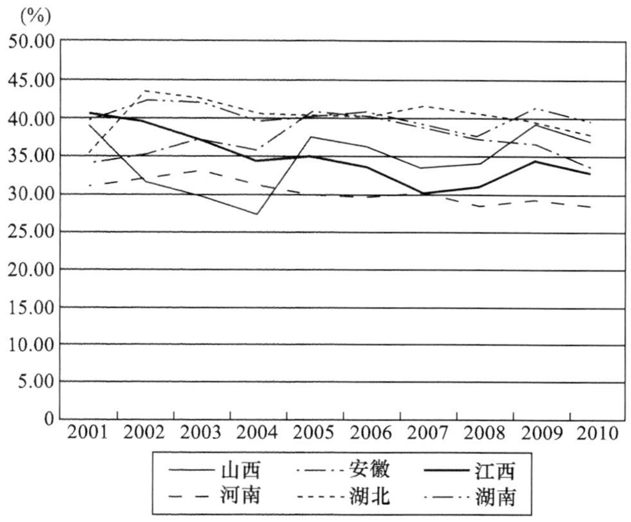

图 3－5－1　中部六省第三产业的比重

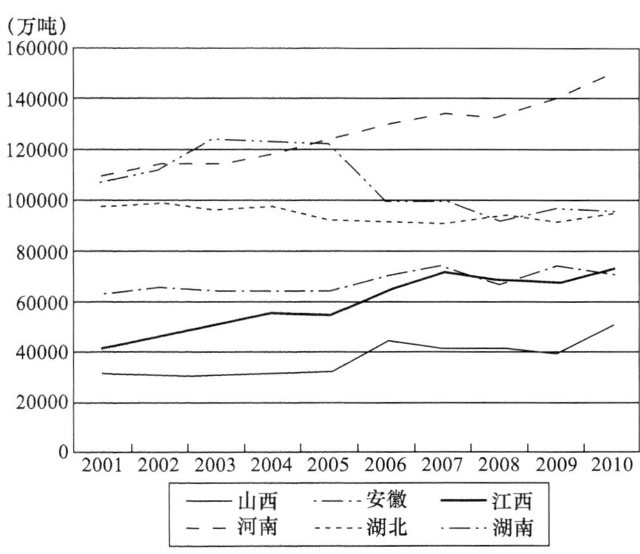

图 3－5－2　中部六省工业废水排放量

（三）资源能源方面

中部地区的经济发展水平属于资源型经济，工业经济的快速增长对自然资源与能源的依赖性较强。2010 年山西省、安徽省、江西省、河南省、湖北省、湖南省人均矿产资源占有量分别为 38.05 吨/人、17.00 吨/人、10.14 吨/人、5.06 吨/人、20.01 吨/人、8.99 吨/人。山西省主要以煤炭资源为主，其经济动力主要依赖煤炭资源的开采，对矿产资源与能源资源的过度开发，对环境承载能力造成破坏，制约地区经济的持续发展。2010 年山西省、安徽省、江西省、河南省、湖北省、湖南省持续因子综合评价分别为 0.07435、－0.01121、－0.12168、－0.06679、0.22201、0.09669。持续因子体现资源环境与地区经济的发展的协调性，实现经济的包容性增长的能力。目前，中部地区资源的综合利用效率不高，对科技投入不够。

（四）生活质量方面

生活质量是以生活水平为基础，侧重对人的精神文化等高级需求满足程度和环境状况的评价，是经济、社会、文化、教育、环境和制度等因素协调发展的综合体现。2001～2010 年，中部地区经济发展的同时，人民生活水平得到一定的提高。根据图 3－5－3，中部地区城镇居民人均可支配收入虽有不断上升趋势，

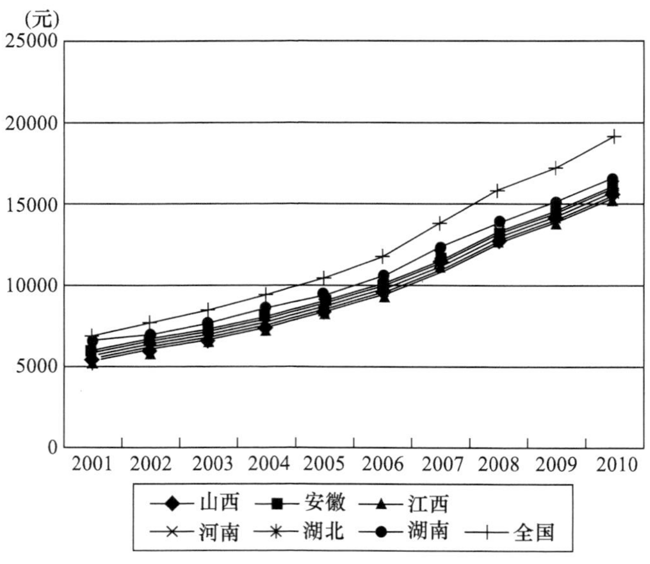

图 3－5－3　中部六省城镇居民人均可支配收入趋势

但低于全国平均水平，差距在不断扩大。中部地区的经济飞速发展，未真正同步提高人们的生活水平。

二、提升中部区域绿色竞争力的对策与建议

区域绿色竞争力的提升，需以绿色经济理论为基础，实现资源型经济的持续发展。中部地区资源型经济，是追求一种健康的经济增长模式，即保持经济持续快速增长的同时，还要实现“黑色经济”向“绿色经济”的转变。绿色经济的理论形态是绿色经济学，它是在理论层面上探讨经济效益、社会效益和生态效益最优化的理论科学，其目标与路径是通过实施绿色经济发展战略，取得较快的经济增长总量、良好的环境质量、社会的全面进步以及人的全面而自由的发展。随着科学发展观的提出和逐步落实，国家正在进行着一次大的发展战略的转移，迫切需要相对成熟的经济理论进行指导。区域绿色竞争力对资源型经济转型具有重要战略意义。

区域绿色竞争力的提升主要体现在绿色农业、绿色工业、绿色服务业三方面的提升，依据中部地区区域绿色竞争力评价结果、各省与六大因子之间的关系，对比中部区域绿色竞争力的优势、劣势，结合中部六省的现实状况和发展潜力，下面将对提升中部六省区域绿色竞争力对策进行初步研究。

（一）发展绿色农业，提升区域绿色竞争力

农业是国民经济的基础产业，绿色农业在资源节约、环境友好方面有较大的优势。同时，生态农业也是绿色经济的基础产业。生态农业是在生态经济规律的前提下，运用现代科学管理手段与技术，优化传统农业生产方式，对自然资源进行充分利用和回收循环利用，获得持续稳定的经济效益、生态效益和社会效益，建立生态结构合理、生态环境无污染、生态资源丰富的现代农业生产体系。生态农业是现代农业实现可持续发展的一种方式，促进农业集约化，符合绿色经济发展理论。对于中部地区的农业绿色化，积极推行生态农业，改变传统的农业发展观念；发展知识密集型农业，以科技技术支持农业发展，改变传统农业经济发展模式。根据中部地区气候资源条件和经济基础，发展绿色产业，培育中部地区区域绿色竞争力。

1. 完善现代农业体系

做好绿色农业产业化发展规划，打造现代农业综合园区，利用现有的高新生

态技术，对传统农业进行改造；完善农业基础设施建设，因地制宜，采取多样化形式，实行标准化管理、产业化经营。生态食品的生产对技术、管理及周围环境的要求较高，需增加农业技术的资金投入，改变农业基础设施老化及建设滞后的状况；加大节约资源、提高产量和品质、保护环境等方面的农业技术的研究，并加强先进技术的推广运用，如农业水利技术则适合采用滴灌、喷灌等较为先进的灌溉技术。

2. 建立健全现代农业服务体系

完善的农业服务体系是发展绿色农业的重要保障，不断加大人力、物力、财力投入，开展公益性服务，着力推进以科技服务、劳务服务、信息服务为重点的社会化服务体系建设，加快构建以公共服务机构为依托、专业合作经济组织为基础、龙头企业为骨干、其他社会力量为补充，公益性服务和经营性服务相结合、专项服务和综合服务相协调的新型农业社会化服务体系。

（二）发展绿色工业，提升区域绿色竞争力

区域绿色竞争力的提升，主要在于工业的绿色转型，以资源节约和环境友好为基本原则，寻求整个工业生产过程绿色化，实现经济效益、社会效益和生态效益的最大化的一种新型工业发展模式。长期以来，中部地区工业化发展主要依靠资源型增长路线，以高投入、高消耗、高污染，低质量、低效益、低产出和先污染、后治理为特征的增长模式为先导。工业的绿色化，实现工业经济与资源、能源、环境的协调一致，推行清洁生产，发展低碳经济和循环经济，构筑绿色产业链的工业体系，提升区域绿色竞争力。

1. 工业能源利用的绿色转型

绿色经济的发展离不开低碳经济、循环经济的推动。低碳经济是尽可能做到“低能耗、低排放、低污染”的经济模式，循环经济则是实现“高效率、低投入、高回收”的经济模式，旨在保护环境，在产业内部和产业之间最大限度地利用资源，提高资源、能源的利用效率。能源利用效率的提高以及可再生和新兴能源利用，是工业绿色化的前提，是区域绿色竞争力提升的基础。工业的绿色化在三个层次进行：工厂与企业之间、生态工业园区内部、生态和消费的大系统。产业内部需加强管理、减少过程损耗，实行投入产出平衡管理，依托技术进步，节约资源利用；产业之间要以工业园区为主导，在产品关联度高的工业园区实现产品上下游连接，最大限度地发挥园区的集聚效应和规模效应。要最大限度减少燃煤污染，如电力行业发展要坚持优先开发水电、优先发展煤电、大力发展核电、积极推进新能源发电，构建清洁、稳定、安全、多元化的能源产业体系。中部地区加强节能减排的目标约束，充分利用市场的经济激励手段，促使电力、钢铁、

石化、水泥等高耗能行业采用清洁生产技术，降低能耗水平，减少能源消耗。

2. 传统产业绿色改造升级

传统产业的绿色化是工业结构优化的重要部分，打通传统产业与绿色技术之间的通道，逐步将绿色技术、绿色工艺等绿色生产理念渗透到工业生产的各个环节，从而使传统工业从粗放式经济逐步向集约式经济转化。大力推动传统产业的技术创新、管理创新、体制创新及信息化绿色改造，为工业绿色化作出贡献，提升区域绿色竞争力。

3. 鼓励发展战略性新兴产业

发展绿色产业，是培育区域绿色竞争力的新增长点，以新能源、新材料、可再生能源、环保产业、物联网、云计算、碳纤维为重点，实现经济的可持续发展。加大对环境保护等技术领域的研发和产业化基础薄弱领域企业的孵化，提升中部六省区域绿色竞争力。

（三）发展绿色服务业，提升区域绿色竞争力

绿色服务业是指有利于保护生态环境、节约资源和能源的无污、无害、无毒，有利于人类健康的服务业。服务业绿色化，强调在不损害满足程度的前提下，通过生态或者绿色服务来补充、替代传统服务方式，以减少原材料和能源的消耗，促进生态的良性发展。服务业绿色转型，是提高人民生活的重要内容，是节约资源、节能减排的重要途径，是提升区域绿色竞争力的重要方式。绿色服务业主要包括绿色物流业、绿色商业、绿色金融及其他有关的服务业。从世界环保节能产业的发展趋势来看，节能环保产业的“服务化”趋势日益明显。节能环保服务包括环境技术服务、环境咨询服务、污染设施运营管理、废旧资源回收处置、环境贸易与金融服务、环境功能及其他服务六类。培育区域绿色竞争力，需加大对环保领域的科技攻关及研发投入，促进服务业的绿色化。

第四篇　区域绿色竞争力实践专题

根据区域绿色竞争力的理论和实证研究结论，本篇利用其基本理论应用到区域经济发展实践中，形成了相应的专题报告。

专题一　区域绿色竞争力与城中村绿色改造工程①

城市化是反映一个地区经济社会综合发展水平的重要标志，城市健康持续发展是城市绿色竞争力水平提升的关键。西方国家正是通过城市化的进程，实现了农业文明向现代文明的快速过渡，提高了居民生活质量和品质。我国城市化进程起步较晚，但发展非常迅速，2012 年我国城市化率首超 50%。随着城市化进程的不断深入，一个突出性的问题不断呈现出来，那就是影响城市发展整体质量的城中村改造问题。如何有效改造城中村（包括农村地带、棚户区、老城区）成为城市化健康持续发展的重要内容。通过研究城中村绿色改造工程的理论和实践可知，城中村绿色改造工程的和谐推进可以采取四个转变、遵循四个模式，从而实现城中村绿色改造工程的有效推进，保障城中村的绿色转型和可持续发展，提升城市整体绿色竞争力。

一、实现载体的转变

通过城中村绿色改造工程，实现空间载体的转变，由传统的农村转变为城市空间下的社区。农村承载的主要是农业生产、农业生活和农村行为关系，在城中村绿色改造工程中需要把农村这一载体资源进行优化配置，进行整合、改造和提升，形成具有城市特质的居民社区，具备城市文化交流、生活休闲和综合发展的功能。创建生态绿色与和谐的居民社区需要合理规划，在住房与生活配套基础设施方面要有融入现代城市管理的理念，使城中村真正融入城市整体发展中，成为城市百年建筑、百年社区，这是城中村改造需要着力解决的关键问题。根据城市

① 本专题内容已发表于《光明日报》（理论版）2013 年 1 月 5 日《和谐推进城中村绿色改造工程》。

发展的整体格局，对原有城中村的房屋进行改造、拆迁或重建，增加与居民生活区配套的基础设施和生活设施，实现农村向城市社区的规范化过渡。为了达到这个要求，城中村绿色改造工程必须把棚户区的拆除、道路整治和环境卫生等方面作为着眼点，在各级政府的协调与引导下，运用各种市场手段建设保障性住房、打通断头路和整治生活环境，使城中村绿色改造成为一项综合性的生态系统工程，顺利推进城中村载体的绿色转型。

二、实现身份的转变

通过城中村绿色改造工程的实施，实现身份的转变和由农村村民向城市居民的顺利转变。农民作为农业经济的核心主体，在我国经济发展的历史进程中做出了巨大贡献，但其经济来源主要依靠农业经济的发展，未能共享经济发展的整体成果，正是在此基础上，胡锦涛曾多次提出要实现包容性增长，让经济发展的成果惠及全民，包括农村农民。为此，可以利用包容性增长的理念，通过城中村改造，把农民的身份转变为城市居民，彻底改变其经济来源途径与社会保障形式，构建有效的就业和其他综合保障机制，实现身份的和谐绿色转型，充分保障其享有的各方面权益。身份在发生形式上的转变后，其国民待遇要有质的变化，相应的社会待遇也应同步推进。如建立与城镇居民一致的社会保障体系、社会就业培训与推荐、子女可以平等就读社区范围内的各级学校等，从而免除其改造的后顾之忧，为城中村绿色改造工程的顺利实施铺平道路。

三、实现职能的转变

通过城中村绿色改造工程，实现职能的转变，由农村村委会转变成城市居委会。作为农村核心职能机构的村委会，通过城中村改造需要实现从村民管理和自律职能向服务社区居民的职能转变。这就要求村委会要及时更新管理理念和管理方式，实现由纯粹的行政管理基本职能向提供优质居民服务的思路转变，构建服务型社区居委会。在城市拓展的历程中，居委会作为基层管理机构和组织，在日常生活中扮演着重要的角色，它成为联系居民与政府及各级职能部门的桥梁，保障了社会健康、和谐与稳定。在城中村绿色改造过程中，村委会应当及时进行职能的转变，切实辅助政府做好拆迁、安置与补偿工作，运用科学与柔性的方式和谐处理城中村改造过程中发生的各项纠纷与矛盾。城中村绿色改造工程完成后，要构建完全意义上的社区居委会，协调好政府职能部门、业主委员会和物业管理公司的关系，使各项工作能够做到和谐有序。而且作为社会的基层管理单位，应当积极宣传党和国家的重要政策，发挥基层单位的宣传与工作优势，全力保障城中村改造的各项工作。

四、实现体制的转变

通过城中村绿色改造工程，实现体制的转变，由农村的集体经济为主体的经济制度转变为城市股份制经济体制。城中村改造的结果是将城市中的非城市化地带（城中村、棚户区）改造成为城市地带，保证收入的持续来源是城中村改造能否取得成功的关键，为此，就需要在经济运行体制上做出重大调整，顺应城中村改造工程。改造之前的城中村，属于半农村、半城市的以农业经济为主体的集体经济运行机制，改造之后的城中村应当将以集体经济为主体的经济体制转变为以股份制为主体的经济运行体制。对集体经济进行股份化改造的基本思路是，根据城中村改造所涉及的空间范围，保留每户以一定量的土地作为股份入股，以股份制主体作为经济运行的核心。依托股份制改造，实现经济增长模式由粗放型经营向集约化经营转变，优化资源配置，提高经济资源运作效率。实行股份制经营，意味着原有的村民转变为股东，享有股份制主体的相应股东权益，可以持续获得股权报酬，从而保障了村民变为市民的收入来源不受影响，提升了经济安全性，在一定程度上提高了其生活质量和社会保障水平。

为了保障城中村绿色改造工程的顺利实施，需要从多方面进行相应的融合。做好各项基础工作，如调研和总体规划、拆迁补偿、基础设施建设，并建立有效的协调机制，为城中村改造提供良好的基础环境，形成具有本土化特色的城中村绿色改造模式，要重视开发、运作、拆迁补偿、融资等子模式的合理运用，实现城中村的和谐改造。

五、要重视项目开发模式

从国内外相关城市城中村改造经验来看，较为切实可行的开发模式是应当参照城市房地产的开发模式，把城中村通过合理的项目开发成为城市社区，而不是形成新的脏乱差的城市边缘地带。为此，必须严格管理、保质保量、绿色环保、科学生态，重视项目开发模式的选择。对所有开发地块进行标号，形成对应的项目地段。进行项目编号后，进行公开的市场投标，选择既有较好资质、较高声誉、合理报价的开发商进行项目开发。在项目开发环节，需要加强内部监控，防止投机炒作行为的发生，切实从城市未来持续发展与长远利益出发，规范市场运作。

六、要关注项目运作模式

为了提高城中村绿色改造工程的效率，应当构建有效的运作模式。城中村绿色改造工程是关系到人民群众切身利益的民生工程，必须提高运作效率。根据国内外相关城市的成功做法，可以采取“政府规划部门实施科学规划，国有资产投资集团进行资金筹集，城市资产投资集团负责项目开发，中标企业参与开发，相关职能部门协同配合”的综合项目运作框架。同时可以通过做好城中村周边地块的基础设施，如通过完善交通网、公共设施、环境设施等措施，促使城中村地块升值，从而达到提升城中村板块的开发吸引力。

七、制定科学的拆迁模式

科学的拆迁模式可以切实保障城中村绿色改造工程的顺利实施，实现其和谐推进。城中村改造过程中的拆迁补偿机制的构建，需要通过市场化运作方式和政府调控双重运作模式加以推进。政府要利用好宏观调控和宣传政策，指导和监督城中村改造工程，同时应筹集相应资金做好拆迁安置工作，按照市场价格给予相应的经济补偿。同时应按照市场化运作方式，建立起与房产价格涨幅相一致的动态补偿机制，多途径解决被拆迁户的生活及就业问题，使城中村绿色改造工程真正成为让广大人民享受高生活质量的惠民工程。

八、确定合理的融资模式

合理的融资模式可以切实保障城中村绿色改造工程的资金问题，实现其顺利开发。城中村改造需要相当多的资金投入，仅仅靠政府的财政资金投入是远远不够的，需要通过不同的途径多方筹集，解决城中村绿色改造工程的开发建设资金。借鉴国内外相关城市的建设经验，可以采取发行地方政府债券、利用国家开发银行贷款、申请世界银行专项贷款、地方财政资金划拨、地方企业投资、私人资金赞助、商业地产开发资金等多元化融资渠道，动用一切可以利用的合法资金，保障城中村绿色改造工程资金不受影响，从而顺利实现城中村改造的预期目标，加快城市化进程步伐、提高人民生活质量和实现经济社会的绿色和谐发展。

专题二　区域绿色竞争力与低碳产业设计与重构①

当前，资源的稀缺性和环境的破坏成为经济持续发展和生态环境美化的重大阻碍，低碳转型正是在这一背景下而提出的经济发展新路径和新模式。低碳转型是基于经济社会和生态环境共生发展目标，利用技术创新、产业转型和企业升级等方式，突破制度障碍，实现组织和体制机制创新，积极推进新能源开发和发展低碳产业，大力减少煤炭、石油等高碳能源的利用，降低温室气体和其他各种废气的排放，使经济发展走上绿色生态之路。低碳转型要求经济发展过程必须走低碳之路，产业发展向低碳化方向推进。为此，在低碳转型路径和模式指导下，必须有效地对低碳产业进行设计和重构，做强做大低碳产业，并在此基础上成为主导产业，引领未来产业发展的方向。

一、低碳产业发展的现实意义

中共十八大提出要构建富裕美丽中国，实现这一目标需要大力推进低碳产业发展。低碳产业发展是低碳转型路径与模式的实践，同时对未来产业发展具有重要的战略意义。

（一）低碳产业发展能够有效地推进经济绿色转型发展

经济发展方式绿色转型是“中国环境与发展国际合作委员会 2011 年年会”的主题，而低碳产业发展与这一主题不谋而合，低碳产业发展在减少煤炭、石油等非再生能源资源消耗的同时，就减少了温室气体和废气污染，减少了环境破

① 本专题内容已发表于《金融教育研究》2015 年第 2 期《低碳转型过程中低碳共生产业的发展设计与动力机制研究》。

坏，美化了生态环境，实现了产业发展的生态化。而经济发展方式绿色转型正是依托低碳产业发展而发展，通过更多地利用再生资源、清洁能源，使经济发展不以牺牲生态环境为代价，而是通过与生态环境保持协调，发展更加注重环境保护的低碳产业，更加注重经济投入和产出的绿色转型。在生产要素的投入过程中，尽量使低碳资源得到优化配置，提高低碳资源的利用效率，使产业发展尽可能实现循环、清洁、生态和绿色。

（二）低碳产业发展可以大力促进经济社会与生态环境的共生发展

低碳就是较低（更低）的温室气体（二氧化碳为主）排放，保持人类生存环境和健康安全，低碳产业的发展会影响生产、消费、生活各个方面，其产业发展的活力能够嵌入生活、工业、农业和畜牧业等诸多领域，使产业发展与自然实现和谐共生。低碳产业发展过程就是在履行产业与生态环境的共生发展，就是在做共生发展的事业。各区域在发展低碳产业的过程中，会不断地减少水、森林、绿地、煤炭和石油等自然资源的剥夺，利用各种创新型技术实现产业生态化和生态产业化，从而使低碳成为生产和生活的一部分，在低碳产业发展过程中利用人与自然共生规律尽量保持生态平衡，通过低碳产业化和产业低碳化方式尽量减少甚至不污染自然环境，达到生产过程与自然环境的共生发展，达到极大的共生效应。

（三）低碳产业发展可以极大地提升区域绿色竞争力

区域绿色竞争力的重要内容之一就是低碳，提升低碳竞争力就是在促进区域绿色竞争力，而低碳竞争力需要积极推进低碳产业发展，通过合理有效配置与创造区域内低碳资源，形成具有独特绿色竞争优势的环境友好和绿色生态型区域。低碳产业发展通过重新设计产业发展体系，重构产业发展结构，从而使产业发展过程建立在绿色平台之上，并且影响社会消费各个领域，从而使社会各项消费都建立在绿色平台之上，形成绿色消费，进而使消费结构更加合理、消费质量得到提高。低碳产业发展过程就是在提升区域绿色竞争力，低碳产业发展在利用低碳资源和配置低碳要素的同时，需要加大环保投资，提升循环技术，创造出更好的环境、保持更好的生态，提升社会整体文明素质和健康水平，从而推进区域绿色竞争力水平。

二、低碳产业发展的基本理论

低碳经济的提出就需要进行低碳产业设计与重构，王天营（2007）针对我国经济长期线性粗放式增长导致资源利用率低下和对生态环境严重破坏的现实，提出了实行产业设计破解这一难题的思路，探讨了在我国实施产业设计的必要性、可行性以及在产业设计中确定发展产业的基本路径问题。低碳产业设计要遵循一定的规律特别是产业链整合理论。文龙光、易伟义（2011）认为，对于我国经济来说，实现由“高碳”时代向“低碳”时代的跨越需要“三管齐下”，即产业结构调整、能源结构优化和低碳产业链构建。为此，进行产业结构调整是低碳产业发展的关键。李宏岳、陈然（2011）认为，发展低碳经济意味着中国能够避免走西方国家的高能耗、高污染的工业化发展路，走出一条低能耗、低污染、低排放的新型工业化道路。以低碳经济为依托助推产业结构升级，中国将转变为高效的制造业和低碳产业结构，这有利于中国保持国际贸易领域的持久竞争力，同时可以避免国外的碳税而有利于出口经济的可持续发展。

产业结构调整还涉及产业的重构问题，即产业结构调整需要打破原有的产业结构，然后再进行优化组合，这就是产业重构，而低碳经济发展情况下进行产业重构就显得尤为重要了。叶时金（2010）认为，要加快产业重构以推动区域发展，应做好以下工作：一是精心编制规划，优化产业重构布局；二是重抓基础配套，搭建产业重构平台；三是加大招商力度，筛选产业重构项目；四是推进转型升级，提升产业重构层次；五是实施互动发展，加快产业重构步伐；六是坚持解放思想，优化产业重构环境；七是健全体制机制，强化产业重构保障。朱华晟（2011）利用文献资料与统计数据，通过实地勘察，探讨了匹兹堡地区的产业重构路径与机制。研究认为，从过度专业化转向适度多元化是其产业重构的基本路径，这背后透露出地方政府决策制度的积极作用；公私合作决策传统及其组织结构变动对钢铁产业兴衰及产业重构路径具有深刻影响，导致匹兹堡地区既没有选择渐进多元化重构，也没有固守原有的制造业优势；地方政府、非营利组织与大学是新型公私合作模式的关键角色，对地方产业重构建立有效的制度环境与现代设施基础发挥了作用。

从文献中可以看到，低碳产业重构过程中，低碳产业路径选择是非常重要的，路径直接影响设计和重构的效果，而其中机制又起到了决定性的作用。李金辉、刘军（2011）认为，发展低碳产业是实现我国低碳经济发展的重要路径。他们在依据产业发展的实际情况及国民经济行业分类表的基础上，提出了低碳产业的概念、特征及分类，即低碳产业是由高碳产业低碳化、含碳量低、生产低碳技术及碳交易等作业构成，具有低碳化、产业化两个重要特征，还提出了促进我国低碳产业发展的对策建议。王胜、谭显春（2010）以重庆为例，就西部重工业城市低碳转型问题进行探讨。研究表明，在节能情景、强化节能情景和低碳情景下，2020 年重庆工业领域二氧化碳减排的预期目标分别为 2. 33 吨/万元、2. 16

吨/万元和2.09吨/万元GDP；应采取“增”、“压”、“减”、“吸”的四大基本转型路径，即增加战略性新兴产业比重，发展可再生能源，压缩落后产能，减少高耗能行业的能源消耗，提高能源利用效率，多渠道增加二氧化碳的吸收。

从产业设计、调整、重构和路径选择文献出发，就可以为低碳转型情况下的低碳产业设计、重构和机制构建提供相应的理论依据，为低碳产业发展提供研究空间和方向。

三、低碳产业发展的主要设计

产业化是低碳产业全面持续健康发展的主要路径，是低碳产业发展的原动力。为此，做好低碳产业发展设计能够有效地促进低碳产业的产业化。

（一）低碳产业设计的基本理念

低碳产业设计是在当前低碳技术水平的基础上，对我国低碳产业布局进行整体考虑和规划，以实现低碳资源的综合利用和有效配置，以人为本和以生态环境为本，把生态环境作为产业发展的内生要素，低碳产业发展的同时也就是在保护和美化生态环境，从而在实现经济效益的同时实现社会效益。在低碳技术水平方面要紧跟国际技术水平，实现低碳技术水平的自主创新，能够以领先世界的低碳技术水平做好我国低碳产业设计，从而使低碳产业从发展之初就有了技术基础和持续发展的动力。通过对产业布局的整体考虑和规划，使低碳产业成为我国的主导产业和未来产业发展的方向，成为产业设计的起点，并根据低碳产业间的关联程度以及产业正产品、负产品可以相互利用的程度，充分考虑低碳产业链的各个环节，向上下游延伸和拓展低碳产业，在充分考虑市场竞争效应、产生共生效应和企业规模效应的基础上对低碳产业进行事先安排。

（二）低碳产业设计的基本内容

根据低碳产业设计的基本内涵以及我国各区域经济发展的特色，可以把低碳产业设计为四大部分，并以此为基础进行低碳产业规划。低碳产业设计主要包括低碳产业内容、低碳产业布局、低碳产业链、低碳产业集聚四大方面。低碳产业内容主要包括以可再生能源、新能源和现代服务业发展为特征的含碳量低的产业、以高新技术为基础的传统高碳产业低碳化产业、以低碳技术研发为特征的低碳技术产业、以碳金融和碳贸易为特征的碳汇交易产业。低碳产业布局主要是根据低碳产业内容，结合各个区域发展特点，选择某一个或几个低碳产业作为主导产业，做好整体产业布局，从而实现低碳产业的整体发展。低碳产业链是根据产业布局规划，以主导产业为前提，形成低碳龙头企业，往上下游延伸和拓展相应的低碳产业链，发展低碳产业的各种从属产业。低碳产业集聚是通过横向的同心圆扩展和纵向的延伸成为低碳产业链，然后形成产业集群和集聚，最终把所有产业都引领成为低碳产业，使低碳产业成为普遍化，这样就实现了整个经济社会的低碳转型。

根据低碳产业设计思想，我国三大产业的产业结构会逐渐向低碳化转型，在推进低碳产业发展过程中，第一产业要以增加水、森林和绿地资源为基础，以集聚碳汇能力为己任，从而形成强劲有力的生态绿色农业；第二产业要大力发展太阳能、风能、核能等清洁能源产业和清洁生产企业，减少煤炭、石油等资源的消耗；第三产业要大力发展为低碳产业提供生产和技术服务的产业，包括低碳产业技术开发和利用、低碳产业服务体系、低碳产业中介组织等内容，把低碳产业发展成为现代服务业和高新技术产业的主要内容。

四、低碳产业生态重构的主要内容

低碳产业设计的实施肯定要打破原有的产业结构，对现有产业进行转型和升级，使产业结构得到符合产业发展规律的演变，这都需要产业重构来进行实现，因此，低碳产业重构是低碳产业设计的实施，是低碳转型的实践。

（一）生态重构高耗能产业，形成低碳化生态产业体系

通过打破原有的高耗能产业链，选择产业链中的关键环节，对关键企业、龙头企业进行低碳化重构。利用技术创新，改变原有工业部门的产品结构和行业结构，构建节能降耗的低碳化生态产业体系。对严重依赖石化能源的高耗能龙头企业进行技术升级，提升其最终产品的低碳化。通过龙头企业对上下游产业的辐射和影响作用，使上下游企业都必须跟着龙头企业低碳化要求生产产品，从而达到从属企业也必须达到低碳化的目标。高耗能产业的每一条产业链如果都能够从龙头企业开始进行低碳化，那自然会影响整个产业链的低碳化，形成低碳化生态产业体系。而龙头企业产品结构的改变，生产出低碳产品，就必须进行技术创新，通过构建全行业的技术创新联盟，加强官产学研结合，提升自主创新能力，从而实现高耗能产业低碳化产业技术的突破，促进高耗能企业的产品革新。

（二）整合低碳产业产业链，形成低碳化产业集群体系

低碳产业包括火电减排、光伏产业、生物质能产业、风电产业、新能源汽车、建筑节能、工业节能与减排、循环经济、资源回收、环保设备、节能材料等，这些产业都是具有朝气和发展前景的新型行业。这些产业必须加以整合，把各类低碳产业进行行业分类，形成低碳产业链，并且选择某一低碳产业为主导产业，从横向和纵向进行产业集聚，形成低碳化产业集群体系。其中可以在有条件的区域构建低碳产业园，把类似产业聚集在一起，形成开放式的、关联程度较高的产业集中区域，从而减少产业之间的摩擦和交易成本，为低碳产业做强做大提供产业关联性优势，并把这一优势发挥到极致，推动整个产业的低碳化。

（三）重构低碳产业服务业，形成低碳化产业服务体系

为低碳产业提供高质量的服务是积极推进低碳产业发展的重要途径，为此，必须把各类低碳产业服务业逐步形成低碳化产业服务体系。重构低碳制度促进低碳服务业的发展，发挥服务业引导资金的作用，从体制、政策、机制、投入等方面采取有力措施，大力发展能源消耗低，附加值高的法律、咨询、金融、信息服务等现代低碳服务业。依据低碳产业发展的需要，形成低碳产业科技入园与入企服务体系、投融资服务体系、碳汇市场服务体系、法律与咨询服务体系、产学研合作服务体系等。把这些体系融合起来，形成立体化、多元化、跨区域的综合化服务体系。综合化服务体系的有效运作，其本身也要追求低碳化目标，使服务内容、服务方式和服务过程都建立在低碳化基础上，实现服务与发展的共生，能够把服务真正嵌入低碳产业发展过程中，并成为低碳产业的一部分。

低碳产业设计与重构只是低碳产业发展的整体思想和观念，在低碳转型过程中还需要不断的完善和细化，使低碳产业的发展更具针对性和可操作性，实现全社会低碳产业化和产业低碳化目标，构建和谐美丽富裕中国。

五、低碳产业发展的动力源及机制构建

低碳产业的设计与重构需要由相应的动力机制来推动，无论是产业的重新设计还是产业的打破重构，都需要良好的动力机制作为保障。

（一）低碳产业发展的动力源

低碳产业发展需要相应的动力源加以推动，特别是在资源稀缺的情况下，市

场机制固有的缺陷无法带来经济的社会福利最大化，相反却加大了竞争性而导致资源的无序开采和利用。当然，市场作为配置资源的一个重要手段，可以成为推动低碳产业发展的一大动力源，但是市场作为动力源的作用还是有限的，需要极大地发挥国家宏观经济政策的引导作用，以更好地促进低碳产业的发展。所以，从配置资源的手段方面来看，低碳产业发展的动力源主要是市场和政府。当然，仅仅从这一点出发来研究低碳产业的动力源显然是不够的，需要对市场和政府进行具体化，或者从整个经济涉及的利益主体来加以分析，可能更加能够发现其动力根源，抓住这一点，也就把握住了低碳产业发展的真正动力源。构成市场的主体主要是企业，而政府根据其管辖范围分为国家政府和地方政府，因此，低碳产业发展的主要动力源就明显地由国家政府、地方政府和企业构成，这三者的博弈共同构成了低碳产业发展的动力源。国家政府通过制定宏观的低碳产业政策来引导全国低碳产业的发展，并在区域产业政策规划中加以规定，通过限制性的条款来引导各地方经济发展中的产业发展方向，不断地引导其向低碳化发展；而地方政府在考虑经济发展时，会在经济增长与低碳产业发展中进行权衡，如果选择低碳产业，自然会因为技术原因而影响地方经济的增长，影响财政和税收收入，财税收入的暂时性缺失会导致当地当代人的福利损失，从而影响经济增长。但是从地方长期发展来看，低碳产业的长足发展肯定是有百利而无一害的，这就必然考验地方政府发展低碳产业的魄力和雄心了；企业构成了市场的主要主体，在发展低碳产业的过程中一定是要有利可图的，这是企业的本性，因此，企业的偏好是必须在发展低碳产业过程中获利，受益越多，就越能够作为市场低碳产业发展的积极推手，也是主力军。

（二）低碳产业发展的动力机制

低碳产业发展的动力源主要是国家政府、地方政府和企业，以此作为动力源的作用点进行低碳产业发展动力机制设计。

以国家政府为动力源的顶层动力机制设计。低碳产业发展需要做好顶层机制的设计。由国家政府（中央政府）来积极推动，中共十八大提出了构建生态文明社会，这一提法也就是在为整个社会释放相应的信号，国家政府要以生态为先，在发展经济的时候要积极推动低碳产业的发展，当然，国家政府政策还需要形成具体的产业规划、规制和政策，以更好地指导各区域进行低碳产业设计，并在重构基础上形成低碳产业集群。在顶层机制中要做好中央各部委在发展低碳产业方面的政策协调，形成一致的规划、政策和规制，以直管的方式对下属的相关单位进行规划、政策和规制制定的指导。只有这样才能引导国家整个产业链朝低碳化方向发展，并最终形成低碳化国家、宜居化国家。

以地方政府为动力源的中层动力机制设计。低碳产业发展还需要地方政府的大力推动，摒除唯经济增长论，在经济发展思想的指导下，走科学发展之路，并在推进地方经济增长过程中，通过把绿色、低碳思想贯彻到产业发展中，形成低碳产业发展地方规划，结合地方经济发展特点，选择好低碳产业发展方向，做好特色经济的同时，把产业引向低碳方向。为此，地方政府要构建好中层动力机制，把国家政府的低碳政策、规划和规制具体化、细化，然后释放到企业，并深入到基层，使低碳成为地方经济社会发展中的一种习惯。同时，把企业的诉求能够从基层不断地传递到顶层，使企业能够在发展低碳经济过程中所需要的各项政策能够在国家政府和地方政府层面得到支持，并回归到企业实现政策的执行，从而推动整个国家所有企业的低碳化，使低碳具体化、全面化和持续化。

以企业为动力源的基层动力机制设计。企业是市场的主要构成主体，是低碳化的具体践行者，必须以企业为动力源构建好基层动力机制，通过构建以企业获利的动力机制，实现企业生产的低碳化。为此，必须在每个企业都设立相应的低碳监测点，对企业的生产行为进行监测，以保证企业能够实现低碳生产；同时在企业设立低碳服务机构，为企业低碳生产提供技术、资金、信息、人才等要素的支援，并对实现低碳生产的企业进行奖励，鼓励企业低碳化生产，使企业从低碳生产中获得真正的好处。所构建的基层动力机制应具有激励和约束功能，能够规制企业在生产中践行低碳化理念，从而促进整个产业链的低碳化。通过这种方式，能够使企业生产低碳化成为生产的唯一方式，保证绿色生态成为企业真正的社会责任。

（三）低碳产业发展的耦合动力机制

三个层次的动力机制不能只是单独运行，需要形成能够自我运行自组织整体，能够形成耦合动力机制。“耦合”概念是从自然科学中引用而来的，所谓两个模式耦合，意指在该两个模式中的某些物理量，随着时间或者空间的积分，进行着物理量的交换，它反映的是两种模式间的相互依赖性。而低碳产业发展的耦合动力机制指的是动力机制的三个层次间的耦合，国家政府层面的顶层机制、地方政府层面的中层机制和企业层面的基层机制。这三个层次之间的关系需要实现耦合，相互协调，从而减少这三个层面的摩擦，降低政策的无效性。为此，国家层面的动力机制要仅仅与中层动力机制加强信息传递效率，而且保证国家层面的政策与地方层面政策的一致性和执行力，而企业层面的动力机制一定要在国家层面动力机制指导下由地方政府层面的动力机制指导而构建，可以认为是中层动力机制在企业基层层面的延伸和拓展，从而促进基层动力机制与中层动力机制的耦合性，这样才能保证中层动力机制对基层动力机制的监督、约束和激励，保证低碳政策在企业层面的执行力，并把基层层面的低碳化诉求传递到顶层设计层面。三个层面的耦合动力机制的形成，势必形成低碳化理念在三个层面机制之间的良性循环，从而促进整个经济社会的低碳实践，使低碳生活化、现实化。

专题三　区域绿色竞争力与中央苏区共生发展[①]

振兴赣南等原中央苏区是国家包容性增长战略的实践，是科学发展和协调发展纵深化的具体体现。随着2012年3月“陕甘宁革命老区振兴规划”获得国务院批复，赣南等原中央苏区也积极争取，2012年6月国务院通过了《国务院关于支持赣南等原中央苏区振兴发展的若干意见》的文件。通过这一战略定位，使赣南等原中央苏区避免成为国家战略的盲区，以至于在新一轮经济转型升级过程中被再次边缘化。当然，要实现赣南等原中央苏区的共生发展，就要构建好相应的耦合动力机制，使中央苏区各项资源能够得到优化配置，形成耦合动力，促进经济社会又好又快发展。

一、赣南等原中央苏区共生发展的动力来源方式

共生发展是指系统内各主体通过内部机理，形成互利机制，构成动力来源，从而获得共同生存发展。通过共生发展产生共生效应，即系统内各主体都能因这个系统而获得比自身单独生存更大的发展。赣南等原中央苏区在国家经济历史发展长河中曾长期处于滞后状态，改变这一现象要不断寻求各种动力来源，充分使用好赣南等原中央苏区的内源动力和外源动力，融入国家包容性增长战略体系，实现中央苏区的共生发展。

内源动力，指的是源于区域内部的地方政府、产业和企业所构成的宏观、中观和微观资源，并由此泛化成区域内独有的区域精神、生产要素和政府制度等形

① 本专题内容已发表于《光明日报》（理论版）2012年9月21日《用耦合动力机制促进赣南等原中央苏区共生发展》。

式，从而产生独特的内生动力，推动本区域自组织发展。在赣南等原中央苏区也有其独特的内源动力，它来自赣南等原中央苏区地方政府长期努力，形成了相应的产业和企业基础，并以中央苏区红色精神作为精神实质，凝聚了优越的地理位置、优美的生态环境、丰富的钨稀矿产和醇厚的红色文化以及浓郁的客家文化等资源优势。地方政府通过对这些资源的优化配置，能够促成相应的产业，如红色旅游与客家文化创意产业、稀土和钨矿深加工产业、特色农产品产业和现代物流产业等，从而形成独特的产业推动力；产业凝聚力在市场经济的诱导下，使各种中小微企业应运而生，形成了推动赣南等原中央苏区持续发展的企业动力。

外源动力，指的是源于区域系统外部的各种力量，其中最具影响力的是中央政府。中央政府独具统治力的支持政策能够形成各种区域行政、区域政策、区域规划等资源，从而产生瀑布式的外生动力，促使该区域融入国家战略体系，对该区域形成持续动力支持。《国务院关于支持赣南等原中央苏区振兴发展的若干意见》的文件已经充分体现了国家对赣南等原中央苏区的高度重视，其指导意见从11 个方面、45 条提出了民生、生态、产业、公共服务、基础实施等方面的政策指导，并提出了相应的财税政策支持。对于赣南等原中央苏区来说，外源动力已经产生，那就是把赣南等原中央苏区的振兴发展上升为国家战略，国家通过统筹全国的力量，形成对中央苏区的各种行政管理、区域政策和区域规划方面的动力支持。而动力资源的细化是非常重要的，把国家战略这条大河形成涓涓细流，灌溉赣南等原中央苏区各个地方，实现共生发展。

内外源动力为赣南等原中央苏区的共生发展提供条件，提供了振兴发展的方向。为此，要进一步细化和挖掘区域内的各种资源，实现资源的优化配置。

二、赣南等原中央苏区共生发展的动力转化机理

要实现赣南等原中央苏区的共生发展，仅有动力源泉是不够的，还必须实现动力的转化，而其转化的机理就显得尤为重要了。实现内源动力的转化和外源动力的转化就必须认清其中的影响机理，才不至于动力变成阻力，活水变成死水。使赣南等原中央苏区的各种资源活起来是振兴中央苏区动力转化机理研究的重要内容，也是产生共生效应的关键一步，共生发展需要通过转化机理来实现共生效应。

内源动力转化机理，指的是系统内部各主体间按照市场经济准则，把各自的资源优势发挥到极致，转化成推动各自持续和共生发展的动力。内源动力转化机

理在区域经济方面表现为，区域经济要实现共生发展，需要较好地把握区域共生发展的状态依存性，其共生效应与区域间的经济动力及其作用机理具有极大的关联性。区域之间的价值增长是相互影响的，可以通过区域间的商品交易、要素流动、技术扩散、制度移植以及基础设施的空间溢出和生态环境的空间溢出等多种方式来实现区域间资源的优势互补，并在此过程中实现共生发展。对于赣南等原中央苏区，这一区域的特殊性决定了需要不断发挥各县域的特色资源，构建完善的市场体系，使产品交易畅通，生产要素能够自由流通，减少中央苏区各区域间的交易成本；通过成立中央苏区技术联盟，实现技术的共享和扩散。总之，尽可能地把中央苏区各区域的资源，通过制度创新、空间溢出的方式，转化成每一个红色区域自组织发展的强大动力，这就充分发挥了内源动力的作用。

外源动力转化机理，指的是充分利用好系统外各种资源，结合系统内部需求进行优化组合，最终转化成促进该系统持续与共生发展的动力。外源动力可以来自系统外的各个方面，但是起关键作用的还是中央政府。中央政府可以站在国家层面来整合全国资源，利用宏观调控“看得见的手”，立足于包容性增长、科学发展和共生发展的目标，结合区域经济发展的阶段性特征，通过国家区域政策、行政管理、制度创新、发展规划等作用方式影响区域共生发展的过程与状态，并把依此形成的各种资源转化成促进区域经济持续发展的动力。实现赣南等原中央苏区共生发展是一项系统工程，国家各项具体政策的落实需要赣南等原中央苏区地方政府以及辖区内的微观利益个体的行动。中央政府各项政策，必须能够通过中央苏区各级地方政府、产业、企业等中观、微观主体在保持政策一致性的前提下得到切实的落实。同时中央政府可以借助政治权威，通过区域发展规划、经济政策、行政管理、区际立法等形式为赣南等原中央苏区的共生发展提供保障。

三、赣南等原中央苏区共生发展的耦合动力机制

现实世界中内源动力和外源动力并非单独作用的，而是彼此连接、相互耦合并以合力的形式共同推动区域共生发展的。内源动力和外源动力的综合作用，可以促进区域共生发展的过程与状态的持续变化。作为区域经济发展的不同动力来源，其共同的利益目标是实现区域的共生发展，同时，区域的共生发展为内源动力和外源动力的耦合提供了坚实的基础。为此，要构建良好的耦合动力机制，充分发挥内源动力和外源动力的合力，避免耦合过程的力量摩擦损失。

赣南等原中央苏区的共生发展要充分保证中央政府、苏区地方政府、产业、

企业等主体之间的关系，在利益一致性基础上保证中央苏区内部各区域间的共生发展；同时缩小中央苏区与其他区域的差距，促进中央苏区融入国家整体发展体系，实现共生发展。构建在内源动力和外源动力基础上的耦合机制主要有：一是注重顶层设计耦合机制。中央政府要充分调研和掌握中央苏区的实际情况，制定各项政策规划，通过自上而下的直管方式传递到中央苏区各地方政府，落实到产业和企业领域，做到“政出中南海、策落苏区地”。二是注重中层设计的耦合机制。通过中央苏区地方政府对苏区情况的了解，动态地把苏区共生发展的诉求向上传递给中央政府，把国家的政策及地方实施意见向下传递给辖区内的产业和企业，促进地方政府向服务型政府的转变。三是注重基层设计的耦合机制。产业和企业是中央苏区共生发展的中观和微观主体，是直接推动经济持续发展的重要的利益主体，对经济发展过程中存在的问题非常清楚，可以由下往上把涉及共生发展的诉求传递给各级地方政府和中央政府，使政府各项政策更具针对性。

赣南等原中央苏区的振兴发展，必须在包容性理念的指导下走共生发展之路。并在此路径目标下选择好内源动力和外源动力，厘清各自的运作机理，构建合理的耦合动力机制，把内外部资源优势发挥到极致，最大限度地产生综合动力效应和共生效应。

附 录

附录1 区域绿色竞争力综合评价指标重要性比对评估调研问卷

尊敬的专家：

您好！

我们正在进行一项关于区域绿色竞争力综合评价的研究，现已建立区域绿色竞争力综合评价指标体系如附表1所示。首先，我们简单介绍一下这个区域绿色竞争力的含义。区域绿色竞争力是区域在发展过程中以绿色为核心，以环保、生态、循环、低碳、健康和持续为主线，以人与自然包容性增长为模式，以实现人类发展与自然和谐共生效应为目标，通过区域内资源的合理有效配置与创造，为区域发展提供一个更具竞争力的绿色平台，形成具有独特绿色竞争优势的环境友好和绿色生态型区域。为了更好地研究区域绿色竞争力，我们根据区域绿色竞争力的影响因素建立了一套区域绿色竞争力的综合评价指标，需要对各指标进行一个权重的赋值。烦请您根据对产业转移影响的程度对各指标进行重要性比对评价。

附表1 区域绿色竞争力的综合评价指标体系

影响因子	代号	二级指标	代号	三级指标	代号
环保因子	A1	环保投资	B1	环保治理投资总额	C1
				环保污染治理投资占 GDP 比重	C2
				本年竣工项目数量（污染治理）	C3
				农村人均改水、改厕的政府投资	C4

续表

影响因子	代号	二级指标	代号	三级指标	代号
环保因子	A1	环保投资	B1	环境保护支出占财政支出比重	C5
				单位耕地面积退耕还林投资完成额	C6
				造林面积	C7
		环保治理	B2	建成区绿化覆盖率	C8
				人均公共绿地面积	C9
				工业废水排放总量	C10
				工业废水排放达标率	C11
				工业 SO_2 排放达标率	C12
				工业粉尘排放达标率	C13
				工业烟尘排放达标率	C14
				生活垃圾无害化处理率	C15
				生活垃圾清运量	C16
				城市污水排放量	C17
				城市污水处理率	C18
				交通噪声等效声级	C19
				工业噪声等效声级	C20
				矿区生态环境恢复治理面积	C21
生态因子	A2	自然生态	B3	人均水资源量	C22
				万元 GDP 用水量	C23
				工业废气总量	C24
				空气质量达到二级以上天数及占全年比重	C25
				自然保护区面积	C26
				湿地面积	C27
				减少耕地面积	C28
				森林覆盖率、森林面积	C29
		生态产业	B4	高技术产业企业数	C30
				高技术产业总产值	C31
循环因子	A3	综合利用	B5	工业固体废物综合利用率	C32
				土地资源利用率	C33
				“三废”综合利用产品产值	C34
		回收利用	B6	工业用水重复利用率	C35
				农村沼气池产气总量	C36

续表

影响因子	代号	二级指标	代号	三级指标	代号
循环因子	A3	循环产业	B7	高技术产业增加值占工业增加值比重	C37
				废弃资源和废旧材料回收加工业增加值占工业增加值的比重	C38
				能源生产弹性系数	C39
				万元 GDP 能耗	C40
低碳因子	A4	低碳生产	B8	非煤炭能源消费比重	C41
				可再生能源消费比重	C42
				平均碳排放系数	C43
				单位地区二氧化碳排放的产出	C44
				单位地区二氧化硫排放的产出	C45
				单位地区氨氮排放的产出	C46
				单位化学需氧量排放的产出	C47
		低碳消费	B9	人均二氧化碳排放量	C48
				人均二氧化硫排放量	C49
				人均化学需氧量排放量	C50
				人均氨氮排放量	C51
				人均生活能源消费量	C52
				单位能源消费的碳排放因子	C53
		低碳生活	B10	公共交通客运量（不含出租车）	C54
				轨道交通客运量比重	C55
				每万人拥有公共汽车	C56
健康因子	A5	人群健康	B11	人均预期寿命	C57
				人口自然增长率	C58
				甲乙类法定报告传染病病死率	C59
				劳动争议案件受理数	C60
		生活质量	B12	城镇居民人均可支配收入	C61
				农村家庭住房面积	C62
				人均生活用电量	C63
				人均生活用水量	C64
				住宅占商品房销售面积的比例	C65
				城镇居民家庭恩格尔系数	C66

续表

影响因子	代号	二级指标	代号	三级指标	代号
健康因子	A5	生活质量	B12	农村居民人均纯收入	C67
				城乡居民收入比	C68
				居民消费价格指数	C69
		民生保障	B13	居民储蓄存款	C70
				城镇基本医疗保险覆盖率	C71
				万人拥有病床数	C72
				城镇新增就业人数	C73
				就业率	C74
持续因子	A6	经济发展	B14	人均 GDP	C75
				固定资产投资额	C76
				进出口总额	C77
				人均 GDP 增长率	C78
				固定资产投资增长率	C79
				进出口总额增长率	C80
				第三产业占 GDP 比重	C81
				工业化率	C82
				城镇化率	C83
		科教发展	B15	每万人拥有研究与实验发展（R&D）人员数	C84
				R&D 活动人员全时当量	C85
				R&D 内部经费支出占 GDP 比重	C86
				高新技术产业利润总额	C87
				每十万人拥有的大专及以上受教育程度人口数	C88
				每万人接受中等职业教育在校学生数	C89
				公共财政预算教育经费占公共财政支出比例	C90
		资源承载	B16	劳动力数量占总人口比重	C91
				人均耕地面积	C92
				人均矿产占有量	C93
				人均能源占有量	C94
				万人高速公路占有量	C95

现需要参考专家意见，考察各指标对区域绿色竞争力影响程度的大小，特烦请您根据自己的判断，对影响区域绿色竞争力的各评价指标的重要性进行比较，比较结果请用数字 1 ~9 及它们的倒数进行标度，规则如附表 2 所示。

附表 2　1 ~9 标度规则

标度	含义
1	两个指标重要性相同，不分先后
3	两个指标的重要性不同，前者高于后者，强度较低
5	两个指标的重要性不同，前者高于后者，强度中级
7	两个指标的重要性不同，前者高于后者，强度高级
9	两个指标的重要性不同，前者高于后者，强度超高
2、4、6、8	为两个指标重要性的中间值
倒数 1 ~9	假设指标 i 和指标 j 进行比较，a_{ij}是反映 i 对 j 的重要性，a_{ji}是反映 j 对 i 的重要性，$a_{ji}=1/a_{ij}$（即如果 $B1$ 指标与 $B2$ 指标的重要性比较为 3，则 $B2$ 指标与 $B1$ 指标的重要性比较则为 1/3）

注：按照这条规则，下面的判断矩阵其实只要完成半个矩阵就行，即上三角或下三角。

请您用上述规则对附表 3 至附表 5 中的指标进行比较，并填写比较结果。

A 层次判断（1 个表格）：

附表 3　A 层次判断矩阵

	A1	A2	A3	A4	A5	A6
A1						
A2						
A3						
A4						
A5						
A6						

注：如第二行中第二列的填列 5 则代表 B2 与 B1 的重要性比较为 5，其他依次类推。

A－B 层次判断（6 个表格）：

附表 4　A－B 层次矩阵

A1－B 层次判断矩阵

A1	B1	B2
B1		
B2		

A2－B 层次判断矩阵

A2	B3	B4
B3		
B4		

A3－B 层次判断矩阵

A3	B5	B6	B7
B5			
B6			
B7			

A4－B 层次判断矩阵

A4	B8	B9	B10
B8			
B9			
B10			

A5－B 层次判断矩阵

A5	B11	B12	B13
B11			
B12			
B13			

A6－B 层次判断矩阵

A6	B14	B15	B16
B14			
B15			
B16			

B－C 层次判断（16 个表格）：

附表 5　B－C 层次矩阵

B1－C 层次判断矩阵

B1	C1	C2	C3	C4	C5	C6	C7
C1							
C2							
C3							
C4							
C5							
C6							
C7							

B2－C 层次判断矩阵

B2	C8	C9	C10	C11	C12	C13	C14	C15	C16	C17	C18	C19	C20	C21
C8														
C9														
C10														
C11														
C12														
C13														
C14														
C15														
C16														
C17														
C18														
C19														
C20														
C21														

B3－C 层次判断矩阵

B3	C22	C23	C24	C25	C26	C27	C28	C29
C22								
C23								
C24								

续表

B3	C22	C23	C24	C25	C26	C27	C28	C29
C25								
C26								
C27								
C28								
C29								

B4－C 层次判断矩阵

B4	C30	C31
C30		
C31		

B5－C 层次判断矩阵

B5	C32	C33	C34
C32			
C33			
C34			

B6－C 层次判断矩阵

B6	C35	C36
C35		
C36		

B7－C 层次判断矩阵

B7	C37	C38	C39	C40
C37				
C38				
C39				
C40				

B8 – C 层次判断矩阵

B8	C41	C42	C43	C44	C45	C46	C47
C41							
C42							
C43							
C44							
C45							
C46							
C47							

B9 – C 层次判断矩阵

B9	C48	C49	C50	C51	C52	C53
C48						
C49						
C50						
C51						
C52						
C53						

B10 – C 层次判断矩阵

B10	C54	C55	C56
C54			
C55			
C56			

B11 – C 层次判断矩阵

B11	C57	C58	C59	C60
C57				
C58				
C59				
C60				

B12 – C 层次判断矩阵

B12	C61	C62	C63	C64	C65	C66	C67	C68	C69
C61									
C62									
C63									
C64									
C65									
C66									
C67									
C68									
C69									

B13 – C 层次判断矩阵

B13	C70	C71	C72	C73	C74
C70					
C71					
C72					
C73					
C74					

B14 – C 层次判断矩阵

B14	C75	C76	C77	C78	C79	C80	C81	C82	C83
C75									
C76									
C77									
C78									
C79									
C80									
C81									
C82									
C83									

B15－C 层次判断矩阵

B15	C84	C85	C86	C87	C88	C89	C90
C84							
C85							
C86							
C87							
C88							
C89							
C90							

B16－C 层次判断矩阵

B16	C91	C92	C93	C94	C95
C91					
C92					
C93					
C94					
C95					

感谢您在百忙之中给出的宝贵意见！

附录 2 2010 年区域绿色竞争力原始数据

序号	地区	山西	安徽	江西	河南	湖北	湖南
C1	环保治理投资总额	206.90	179.90	156.50	132.20	146.80	106.60
C2	环保污染治理投资占GDP比重	0.02	0.01	0.02	0.01	0.01	0.01
C3	本年竣工项目数量（污染治理）	599.00	55.00	103.00	169.00	195.00	167.00
C4	农村人均改水、改厕的政府投资	75774.50	165713.00	99534.80	224835.00	255717.00	143324.30

续表

序号	地区	山西	安徽	江西	河南	湖北	湖南
C5	环境保护支出占财政支出比重	0.11	0.07	0.08	0.04	0.06	0.04
C6	单位耕地面积退耕还林投资完成额	124738.00	59665.00	86742.00	81268.00	133149.00	175656.00
C7	造林面积	282371.00	48711.00	200778.00	231700.00	192213.00	213448.00
C8	建成区绿化覆盖率	0.38	0.38	0.47	0.37	0.38	0.37
C9	人均公园绿地面积	9.36	10.95	13.04	8.65	9.62	8.89
C10	工业废水排放总量	49881.00	70971.00	72526.00	150406.00	94593.00	95605.00
C11	工业废水排放达标率	0.95	0.98	0.94	0.97	0.97	0.94
C12	工业 SO_2 排放达标率	1.00	0.99	0.99	0.98	0.99	0.97
C13	工业粉尘排放达标率	0.93	0.97	0.96	0.96	0.99	0.91
C14	工业烟尘排放达标率	0.97	0.96	0.95	0.98	0.96	0.91
C15	生活垃圾无害化处理率	0.74	0.65	0.86	0.83	0.61	0.79
C16	生活垃圾清运量	361.20	435.30	284.00	694.60	711.10	505.20
C17	城市污水排放量	60181.00	124449.00	70453.00	147413.00	169150.00	153696.00
C18	城市污水处理率	0.85	0.89	0.81	0.88	0.81	0.75
C19	交通噪声等效声级	68.10	70.20	69.60	67.50	69.10	69.90
C20	工业噪声等效声级	53.20	55.40	55.50	56.10	55.50	54.50
C21	矿区生态环境恢复治理面积	1016.00	814.00	901.00	231.00	376.00	1510.00
C22	人均水资源量	261.50	1526.90	5116.70	566.20	2216.50	2938.70
C23	万元 GDP 用水量	69.34	237.10	253.60	97.26	180.37	202.77
C24	工业废气总量	35190.00	17849.00	9812.00	22709.00	13865.00	14673.00
C25	空气质量达到二级以上天数及占全年比重	0.83	0.85	0.94	0.87	0.78	0.93
C26	自然保持区面积	115.40	50.20	111.60	73.50	95.90	124.50
C27	湿地面积	499.90	653.90	998.80	624.10	927.30	1226.90
C28	减少耕地面积	3054.00	9905.00	5747.00	10084.00	8092.00	6135.00
C29	森林覆盖率	0.14	0.26	0.58	0.20	0.31	0.45
C30	高技术产业企业数	157.00	745.00	555.00	728.00	798.00	683.00
C31	高技术产业总产值	249.20	682.20	1037.50	1227.10	1312.00	930.60
C32	工业固体废物综合利用率	0.66	0.85	0.47	0.77	0.81	0.81

续表

序号	地区	山西	安徽	江西	河南	湖北	湖南
C33	土地资源利用率	0.06	0.12	0.06	0.13	0.08	0.07
C34	“三废”综合利用产品产值	426372.00	566922.00	593473.00	743909.00	822836.00	901207.00
C35	工业用水重复利用率	0.95	0.94	0.87	0.87	0.83	0.42
C36	农村沼气池产气总量	18402.70	23539.20	53932.70	130618.40	103033.90	85012.50
C37	高技术产业增加值占工业增加值比重	0.11	0.15	0.18	0.22	0.20	0.14
C38	废气资源和废旧材料回收加工业增加值占工业增加值比重	0.12	0.16	0.14	0.17	0.15	0.19
C39	能源生产弹性系数	1.79	0.30	0.79	0.78	0.43	0.72
C40	万元 GDP 能耗	2.24	0.97	0.85	1.12	1.18	1.17
C41	非煤炭能源消费比重	0.66	0.13	0.26	0.11	0.39	0.23
C42	可再生能源消费比重	0.01	0.01	0.05	0.02	0.09	0.08
C43	平均碳排放系数	1.82	1.29	1.18	0.71	0.68	0.58
C44	单位地区二氧化碳排放的产出	0.23	0.48	0.68	0.47	0.50	0.64
C45	单位地区二氧化硫排放的产出	80.21	255.40	200.68	198.58	309.42	255.63
C46	单位地区氨氮排放的产出	7741.18	10245.99	10895.33	9983.60	10692.98	9191.49
C47	单位化学需氧量排放的产出	668.33	1076.34	802.41	781.27	966.57	853.60
C48	人均二氧化碳排放量	11.37	4.30	3.14	5.27	5.57	3.83
C49	人均二氧化硫排放量	34.98	8.94	12.50	14.24	11.05	12.20
C50	人均化学需氧量排放量	9.32	6.91	9.67	6.59	9.99	12.15
C51	人均氨氮排放量	1.16	0.74	0.78	0.77	1.07	1.15
C52	人均生活能源消费量	337.33	110.45	91.33	142.49	188.57	110.14
C53	单位能源消费的碳排放因子	2.42	2.63	2.20	2.31	2.11	1.69
C54	公共交通客运量（不含出租车）	110134.50	181875.70	121628.30	229236.70	284481.00	241463.40
C55	轨道交通客运量比重	0.00	0.00	0.00	0.00	0.01	0.00

续表

序号	地区	山西	安徽	江西	河南	湖北	湖南
C56	每万人拥有公共汽车	6.83	7.73	7.61	7.58	9.47	10.01
C57	人均预期寿命	74.43	74.30	71.91	72.96	75.13	74.60
C58	人口自然增长率	5.30	6.75	7.66	4.95	4.34	6.40
C59	甲乙类法定报告传染病病死率	0.19	0.31	0.30	0.65	0.29	0.54
C60	劳动争议案件受理数	6481.00	7282.00	10432.00	18194.00	19850.00	14660.00
C61	城镇居民人均可支配收入	15647.66	15788.17	15481.12	15930.26	16058.37	16565.70
C62	农村家庭住房面积	28.25	32.05	40.00	34.45	40.99	42.01
C63	人均生活用电量	295.36	292.40	248.66	289.53	339.85	310.81
C64	人均生活用水量	106.40	160.80	184.40	109.10	211.50	220.40
C65	住宅占商品房销售面积的比例	90.68	87.67	91.74	93.40	92.26	92.62
C66	城镇居民家庭恩格尔系数	31.17	37.96	39.51	32.99	38.68	36.55
C67	农村居民人均纯收入	4736.25	5285.17	5788.56	5523.73	5832.27	5621.96
C68	城乡居民收入比	3.57	3.34	2.86	3.10	3.01	3.14
C69	居民消费价格指数	103.02	103.14	103.04	103.53	102.91	103.11
C70	居民储蓄存款	9222.97	7788.48	6113.24	12883.70	9798.05	9022.58
C71	城镇基本医疗保险覆盖率	56.22	59.43	67.47	54.38	65.35	61.72
C72	万人拥有病床数	43.65	31.60	27.97	34.84	35.01	35.55
C73	城镇新增就业人数	47.27	133.09	25.04	59.79	60.88	62.66
C74	就业率	61.90	89.99	73.37	90.96	70.72	84.04
C75	人均 GDP	25763.98	20771.81	21206.63	24560.18	27897.00	24416.95
C76	固定资产投资额	6063.17	11542.94	8772.27	16585.86	10262.70	9663.58
C77	进出口总额	1257622.50	2427337.20	2161917.70	1783151.40	2593211.00	1465639.00
C78	人均 GDP 增长率	20.00	26.56	22.78	19.61	23.12	19.77
C79	固定资产投资增长率	22.66	28.39	32.05	21.02	30.45	25.45
C80	进出口总额增长率	46.76	54.83	69.18	32.32	50.32	44.41
C81	第三产业占 GDP 比重	37.09	33.93	33.03	28.62	37.91	39.71
C82	工业化率	50.60	43.80	46.20	52.10	42.60	39.50
C83	城镇化率	46.00	43.25	44.11	39.97	49.72	46.74
C84	每万人拥有研究与实验发展人员数	1.78	1.00	1.03	1.22	2.33	1.05

续表

序号	地区	山西	安徽	江西	河南	湖北	湖南
C85	R&D 活动人员全时当量	46279.00	64169.00	34823.00	101467.00	97924.00	72637.00
C86	R&D 内部经费支出占 GDP 比重	0.98	1.32	0.92	0.91	1.65	1.16
C87	高新技术产业利润总额	12.80	69.60	64.00	129.70	151.30	89.30
C88	每十万人拥有的大专及以上受教育程度人口数	8721.00	6697.00	6847.41	6398.00	9532.77	7594.87
C89	每万人接受职业教育在校学生数	161.07	146.68	138.68	174.00	157.91	116.44
C90	公共财政预算教育经费占公共财政支出比例	17.67	16.92	16.17	19.75	14.93	16.41
C91	劳动力数量占总人口比重	75.33	71.84	70.52	70.64	76.99	72.60
C92	人均耕地面积	11.36	9.63	6.34	8.43	8.15	5.77
C93	人均矿产占有量	38.05	17.00	10.14	5.06	20.01	8.99
C94	人均能源占有量	4.50	1.73	1.40	2.08	2.44	1.89
C95	年末实有道路长度	5733.20	10157.30	5742.00	9413.90	14167.50	8585.00

注：表中数据取原始数据的两位有效数字，对部分数据有一定影响。

附录 3　2009 年区域绿色竞争力原始数据

序号	地区	山西	安徽	江西	河南	湖北	湖南
C1	环保治理投资总额	157.80	139.20	70.40	121.30	150.60	146.40
C2	环保污染治理投资占 GDP 比重	0.02	0.01	0.01	0.01	0.01	0.01
C3	本年竣工项目数量（污染治理）	707.00	212.00	110.00	329.00	273.00	286.00
C4	农村人均改水、改厕的政府投资	51275.80	128552.60	67547.80	170154.60	215852.00	132843.50
C5	环境保护支出占财政支出比重	0.10	0.07	0.05	0.04	0.07	0.07

续表

序号	地区	山西	安徽	江西	河南	湖北	湖南
C6	单位耕地面积退耕还林投资完成额	100545.00	76303.00	102934.00	90599.00	150720.00	177927.00
C7	造林面积	326602.00	68952.00	228630.00	416131.00	149174.00	125031.00
C8	建成区绿化覆盖率	0.36	0.37	0.44	0.36	0.38	0.37
C9	人均公园绿地面积	8.21	10.23	11.48	8.72	9.58	8.47
C10	工业废水排放总量	39720.00	73441.00	67192.00	140325.00	91324.00	96396.00
C11	工业废水排放达标率	0.82	0.96	0.94	0.96	0.96	0.91
C12	工业 SO_2 排放达标率	0.97	0.96	0.94	0.95	0.97	0.90
C13	工业粉尘排放达标率	0.88	0.95	0.95	0.94	0.96	0.86
C14	工业烟尘排放达标率	0.94	0.97	0.95	0.96	0.96	0.90
C15	生活垃圾无害化处理率	0.63	0.61	0.84	0.75	0.56	0.67
C16	生活垃圾清运量	374.60	432.80	280.80	679.50	680.60	511.90
C17	城市污水排放量	58290.00	117004.00	69113.00	141895.00	164412.00	152604.00
C18	城市污水处理率	0.75	0.83	0.75	0.84	0.75	0.59
C19	交通噪声等效声级	68.10	69.80	69.90	66.10	69.10	69.90
C20	工业噪声等效声级	53.10	55.20	56.90	54.60	54.70	54.70
C21	矿区生态环境恢复治理面积	2585.00	868.00	2728.00	750.00	585.00	637.00
C22	人均水资源量	250.80	1195.30	2642.50	347.60	1443.90	2190.60
C23	万元 GDP 用水量	76.51	290.08	315.21	119.97	217.11	246.79
C24	工业废气总量	23693.00	15273.00	8286.00	22186.00	12523.00	10973.00
C25	空气质量达到二级以上天数及占全年比重	0.81	0.88	0.95	0.88	0.83	0.91
C26	自然保持区面积	114.00	52.80	110.10	75.20	99.30	112.10
C27	湿地面积	499.90	653.90	998.80	624.10	927.30	1226.90
C28	减少耕地面积	3054.00	9905.00	5747.00	10084.00	8092.00	6135.00
C29	森林覆盖率	0.14	0.26	0.58	0.20	0.31	0.45
C30	高技术产业企业数	154.00	617.00	502.00	678.00	739.00	603.00
C31	高技术产业总产值	196.50	460.30	755.70	953.20	1039.50	648.80
C32	工业固体废物综合利用率	0.60	0.83	0.42	0.74	0.75	0.77
C33	土地资源利用率	0.06	0.12	0.06	0.13	0.08	0.07
C34	“三废”综合利用产品产值	342721.00	509654.00	470277.00	693261.00	699428.00	695004.00

续表

序号	地区	山西	安徽	江西	河南	湖北	湖南
C35	工业用水重复利用率	0. 95	0. 93	0. 65	0. 86	0. 83	0. 31
C36	农村沼气池产气总量	20885. 90	21093. 80	52316. 30	121579. 20	90674. 80	80962. 60
C37	高技术产业增加值占工业增加值比重	0. 09	0. 14	0. 16	0. 21	0. 11	0. 19
C38	废气资源和废旧材料回收加工业增加值占工业增加值比重	0. 09	0. 14	0. 13	0. 15	0. 10	0. 17
C39	能源生产弹性系数	1. 06	0. 81	0. 43	0. 90	0. 45	0. 70
C40	万元 GDP 能耗	2. 36	1. 02	0. 88	1. 16	1. 23	1. 20
C41	非煤炭能源消费比重	0. 22	0. 52	0. 26	0. 33	0. 61	0. 56
C42	可再生能源消费比重	0. 01	0. 01	0. 05	0. 02	0. 09	0. 08
C43	平均碳排放系数	1. 71	1. 16	1. 14	0. 69	0. 66	0. 60
C44	单位地区二氧化碳排放的产出	0. 19	0. 41	0. 64	0. 43	0. 47	0. 56
C45	单位地区二氧化硫排放的产出	72. 88	206. 69	156. 16	165. 65	245. 74	201. 10
C46	单位地区氨氮排放的产出	6406. 16	6973. 55	10494. 40	7575. 23	8595. 87	5449. 62
C47	单位化学需氧量排放的产出	518. 41	781. 24	739. 37	654. 46	901. 67	605. 79
C48	人均二氧化碳排放量	11. 01	3. 97	2. 69	4. 72	4. 83	3. 67
C49	人均二氧化硫排放量	37. 01	8. 78	12. 73	14. 28	11. 25	12. 67
C50	人均化学需氧量排放量	10. 05	6. 92	9. 82	6. 60	10. 06	13. 24
C51	人均氨氮排放量	1. 19	0. 76	0. 77	0. 79	1. 13	1. 31
C52	人均生活能源消费量	351. 57	99. 07	81. 60	135. 55	183. 04	112. 48
C53	单位能源消费的碳排放因子	2. 42	2. 73	2. 05	2. 27	2. 02	1. 76
C54	公共交通客运量（不含出租车）	99887. 00	182560. 00	112248. 00	200187. 00	306369. 00	199092. 00
C55	轨道交通客运量比重	0. 00	0. 00	0. 00	0. 00	0. 00	0. 00
C56	每万人拥有公共汽车	7. 09	8. 61	9. 22	8. 15	11. 02	10. 59
C57	人均预期寿命	74. 15	74. 05	71. 61	72. 81	74. 71	74. 19
C58	人口自然增长率	4. 89	6. 47	7. 89	4. 99	3. 48	6. 11

续表

序号	地区	山西	安徽	江西	河南	湖北	湖南
C59	甲乙类法定报告传染病病死率	0.17	0.30	0.33	0.73	0.28	0.54
C60	劳动争议案件受理数	7049.00	7873.00	13108.00	18024.00	20616.00	16500.00
C61	城镇居民人均可支配收入	13996.55	14085.74	14021.54	14371.56	14367.48	15084.31
C62	农村家庭住房面积	27.97	31.01	39.53	33.53	40.11	41.69
C63	人均生活用电量	274.85	246.78	233.07	246.29	312.99	313.39
C64	人均生活用水量	122.10	160.96	194.24	118.49	215.00	229.46
C65	住宅占商品房销售面积的比例	93.22	90.46	92.42	92.67	94.79	92.85
C66	城镇居民家庭恩格尔系数	32.84	39.59	39.85	34.21	40.42	38.55
C67	农村居民人均纯收入	4244.10	4504.32	5075.01	4806.95	5035.26	4909.04
C68	城乡居民收入比	3.53	3.48	2.96	3.21	3.12	3.28
C69	居民消费价格指数	99.58	99.09	99.34	99.42	99.59	99.64
C70	居民储蓄存款	8099.43	6619.48	5092.67	11207.40	8163.46	7809.77
C71	城镇基本医疗保险覆盖率	55.77	55.63	67.95	55.08	68.85	66.20
C72	万人拥有病床数	42.17	28.46	26.05	31.87	32.72	33.10
C73	城镇新增就业人数	9.30	61.00	9.30	104.40	111.10	57.60
C74	就业率	61.57	83.51	71.50	85.95	68.89	83.85
C75	人均 GDP	21469.32	16413.02	17271.90	20533.85	22659.27	20386.65
C76	固定资产投资额	4943.16	8990.73	6643.14	13704.50	7866.89	7703.38
C77	进出口总额	856903.20	1567772.60	1277878.20	1347641.50	1725101.50	1014946.60
C78	人均 GDP 增长率	5.54	13.47	17.27	5.18	14.21	16.58
C79	固定资产投资增长率	39.99	33.26	39.99	30.64	39.31	39.20
C80	进出口总额增长率	-26.00	-1.60	35.25	5.41	16.02	4.79
C81	第三产业占 GDP 比重	39.23	36.39	34.45	29.26	39.56	41.37
C82	工业化率	41.00	32.71	27.70	39.50	35.00	30.80
C83	城镇化率	45.98	42.10	43.18	37.70	46.00	43.19
C84	每万人拥有研究与实验发展人员数	1.76	1.07	0.99	1.21	2.35	1.03
C85	R&D 活动人员全时当量	47772.00	59697.00	33055.00	92571.00	91161.00	63843.00
C86	R&D 内部经费支出占 GDP 比重	1.10	1.35	0.99	0.90	1.65	1.18

续表

序号	地区	山西	安徽	江西	河南	湖北	湖南
C87	高新技术产业利润总额	8.10	40.90	41.50	83.20	80.40	50.40
C88	每十万人拥有的大专及以上受教育程度人口数	5598.64	3360.43	4819.84	3686.35	5589.03	4434.50
C89	每万人接受职业教育在校学生数	161.11	140.70	144.18	172.61	182.13	126.25
C90	公共财政预算教育经费占公共财政支出比例	18.51	16.56	17.17	20.17	15.89	17.91
C91	劳动力数量占总人口比重	75.80	72.06	70.81	72.96	76.76	72.75
C92	人均耕地面积	0.12	0.09	0.06	0.08	0.08	0.06
C93	人均矿产占有量	23.61	14.88	9.75	5.13	18.62	9.22
C94	人均能源占有量	4.67	1.55	1.33	1.56	2.17	1.80
C95	年末实有道路长度	5651.90	9718.20	5312.70	9017.60	13582.50	8196.80

注：表中数据取原始数据的两位有效数字，对部分数据有一定影响。

附录4　2008年区域绿色竞争力原始数据

序号	地区	山西	安徽	江西	河南	湖北	湖南
C1	环保治理投资总额	140.90	139.00	39.20	109.90	90.10	91.40
C2	环保污染治理投资占GDP比重	0.02	0.02	0.01	0.01	0.01	0.01
C3	本年竣工项目数量（污染治理）	1032.00	158.00	223.00	430.00	345.00	375.00
C4	农村人均改水、改厕的政府投资	40795.70	86479.40	52655.60	129230.40	209188.00	66464.80
C5	环境保护支出占财政支出比重	0.11	0.08	0.03	0.05	0.05	0.05
C6	单位耕地面积退耕还林投资完成额	110847.00	55396.00	68765.00	81198.00	98218.00	134060.00

续表

序号	地区	山西	安徽	江西	河南	湖北	湖南
C7	造林面积	280378.00	34115.00	267032.00	338139.00	154470.00	80004.00
C8	建成区绿化覆盖率	0.35	0.36	0.42	0.35	0.38	0.36
C9	人均公园绿地面积	7.64	9.29	10.60	8.20	9.40	7.96
C10	工业废水排放总量	41150.00	67007.00	68681.00	133144.00	93687.00	92340.00
C11	工业废水排放达标率	0.86	0.96	0.93	0.95	0.94	0.92
C12	工业 SO_2 排放达标率	0.91	0.94	0.94	0.93	0.93	0.88
C13	工业粉尘排放达标率	0.92	0.95	0.94	0.90	0.94	0.81
C14	工业烟尘排放达标率	0.94	0.96	0.93	0.96	0.94	0.87
C15	生活垃圾无害化处理率	0.47	0.54	0.80	0.67	0.53	0.60
C16	生活垃圾清运量	354.10	426.90	249.20	757.00	680.80	542.80
C17	城市污水排放量	59518.00	113306.00	67701.00	133969.00	201909.00	148497.00
C18	城市污水处理率	0.71	0.79	0.52	0.78	0.67	0.52
C19	交通噪声等效声级	67.80	72.10	69.80	67.70	69.10	69.90
C20	工业噪声等效声级	53.30	55.30	56.60	55.70	54.50	54.40
C21	矿区生态环境恢复治理面积	1610.00	990.00	1419.00	264.00	161.00	433.00
C22	人均水资源量	256.90	1141.40	3093.50	395.20	1812.30	2512.80
C23	万元 GDP 用水量	82.00	300.20	361.40	123.59	238.92	290.05
C24	工业废气总量	23180.00	15749.00	7456.00	20264.00	11558.00	9249.00
C25	空气质量达到二级以上天数及占全年比重	0.83	0.70	0.94	0.89	0.81	0.90
C26	自然保持区面积	115.70	55.30	107.10	50.50	97.00	131.20
C27	湿地面积	499.90	653.90	998.80	624.10	927.30	1226.90
C28	减少耕地面积	3054.00	9905.00	5747.00	10084.00	8092.00	6135.00
C29	森林覆盖率	0.13	0.24	0.56	0.16	0.27	0.41
C30	高技术产业企业数	149.00	489.00	469.00	629.00	683.00	522.00
C31	高技术产业总产值	188.20	340.40	586.00	809.00	847.50	522.80
C32	工业固体废物综合利用率	0.57	0.83	0.40	0.74	0.75	0.79
C33	土地资源利用率	0.06	0.12	0.06	0.13	0.08	0.07
C34	“三废”综合利用产品产值	411687.00	576974.00	390935.00	716717.00	648622.00	596282.00
C35	工业用水重复利用率	0.95	0.93	0.74	0.81	0.84	0.08

续表

序号	地区	山西	安徽	江西	河南	湖北	湖南
C36	农村沼气池产气总量	18236.80	18288.90	46116.40	112585.60	75261.90	88435.70
C37	高技术产业增加值占工业增加值比重	0.12	0.14	0.17	0.22	0.13	0.20
C38	废气资源和废旧材料回收加工业增加值占工业增加值比重	0.12	0.13	0.13	0.16	0.11	0.18
C39	能源生产弹性系数	0.22	1.95	0.41	0.50	0.53	0.76
C40	万元 GDP 能耗	2.55	1.08	0.93	1.22	1.31	1.23
C41	非煤炭能源消费比重	0.71	0.12	0.26	0.12	0.43	0.27
C42	可再生能源消费比重	0.01	0.01	0.06	0.02	0.22	0.10
C43	平均碳排放系数	1.58	0.93	0.91	0.74	0.73	0.66
C44	单位地区二氧化碳排放的产出	0.20	0.40	0.60	0.41	0.44	0.51
C45	单位地区二氧化硫排放的产出	65.56	176.55	126.77	143.74	201.50	165.33
C46	单位地区氨氮排放的产出	6126.32	6057.37	10360.07	6397.01	6763.76	4439.02
C47	单位化学需氧量排放的产出	483.35	699.33	646.66	607.47	755.90	470.37
C48	人均二氧化碳排放量	10.90	3.59	2.64	4.65	4.48	3.55
C49	人均二氧化硫排放量	38.36	9.06	13.25	15.40	11.73	13.17
C50	人均化学需氧量排放量	10.52	7.06	10.12	6.90	10.26	13.86
C51	人均氨氮排放量	1.23	0.78	0.78	0.81	1.22	1.33
C52	人均生活能源消费量	300.34	91.36	76.14	130.30	170.02	111.40
C53	单位能源消费的碳排放因子	2.37	2.65	2.15	2.31	1.99	1.83
C54	公共交通客运量（不含出租车）	89438.00	164226.00	115598.00	192288.00	258460.00	195527.00
C55	轨道交通客运量比重	0.00	0.00	0.00	0.00	0.00	0.00
C56	每万人拥有公共汽车	6.85	9.18	10.23	7.98	11.89	10.89
C57	人均预期寿命	73.87	73.80	71.31	72.67	74.30	73.79
C58	人口自然增长率	5.31	6.45	7.91	4.97	2.71	5.40
C59	甲乙类法定报告传染病病死率	0.12	0.24	0.34	0.69	0.26	0.47

续表

序号	地区	山西	安徽	江西	河南	湖北	湖南
C60	劳动争议案件受理数	5686.00	6860.00	2319.00	17258.00	20538.00	12600.00
C61	城镇居民人均可支配收入	13119.05	12990.35	12866.44	13231.11	13152.86	13821.16
C62	农村家庭住房面积	26.52	29.88	37.56	31.69	39.04	40.72
C63	人均生活用电量	233.74	219.43	204.14	210.80	281.16	262.46
C64	人均生活用水量	120.90	174.61	201.75	115.88	228.34	234.53
C65	住宅占商品房销售面积的比例	89.78	91.27	92.90	92.21	93.80	90.89
C66	城镇居民家庭恩格尔系数	33.78	41.00	41.68	34.85	42.17	39.92
C67	农村居民人均纯收入	4097.24	4202.49	4697.19	4454.24	4656.38	4512.46
C68	城乡居民收入比	3.38	3.37	2.87	3.12	3.04	3.23
C69	居民消费价格指数	107.19	106.17	106.05	107.03	106.27	106.02
C70	居民储蓄存款	7048.61	5647.51	4166.19	9515.82	6745.42	6549.45
C71	城镇基本医疗保险覆盖率	28.72	21.28	27.65	24.75	27.69	25.36
C72	万人拥有病床数	37.31	26.03	23.89	28.42	29.36	29.43
C73	城镇新增就业人数	20.76	-23.49	-6.46	4.54	57.69	36.45
C74	就业率	61.04	82.16	71.41	83.33	64.88	79.62
C75	人均 GDP	20342.22	14464.82	14728.02	19522.52	19839.57	17486.90
C76	固定资产投资额	3531.16	6746.96	4745.43	10490.64	5647.01	5534.04
C77	进出口总额	1439505.70	2018384.80	1361793.10	1747933.70	2070567.00	1254719.40
C78	人均 GDP 增长率	14.57	20.22	10.91	21.72	21.14	17.73
C79	固定资产投资增长率	23.40	32.62	43.72	30.97	30.41	33.20
C80	进出口总额增长率	24.32	26.69	44.13	36.72	39.25	29.54
C81	第三产业占 GDP 比重	34.16	37.40	30.94	28.63	40.48	37.79
C82	工业化率	52.90	39.61	41.70	51.77	38.80	37.30
C83	城镇化率	45.10	40.50	41.36	36.03	45.20	42.15
C84	每万人拥有研究与实验发展人员数	4.00	1.71	1.65	1.67	3.69	1.41
C85	R&D 活动人员全时当量	4376.00	5369.00	3454.00	9206.00	12193.00	5458.00
C86	R&D 内部经费支出占 GDP 比重	0.90	1.11	0.97	0.66	1.31	1.01
C87	高新技术市场成交额	6.26	31.01	37.79	74.63	60.15	38.64
C88	每十万人拥有的大专及以上受教育程度人口数	6914.43	3791.06	5916.27	4427.56	7827.22	6218.35

续表

序号	地区	山西	安徽	江西	河南	湖北	湖南
C89	每万人接受职业教育在校学生数	148.24	143.41	134.16	158.00	181.63	119.67
C90	公共财政预算教育经费占公共财政支出比例	19.12	18.96	18.20	21.74	16.51	19.20
C91	劳动力数量占总人口比重	76.06	71.32	70.76	74.27	77.61	75.02
C92	人均耕地面积	0.12	0.09	0.06	0.08	0.08	0.06
C93	人均矿产占有量	24.32	22.20	9.91	4.94	20.69	9.19
C94	人均能源占有量	4.55	1.43	1.24	1.50	2.04	1.73
C95	年末实有道路长度	5446.00	9271.00	4752.00	8704.00	13699.00	7412.00

注：表中数据取原始数据的两位有效数字，对部分数据有一定影响。

附录 5　2007 年区域绿色竞争力原始数据

序号	地区	山西	安徽	江西	河南	湖北	湖南
C1	环保治理投资总额	97.00	82.40	45.50	114.40	64.30	64.60
C2	环保污染治理投资占 GDP 比重	0.02	0.01	0.01	0.01	0.01	0.01
C3	本年竣工项目数量（污染治理）	965.00	261.00	209.00	511.00	442.00	543.00
C4	农村人均改水、改厕的政府投资	30698.80	60644.50	57355.70	93022.30	160945.30	73617.10
C5	环境保护支出占财政支出比重	0.09	0.07	0.05	0.06	0.05	0.05
C6	单位耕地面积退耕还林投资完成额	118440.00	52913.00	46471.00	73620.00	91034.00	135477.00
C7	造林面积	258811.00	31857.00	157416.00	50966.00	122898.00	76210.00
C8	建成区绿化覆盖率	0.33	0.36	0.39	0.34	0.38	0.36
C9	人均公园绿地面积	7.13	8.72	8.73	8.92	9.29	7.63

续表

序号	地区	山西	安徽	江西	河南	湖北	湖南
C10	工业废水排放总量	41140.00	73556.00	71410.00	134344.00	91001.00	100113.00
C11	工业废水排放达标率	0.88	0.95	0.94	0.94	0.94	0.90
C12	工业 SO_2 排放达标率	0.93	0.91	0.92	0.88	0.95	0.87
C13	工业粉尘排放达标率	0.94	0.97	0.92	0.91	0.92	0.81
C14	工业烟尘排放达标率	0.92	0.96	0.93	0.91	0.92	0.87
C15	生活垃圾无害化处理率	0.38	0.49	0.71	0.55	0.42	0.53
C16	生活垃圾清运量	365.10	400.20	252.20	737.50	673.20	511.20
C17	城市污水排放量	62336.00	116987.00	63792.00	131511.00	202596.00	154783.00
C18	城市污水处理率	0.63	0.74	0.39	0.68	0.63	0.46
C19	交通噪声等效声级	67.20	68.00	69.90	64.20	69.30	69.80
C20	工业噪声等效声级	53.40	53.80	56.10	54.60	54.60	54.50
C21	矿区生态环境恢复治理面积	1666.00	693.00	938.00	1968.00	350.00	953.00
C22	人均水资源量	305.60	1165.30	2556.50	496.10	1782.10	2247.10
C23	万元 GDP 用水量	102.38	315.17	427.07	139.42	280.26	352.50
C24	工业废气总量	21429.00	13254.00	6103.00	18890.00	10373.00	8762.00
C25	空气质量达到二级以上天数及占全年比重	0.74	0.82	0.95	0.86	0.76	0.83
C26	自然保持区面积	114.00	53.20	98.70	76.90	99.30	111.10
C27	湿地面积	499.90	653.90	998.80	624.10	927.30	1226.90
C28	减少耕地面积	7121.00	9437.00	5855.00	14552.00	9462.00	6096.00
C29	森林覆盖率	0.13	0.24	0.56	0.16	0.27	0.41
C30	高技术产业企业数	151.00	391.00	371.00	546.00	534.00	387.00
C31	高技术产业总产值	154.90	281.90	445.60	642.20	695.60	328.10
C32	工业固体废物综合利用率	0.49	0.82	0.36	0.68	0.75	0.74
C33	土地资源利用率	0.06	0.12	0.06	0.13	0.07	0.06
C34	“三废”综合利用产品产值	403412.00	362346.00	324863.00	517888.00	613942.00	491845.00
C35	工业用水重复利用率	0.95	0.79	0.74	0.87	0.78	0.07
C36	农村沼气池产气总量	13908.40	17103.40	43683.20	92243.80	63615.30	85132.60
C37	高技术产业增加值占工业增加值比重	0.36	0.32	0.29	0.36	0.34	0.34

续表

序号	地区	山西	安徽	江西	河南	湖北	湖南
C38	废气资源和废旧材料回收加工业增加值占工业增加值比重	0. 36	0. 34	0. 28	0. 34	0. 33	0. 35
C39	能源生产弹性系数	0. 88	0. 88	0. 01	0. 47	0. 50	0. 72
C40	万元 GDP 能耗	2. 76	1. 13	0. 98	1. 29	1. 40	1. 31
C41	非煤炭能源消费比重	0. 74	0. 12	0. 24	0. 12	0. 37	0. 29
C42	可再生能源消费比重	0. 01	0. 01	0. 06	0. 02	0. 16	0. 10
C43	平均碳排放系数	1. 44	0. 88	0. 86	0. 78	0. 78	0. 70
C44	单位地区二氧化碳排放的产出	0. 18	0. 37	0. 51	0. 34	0. 37	0. 41
C45	单位地区二氧化硫排放的产出	53. 86	142. 45	104. 81	106. 46	154. 67	127. 66
C46	单位地区氨氮排放的产出	4344. 72	3676. 84	6901. 59	4864. 47	5029. 09	3009. 28
C47	单位化学需氧量排放的产出	379. 01	526. 04	520. 54	492. 97	581. 56	367. 03
C48	人均二氧化碳排放量	10. 07	3. 25	2. 58	4. 67	4. 44	3. 58
C49	人均二氧化硫排放量	40. 87	9. 34	14. 22	16. 71	12. 42	14. 23
C50	人均化学需氧量排放量	11. 03	7. 37	10. 73	7. 41	10. 55	14. 22
C51	人均氨氮排放量	1. 31	0. 90	0. 85	0. 91	1. 25	1. 44
C52	人均生活能源消费量	244. 86	88. 54	76. 38	127. 28	141. 51	99. 34
C53	单位能源消费的碳排放因子	2. 19	2. 57	2. 23	2. 45	2. 08	1. 96
C54	公共交通客运量（不含出租车）	84633. 00	155909. 00	105371. 00	172633. 00	251101. 00	190582. 00
C55	轨道交通客运量比重	0. 00	0. 00	0. 00	0. 00	0. 00	0. 00
C56	每万人拥有公共汽车	6. 62	8. 67	9. 37	7. 80	11. 88	10. 62
C57	人均预期寿命	73. 59	73. 56	71. 01	72. 53	73. 89	73. 39
C58	人口自然增长率	5. 33	6. 35	7. 87	4. 94	3. 23	5. 25
C59	甲乙类法定报告传染病病死率	0. 12	0. 24	0. 35	0. 67	0. 29	0. 55
C60	劳动争议案件受理数	4562. 00	3806. 00	2664. 00	11209. 00	10567. 00	8367. 00
C61	城镇居民人均可支配收入	11564. 95	11473. 58	11451. 69	11477. 05	11485. 80	12293. 54

续表

序号	地区	山西	安徽	江西	河南	湖北	湖南
C62	农村家庭住房面积	25. 80	28. 89	36. 78	30. 17	37. 96	40. 18
C63	人均生活用电量	187. 98	185. 11	190. 64	177. 40	247. 13	255. 31
C64	人均生活用水量	124. 60	180. 40	201. 50	125. 90	244. 50	241. 00
C65	住宅占商品房销售面积的比例	92. 66	90. 02	93. 67	90. 86	93. 82	91. 38
C66	城镇居民家庭恩格尔系数	32. 10	39. 67	40. 87	34. 59	39. 72	36. 08
C67	农村居民人均纯收入	3665. 66	3556. 27	4044. 70	3851. 60	3997. 48	3904. 20
C68	城乡居民收入比	3. 40	3. 51	2. 96	3. 14	3. 10	3. 33
C69	居民消费价格指数	104. 60	105. 30	104. 80	105. 40	104. 80	105. 60
C70	居民储蓄存款	5422. 40	4546. 48	3360. 79	7812. 24	5430. 80	5321. 74
C71	城镇基本医疗保险覆盖率	27. 16	20. 53	23. 21	24. 30	25. 53	24. 14
C72	万人拥有病床数	32. 05	22. 82	21. 72	25. 59	26. 43	27. 13
C73	城镇新增就业人数	33. 20	55. 79	12. 96	16. 40	－31. 36	28. 86
C74	就业率	61. 37	83. 88	72. 32	83. 39	63. 76	79. 29
C75	人均 GDP	17755. 53	12031. 58	13278. 96	16038. 95	16377. 26	14853. 82
C76	固定资产投资额	2861. 46	5087. 53	3301. 94	8010. 11	4330. 36	4154. 76
C77	进出口总额	1157948. 30	1593228. 60	944854. 10	1278512. 70	1486895. 40	968585. 30
C78	人均 GDP 增长率	26. 09	19. 56	23. 37	20. 55	22. 98	24. 46
C79	固定资产投资增长率	26. 85	43. 98	23. 04	35. 66	29. 52	30. 84
C80	进出口总额增长率	74. 73	30. 11	52. 52	30. 53	26. 41	31. 74
C81	第三产业占 GDP 比重	33. 61	39. 06	30. 23	30. 05	41. 64	38. 74
C82	工业化率	52. 20	38. 17	41. 60	50. 00	38. 40	36. 00
C83	城镇化率	44. 03	38. 71	39. 79	34. 34	44. 31	40. 46
C84	每万人拥有研究与实验发展人员数	3. 76	1. 63	1. 66	1. 66	3. 63	1. 39
C85	R&D 活动人员全时当量	36864. 00	36163. 00	27123. 00	64879. 00	67403. 00	44942. 00
C86	R&D 内部经费支出占 GDP 比重	0. 82	0. 98	0. 84	0. 67	1. 19	0. 78
C87	高新技术产业利润总额	6. 32	16. 89	22. 65	55. 90	34. 07	16. 03
C88	每十万人拥有的大专及以上受教育程度人口数	6893. 28	3730. 34	6710. 42	3842. 59	7909. 77	5916. 60
C89	每万人接受职业教育在校学生数	143. 82	138. 74	139. 02	145. 20	164. 27	130. 71

续表

序号	地区	山西	安徽	江西	河南	湖北	湖南
C90	公共财政预算教育经费占公共财政支出比例	18.02	19.26	20.30	21.73	17.50	19.23
C91	劳动力数量占总人口比重	74.44	70.10	69.50	73.96	76.03	74.41
C92	人均耕地面积	0.12	0.09	0.06	0.08	0.08	0.06
C93	人均矿产占有量	24.70	19.98	10.28	4.45	23.67	9.21
C94	人均能源占有量	0.78	1.31	1.22	1.46	1.93	1.58
C95	年末实有道路长度	5034.70	8771.00	4630.00	8452.70	12912.00	7144.00

注：表中数据取原始数据的两位有效数字，对部分数据有一定影响。

附录6 2006年区域绿色竞争力原始数据

序号	地区	山西	安徽	江西	河南	湖北	湖南
C1	环保治理投资总额	63.20	52.00	37.50	95.10	67.70	54.00
C2	环保污染治理投资占GDP比重	0.01	0.01	0.01	0.01	0.01	0.01
C3	本年竣工项目数量（污染治理）	725.00	236.00	216.00	672.00	403.00	426.00
C4	农村人均改水、改厕的政府投资	25276.40	29563.80	37112.40	125690.00	143247.30	39548.80
C5	环境保护支出占财政支出比重	0.07	0.06	0.05	0.07	0.06	0.05
C6	单位耕地面积退耕还林投资完成额	119999.00	99023.00	73323.00	84777.00	121038.00	210792.00
C7	造林面积	288501.00	3402.00	63601.00	170612.00	65913.00	134529.00
C8	建成区绿化覆盖率	0.32	0.33	0.35	0.33	0.37	0.35
C9	人均公园绿地面积	6.63	7.28	7.74	7.93	8.34	6.99
C10	工业废水排放总量	44091.00	70119.00	64074.00	130158.00	91146.00	100024.00
C11	工业废水排放达标率	0.69	0.97	0.78	0.93	0.91	0.92

续表

序号	地区	山西	安徽	江西	河南	湖北	湖南
C12	工业 SO_2 排放达标率	0.81	0.92	0.82	0.87	0.92	0.85
C13	工业粉尘排放达标率	0.87	0.94	0.90	0.87	0.80	0.75
C14	工业烟尘排放达标率	0.87	0.97	0.93	0.89	0.85	0.86
C15	生活垃圾无害化处理率	0.23	0.31	0.51	0.46	0.35	0.46
C16	生活垃圾清运量	468.60	405.00	274.50	722.60	695.40	510.00
C17	城市污水排放量	58059.00	127856.00	108126.00	138613.00	208190.00	177867.00
C18	城市污水处理率	0.60	0.57	0.35	0.54	0.55	0.43
C19	交通噪声等效声级	68.50	67.50	69.90	65.80	66.50	69.90
C20	工业噪声等效声级	53.10	53.40	55.80	55.60	55.30	54.30
C21	矿区生态环境恢复治理面积	847.00	1744.00	1016.00	1838.00	385.00	1714.00
C22	人均水资源量	263.10	949.30	3768.70	342.80	1122.00	2794.90
C23	万元 GDP 用水量	124.78	393.41	440.42	181.66	341.37	432.96
C24	工业废气总量	18128.00	8677.00	5096.00	16770.00	11015.00	5986.00
C25	空气质量达到二级以上天数及占全年比重	0.72	0.90	0.93	0.84	0.75	0.77
C26	自然保持区面积	112.80	43.50	92.10	75.40	101.40	110.60
C27	湿地面积	499.90	653.90	998.80	624.10	927.30	1226.90
C28	减少耕地面积	36839.00	18499.00	35769.00	18232.00	19206.00	38840.00
C29	森林覆盖率	0.13	0.24	0.56	0.16	0.27	0.41
C30	高技术产业企业数	164.00	332.00	314.00	460.00	489.00	361.00
C31	高技术产业总产值	109.70	220.01	331.56	462.33	584.63	255.09
C32	工业固体废物综合利用率	0.45	0.82	0.36	0.68	0.72	0.73
C33	土地资源利用率	0.05	0.12	0.06	0.13	0.07	0.06
C34	“三废”综合利用产品产值	225883.80	232747.60	252891.50	444607.70	559119.30	373538.10
C35	工业用水重复利用率	0.94	0.76	0.72	0.85	0.81	0.06
C36	农村沼气池产气总量	6533.00	12117.30	43129.80	73246.10	44961.90	78471.60
C37	高技术产业增加值占工业增加值比重	0.36	0.32	0.30	0.33	0.32	0.34
C38	废气资源和废旧材料回收加工业增加值占工业增加值比重	0.36	0.33	0.28	0.26	0.31	0.35

续表

序号	地区	山西	安徽	江西	河南	湖北	湖南
C39	能源生产弹性系数	0.38	0.48	0.65	0.23	0.58	3.04
C40	万元 GDP 能耗	2.89	1.17	1.02	1.34	1.46	1.35
C41	非煤炭能源消费比重	0.74	0.12	0.27	0.12	0.36	0.28
C42	可再生能源消费比重	0.01	0.01	0.08	0.02	0.17	0.11
C43	平均碳排放系数	1.52	0.83	0.88	0.75	0.76	0.68
C44	单位地区二氧化碳排放的产出	0.15	0.34	0.46	0.32	0.33	0.35
C45	单位地区二氧化硫排放的产出	40.38	118.47	81.94	85.35	115.92	98.81
C46	单位地区氨氮排放的产出	3416.29	2765.18	5875.84	2948.78	3494.84	2023.51
C47	单位化学需氧量排放的产出	280.16	433.20	403.30	393.03	446.87	259.16
C48	人均二氧化碳排放量	9.44	2.98	2.32	4.20	4.01	3.37
C49	人均二氧化硫排放量	43.79	9.56	14.61	17.29	13.35	14.73
C50	人均化学需氧量排放量	11.47	7.47	10.93	7.68	10.99	14.55
C51	人均氨氮排放量	1.26	0.97	0.81	1.00	1.30	1.58
C52	人均生活能源消费量	251.71	84.16	75.25	133.47	122.91	90.23
C53	单位能源消费的碳排放因子	2.26	2.57	2.16	2.43	2.06	2.02
C54	公共交通客运量（不含出租车）	77145.00	152189.00	96303.00	162167.00	220757.00	159397.00
C55	轨道交通客运量比重	0.00	0.00	0.00	0.00	0.00	0.00
C56	每万人拥有公共汽车	5.73	7.70	8.06	7.09	10.55	8.98
C57	人均预期寿命	73.31	73.31	70.71	72.39	73.48	73.00
C58	人口自然增长率	5.75	6.30	7.79	5.32	3.13	5.19
C59	甲乙类法定报告传染病病死率	0.17	0.23	0.33	0.30	0.35	0.60
C60	劳动争议案件受理数	3872.00	3201.00	2063.00	10233.00	7718.00	8600.00
C61	城镇居民人均可支配收入	10027.70	9771.05	9551.12	9810.26	9802.65	10504.67
C62	农村家庭住房面积	24.96	27.97	35.91	28.44	36.77	39.28
C63	人均生活用电量	158.43	167.36	173.12	152.24	234.55	219.91
C64	人均生活用水量	126.60	189.95	211.56	129.47	246.43	252.70

续表

序号	地区	山西	安徽	江西	河南	湖北	湖南
C65	住宅占商品房销售面积的比例	93.59	88.29	92.01	90.94	93.96	89.78
C66	城镇居民家庭恩格尔系数	31.41	42.38	39.68	33.14	38.78	34.90
C67	农村居民人均纯收入	3180.92	2969.08	3459.53	3261.03	3419.35	3389.62
C68	城乡居民收入比	3.39	3.56	2.89	3.17	3.08	3.29
C69	居民消费价格指数	102.03	101.22	101.17	101.29	101.58	101.44
C70	居民储蓄存款	4796.18	4077.80	3151.69	7367.37	5103.40	4762.31
C71	城镇基本医疗保险覆盖率	24.38	19.46	18.67	23.09	22.67	22.83
C72	万人拥有病床数	33.22	21.82	20.29	23.83	24.97	25.13
C73	城镇新增就业人数	13.90	−1.55	35.37	31.71	20.27	9.88
C74	就业率	39.25	32.43	35.82	32.16	34.62	38.24
C75	人均 GDP	14081.60	10063.39	10763.75	13304.91	13316.92	11934.55
C76	固定资产投资额	2255.70	3533.60	2683.60	5904.70	3343.50	3175.50
C77	进出口总额	662709.90	1224513.63	619486.35	979456.62	1176219.39	735225.62
C78	人均 GDP 增长率	13.04	14.58	14.38	17.88	16.62	15.95
C79	固定资产投资增长率	23.49	39.94	23.29	36.95	24.92	20.78
C80	进出口总额增长率	19.50	34.28	52.41	26.79	29.90	22.53
C81	第三产业占 GDP 比重	36.35	40.20	33.48	29.78	40.57	40.76
C82	工业化率	50.90	36.65	39.50	48.80	38.50	35.20
C83	城镇化率	43.01	37.10	38.68	32.47	43.80	38.71
C84	每万人拥有研究与实验发展人员数	3.44	1.81	1.67	1.70	3.53	1.31
C85	R&D 活动人员全时当量	38767.00	29875.00	25797.00	59692.00	62100.00	39752.00
C86	R&D 内部经费支出占 GDP 比重	0.76	0.97	0.81	0.64	1.25	0.71
C87	高新技术产业利润总额	1.06	13.40	15.52	25.35	27.74	11.49
C88	每十万人拥有的大专及以上受教育程度人口数	6366.94	4509.39	4367.83	3910.29	7523.89	4827.72
C89	每万人接受职业教育在校学生数	129.88	127.39	132.11	127.57	140.44	119.48
C90	公共财政预算教育经费占公共财政支出比例	15.95	18.37	16.61	19.64	14.51	16.91

续表

序号	地区	山西	安徽	江西	河南	湖北	湖南
C91	劳动力数量占总人口比重	74.29	70.26	68.20	72.70	75.26	73.02
C92	人均耕地面积	0.14	0.10	0.07	0.09	0.09	0.06
C93	人均矿产占有量	25.24	20.49	10.55	4.49	23.07	9.24
C94	人均能源占有量	1.50	1.18	1.06	1.35	1.75	1.44
C95	年末实有道路长度	5184.00	7824.00	4179.00	8460.00	12624.00	6577.00

注：表中数据取原始数据的两位有效数字，对部分数据有一定影响。

附录7 2005年区域绿色竞争力原始数据

序号	地区	山西	安徽	江西	河南	湖北	湖南
C1	环保治理投资总额	48.50	49.30	37.10	82.40	62.00	37.70
C2	环保污染治理投资占GDP比重	0.01	0.01	0.01	0.01	0.01	0.01
C3	本年竣工项目数量（污染治理）	583.00	210.00	145.00	589.00	428.00	479.00
C4	农村人均改水、改厕的政府投资	7245.70	33081.80	23820.50	20422.00	43767.40	31033.80
C5	环境保护支出占财政支出比重	0.07	0.06	0.05	0.07	0.06	0.05
C6	单位耕地面积退耕还林投资完成额	120767.00	72519.00	64600.00	86619.00	135734.00	250256.00
C7	造林面积	140260.00	36095.00	47589.00	186715.00	177946.00	136479.00
C8	建成区绿化覆盖率	0.30	0.28	0.33	0.32	0.35	0.34
C9	人均公园绿地面积	6.02	6.58	7.82	7.85	6.54	6.87
C10	工业废水排放总量	32099.00	63487.00	53972.00	123476.00	92432.00	122440.00
C11	工业废水排放达标率	0.89	0.97	0.92	0.92	0.88	0.90
C12	工业 SO_2 排放达标率	0.74	0.90	0.80	0.78	0.90	0.81
C13	工业粉尘排放达标率	0.78	0.95	0.73	0.69	0.80	0.72

续表

序号	地区	山西	安徽	江西	河南	湖北	湖南
C14	工业烟尘排放达标率	0.77	0.96	0.84	0.88	0.86	0.85
C15	生活垃圾无害化处理率	0.13	0.18	0.49	0.58	0.61	0.40
C16	生活垃圾清运量	619.70	476.60	264.40	756.70	885.20	486.00
C17	城市污水排放量	48034.00	126760.70	108991.60	146518.40	218228.90	169530.50
C18	城市污水处理率	0.56	0.52	0.35	0.46	0.48	0.41
C19	交通噪声等效声级	67.90	68.00	69.90	67.60	69.80	70.00
C20	工业噪声等效声级	53.80	53.70	55.90	55.70	55.00	54.00
C21	矿区生态环境恢复治理面积	2680.00	1308.00	590.00	1187.00	446.00	2384.00
C22	人均水资源量	251.50	1178.80	3513.20	597.20	1640.60	2649.50
C23	万元 GDP 用水量	133.27	386.97	512.97	186.83	388.64	504.35
C24	工业废气总量	15142.00	6960.00	4379.00	15498.00	9404.00	6014.00
C25	空气质量达到二级以上天数及占全年比重	0.67	0.90	0.93	0.82	0.74	0.67
C26	自然保护区面积	114.40	40.80	90.20	75.70	102.90	106.10
C27	湿地面积	499.90	653.90	998.80	624.10	927.30	1226.90
C28	减少耕地面积	19700.00	13000.00	4800.00	17200.00	54300.00	7000.00
C29	森林覆盖率	0.13	0.24	0.56	0.16	0.27	0.41
C30	高技术产业企业数	145.00	287.00	272.00	383.00	446.00	316.00
C31	高技术产业总产值	74.80	172.90	234.00	328.90	447.50	219.30
C32	工业固体废物综合利用率	0.45	0.79	0.27	0.66	0.73	0.70
C33	土地资源利用率	0.05	0.12	0.05	0.13	0.07	0.06
C34	“三废”综合利用产品产值	249696.50	187615.80	178811.20	339139.50	462127.90	263513.60
C35	工业用水重复利用率	0.93	0.75	0.50	0.88	0.78	0.22
C36	农村沼气池产气总量	4500.00	7777.30	47091.00	42982.70	36534.30	79524.00
C37	高技术产业增加值占工业增加值比重	0.35	0.28	0.27	0.35	0.31	0.37
C38	废气资源和废旧材料回收加工业增加值占工业增加值比重	0.37	0.30	0.25	0.28	0.29	0.34
C39	能源生产弹性系数	0.86	0.54	1.68	0.78	0.59	3.04

续表

序号	地区	山西	安徽	江西	河南	湖北	湖南
C40	万元 GDP 能耗	2.95	1.21	1.06	1.38	1.51	1.40
C41	非煤炭能源消费比重	0.72	0.11	0.24	0.15	0.35	0.25
C42	可再生能源消费比重	0.01	0.01	0.08	0.02	0.17	0.10
C43	平均碳排放系数	1.60	0.96	0.90	0.77	0.71	0.64
C44	单位地区二氧化碳排放的产出	0.15	0.33	0.45	0.30	0.32	0.33
C45	单位地区二氧化硫排放的产出	34.83	104.37	73.09	71.97	104.16	86.24
C46	单位地区氨氮排放的产出	2891.40	2796.22	5341.22	1975.35	2472.21	1565.62
C47	单位化学需氧量排放的产出	248.54	393.80	364.04	309.03	368.93	221.65
C48	人均二氧化碳排放量	8.59	2.68	2.07	3.76	3.56	3.09
C49	人均二氧化硫排放量	45.19	9.33	14.22	17.32	12.56	14.53
C50	人均化学需氧量排放量	11.53	7.25	10.61	7.68	10.79	14.14
C51	人均氨氮排放量	1.27	0.87	0.80	1.10	1.36	1.59
C52	人均生活能源消费量	242.91	90.35	73.26	132.50	105.62	97.33
C53	单位能源消费的碳排放因子	2.26	2.52	2.08	2.41	2.01	2.02
C54	公共交通客运量（不含出租车）	71204.86	139660.94	83880.30	153775.01	224224.34	212506.95
C55	轨道交通客运量比重	0.00	0.00	0.00	0.00	0.00	0.00
C56	每万人拥有公共汽车	5.25	7.20	8.03	7.77	7.80	8.86
C57	人均预期寿命	73.03	73.07	70.42	72.25	73.08	72.60
C58	人口自然增长率	6.02	6.20	7.83	5.25	3.05	5.15
C59	甲乙类法定报告传染病病死率	0.10	0.20	0.37	0.33	0.32	0.59
C60	劳动争议案件受理数	3666.00	3105.00	1999.00	7960.00	7668.00	7206.00
C61	城镇居民人均可支配收入	8913.91	8470.68	8619.66	8667.97	8785.94	9523.97
C62	农村家庭住房面积	24.15	27.02	34.10	27.21	36.05	38.38
C63	人均生活用电量	126.57	128.06	119.47	140.93	168.41	132.43
C64	人均生活用水量	120.35	195.69	236.54	147.06	274.33	278.68
C65	住宅占商品房销售面积的比例	90.00	88.40	88.15	89.26	90.70	87.48

续表

序号	地区	山西	安徽	江西	河南	湖北	湖南
C66	城镇居民家庭恩格尔系数	32.43	43.68	40.84	34.24	38.97	35.83
C67	农村居民人均纯收入	2890.66	2640.96	3128.89	2870.58	3099.20	3117.74
C68	城乡居民收入比	3.30	3.48	2.89	3.19	3.03	3.24
C69	居民消费价格指数	102.30	101.35	101.72	102.08	102.90	102.32
C70	居民储蓄存款	4119.70	3508.70	2752.90	6488.60	4465.80	4092.10
C71	城镇基本医疗保险覆盖率	23.02	17.84	17.37	22.34	20.37	21.53
C72	万人拥有病床数	32.18	20.68	19.68	22.64	24.37	23.92
C73	城镇新增就业人数	-12.46	3.06	34.33	40.55	32.00	34.81
C74	就业率	62.05	85.30	73.62	85.55	65.21	81.35
C75	人均 GDP	12457.59	8782.88	9410.25	11287.23	11418.81	10292.98
C76	固定资产投资额	1826.58	2525.11	2176.60	4311.63	2676.58	2629.07
C77	进出口总额	554565.49	911938.85	406460.61	772491.83	905475.17	600018.91
C78	人均 GDP 增长率	16.33	19.23	16.62	28.22	21.95	22.20
C79	固定资产投资增长率	26.50	30.48	27.05	39.11	18.18	26.85
C80	进出口总额增长率	3.03	26.46	15.21	16.70	33.83	10.23
C81	第三产业占 GDP 比重	37.42	40.70	34.80	30.05	40.31	40.55
C82	工业化率	50.10	34.34	35.90	46.30	37.60	33.30
C83	城镇化率	42.07	35.46	36.96	30.62	43.17	36.96
C84	每万人拥有研究与实验发展人员数	3.40	1.83	1.66	1.79	3.38	1.23
C85	R&D 活动人员全时当量	27438.00	28405.00	22064.00	51181.00	61226.00	38044.00
C86	R&D 内部经费支出占 GDP 比重	0.63	0.85	0.70	0.52	1.15	0.68
C87	高新技术产业利润总额	2.74	9.47	10.76	14.96	21.32	10.47
C88	每十万人拥有的大专及以上受教育程度人口数	5218.23	3577.14	3491.90	3898.30	4796.22	4165.74
C89	每万人接受职业教育在校学生数	107.79	103.50	125.63	114.80	106.13	111.53
C90	公共财政预算教育经费占公共财政支出比例	17.84	19.69	17.00	20.72	16.36	17.41
C91	劳动力数量占总人口比重	70.92	66.75	66.40	70.56	71.87	71.09
C92	人均耕地面积	0.14	0.10	0.07	0.09	0.09	0.06

续表

序号	地区	山西	安徽	江西	河南	湖北	湖南
C93	人均矿产占有量	25.53	21.48	10.14	4.36	23.67	9.11
C94	人均能源占有量	1.51	1.18	1.06	1.35	1.75	1.45
C95	年末实有道路长度	4965.34	7985.47	3916.11	7089.58	14170.60	5978.24

注：表中数据取原始数据的两位有效数字，对部分数据有一定影响。

附录8 2004年区域绿色竞争力原始数据

序号	地区	山西	安徽	江西	河南	湖北	湖南
C1	环保治理投资总额	45.00	41.30	29.60	61.10	44.80	29.00
C2	环保污染治理投资占GDP比重	0.01	0.01	0.01	0.01	0.01	0.01
C3	本年竣工项目数量（污染治理）	648.00	216.00	157.00	612.00	329.00	435.00
C4	农村人均改水、改厕的政府投资	7245.70	33081.80	23820.50	20422.00	43767.40	31033.80
C5	环境保护支出占财政支出比重	0.07	0.06	0.05	0.07	0.06	0.05
C6	单位耕地面积退耕还林投资完成额	116501.00	61025.00	65999.00	78609.00	86783.00	167887.00
C7	造林面积	317519.00	54364.00	58097.00	273858.00	162488.00	333772.00
C8	建成区绿化覆盖率	0.21	0.22	0.28	0.24	0.29	0.27
C9	人均公园绿地面积	4.98	5.93	7.37	7.14	5.87	6.53
C10	工业废水排放总量	31393.00	64054.00	54949.00	117328.00	97451.00	123126.00
C11	工业废水排放达标率	0.90	0.97	0.89	0.94	0.86	0.84
C12	工业 SO_2 排放达标率	0.74	0.90	0.80	0.78	0.90	0.81
C13	工业粉尘排放达标率	0.78	0.95	0.73	0.69	0.80	0.72
C14	工业烟尘排放达标率	0.77	0.96	0.84	0.88	0.86	0.85
C15	生活垃圾无害化处理率	0.15	0.26	0.49	0.55	0.58	0.33

续表

序号	地区	山西	安徽	江西	河南	湖北	湖南
C16	生活垃圾清运量	592. 40	466. 80	258. 70	681. 50	891. 30	488. 90
C17	城市污水排放量	47997. 00	129752. 00	99127. 20	146483. 60	215327. 00	162878. 00
C18	城市污水处理率	0. 55	0. 45	0. 24	0. 45	0. 41	0. 38
C19	交通噪声等效声级	68. 00	67. 80	69. 70	67. 70	70. 00	69. 90
C20	工业噪声等效声级	54. 00	53. 20	55. 70	55. 80	55. 40	53. 30
C21	矿区生态环境恢复治理面积	2680. 00	1308. 00	590. 00	1187. 00	446. 00	2384. 00
C22	人均水资源量	277. 40	774. 90	2415. 10	418. 40	1539. 80	2450. 40
C23	万元 GDP 用水量	183. 74	435. 72	582. 10	227. 68	384. 63	576. 59
C24	工业废气总量	13351. 00	5934. 00	3972. 00	13103. 00	8838. 00	5527. 00
C25	空气质量达到二级以上天数及占全年比重	0. 61	0. 86	0. 90	0. 82	0. 68	0. 60
C26	自然保持区面积	107. 60	54. 20	83. 10	75. 70	102. 80	102. 80
C27	湿地面积	499. 90	653. 90	998. 80	624. 10	927. 30	1226. 90
C28	减少耕地面积	19846. 00	46955. 00	52080. 00	25000. 00	39810. 00	26000. 00
C29	森林覆盖率	0. 13	0. 24	0. 56	0. 16	0. 27	0. 41
C30	高技术产业企业数	147. 00	258. 00	248. 00	576. 00	381. 00	318. 00
C31	高技术产业总产值	61. 00	147. 50	165. 30	258. 10	274. 10	179. 10
C32	工业固体废物综合利用率	0. 44	0. 78	0. 25	0. 66	0. 72	0. 67
C33	土地资源利用率	0. 05	0. 12	0. 05	0. 13	0. 07	0. 06
C34	“三废”综合利用产品产值	204540. 90	155963. 00	146192. 20	238666. 10	432036. 50	185322. 00
C35	工业用水重复利用率	0. 90	0. 75	0. 50	0. 86	0. 81	0. 15
C36	农村沼气池产气总量	2397. 00	6606. 30	37183. 80	24349. 90	31729. 70	71213. 70
C37	高技术产业增加值占工业增加值比重	0. 30	0. 35	0. 24	0. 26	0. 28	0. 36
C38	废气资源和废旧材料回收加工业增加值占工业增加值比重	0. 31	0. 36	0. 29	0. 29	0. 33	0. 36
C39	能源生产弹性系数	0. 72	1. 67	1. 46	1. 68	0. 63	2. 54
C40	万元 GDP 能耗	3. 70	1. 25	1. 09	1. 48	1. 45	1. 35
C41	非煤炭能源消费比重	0. 71	0. 11	0. 26	0. 14	0. 34	0. 27
C42	可再生能源消费比重	0. 01	0. 01	0. 08	0. 02	0. 17	0. 10

续表

序号	地区	山西	安徽	江西	河南	湖北	湖南
C43	平均碳排放系数	1.47	0.81	0.84	0.79	0.78	0.63
C44	单位地区二氧化碳排放的产出	0.13	0.30	0.41	0.30	0.30	0.42
C45	单位地区二氧化硫排放的产出	32.67	108.41	73.70	76.85	92.65	79.24
C46	单位地区氨氮排放的产出	2643.01	2726.14	6877.50	1947.98	2111.35	1513.91
C47	单位化学需氧量排放的产出	225.58	377.43	346.01	256.51	321.82	204.39
C48	人均二氧化碳排放量	8.32	2.44	1.97	2.98	3.10	2.01
C49	人均二氧化硫排放量	42.43	7.57	12.11	12.93	11.50	13.02
C50	人均化学需氧量排放量	11.40	6.61	10.59	7.16	10.21	12.69
C51	人均氨氮排放量	1.26	0.75	0.77	0.94	1.24	1.40
C52	人均生活能源消费量	247.87	83.86	58.02	93.35	89.72	50.75
C53	单位能源消费的碳排放因子	2.47	2.62	2.21	2.22	2.04	1.77
C54	公共交通客运量（不含出租车）	59916.32	116157.92	73188.83	132203.83	204827.87	175137.00
C55	轨道交通客运量比重	0.00	0.00	0.00	0.00	0.00	0.00
C56	每万人拥有公共汽车	4.76	7.41	7.32	7.21	7.01	8.88
C57	人均预期寿命	72.75	72.82	70.12	72.10	72.67	72.21
C58	人口自然增长率	6.25	6.12	7.62	5.20	2.40	5.09
C59	甲乙类法定报告传染病病死率	0.05	0.24	0.23	0.19	0.34	0.76
C60	劳动争议案件受理数	3200.00	3157.00	1735.00	6428.00	7886.00	4686.00
C61	城镇居民人均可支配收入	7902.86	7511.43	7559.64	7704.90	8022.75	8617.48
C62	农村家庭住房面积	23.26	24.90	31.35	25.91	33.68	36.55
C63	人均生活用电量	116.85	112.18	109.41	123.99	157.08	127.87
C64	人均生活用水量	115.80	206.20	242.00	147.30	274.10	304.50
C65	住宅占商品房销售面积的比例	87.75	82.54	84.43	89.91	92.74	86.67
C66	城镇居民家庭恩格尔系数	33.92	43.93	43.02	35.05	39.32	36.02
C67	农村居民人均纯收入	2589.60	2499.33	2786.78	2553.15	2890.01	2837.76
C68	城乡居民收入比	3.25	3.20	2.83	3.16	2.95	3.24

续表

序号	地区	山西	安徽	江西	河南	湖北	湖南
C69	居民消费价格指数	104. 10	104. 50	103. 50	105. 40	104. 90	105. 10
C70	居民储蓄存款	3342. 31	2972. 36	2347. 72	5607. 30	3860. 70	3483. 23
C71	城镇基本医疗保险覆盖率	30. 19	27. 00	21. 97	28. 06	22. 62	33. 58
C72	万人拥有病床数	32. 36	18. 84	19. 57	21. 36	22. 86	21. 97
C73	城镇新增就业人数	-3. 56	-11. 84	50. 51	28. 83	6. 69	46. 61
C74	就业率	61. 35	76. 39	67. 41	80. 96	58. 92	73. 55
C75	人均 GDP	10708. 76	7366. 22	8068. 86	8802. 91	9363. 76	8423. 32
C76	固定资产投资额	1443. 88	1935. 25	1713. 20	3099. 38	2264. 81	2072. 56
C77	进出口总额	538248. 70	721155. 50	352794. 80	661955. 30	676580. 90	544351. 50
C78	人均 GDP 增长率	24. 29	20. 36	22. 27	23. 91	18. 13	20. 44
C79	固定资产投资增长率	31. 16	36. 41	31. 46	36. 96	25. 17	30. 32
C80	进出口总额增长率	74. 18	21. 25	39. 55	40. 48	32. 42	45. 85
C81	第三产业占 GDP 比重	27. 41	35. 94	34. 38	31. 01	40. 74	39. 74
C82	工业化率	47. 90	31. 28	33. 00	42. 60	35. 30	32. 30
C83	城镇化率	29. 35	20. 77	26. 61	21. 64	34. 31	21. 21
C84	每万人拥有研究与实验发展人员数	3. 16	1. 54	1. 66	1. 69	2. 86	1. 17
C85	R&D 活动人员全时当量	18504. 00	24113. 00	19225. 00	42126. 00	50311. 00	31334. 00
C86	R&D 内部经费支出占 GDP 比重	0. 65	0. 80	0. 62	0. 50	1. 01	0. 66
C87	高新技术产业利润总额	2. 60	7. 80	8. 90	16. 10	10. 60	10. 50
C88	每十万人拥有的大专及以上受教育程度人口数	4941. 63	4172. 19	4344. 73	4134. 61	5554. 55	4913. 24
C89	每万人接受职业教育在校学生数	98. 47	80. 44	92. 83	100. 80	76. 21	96. 92
C90	公共财政预算教育经费占公共财政支出比例	18. 07	20. 69	17. 73	21. 74	17. 56	17. 52
C91	劳动力数量占总人口比重	72. 07	69. 97	70. 63	71. 02	73. 03	73. 06
C92	人均耕地面积	0. 14	0. 09	0. 07	0. 08	0. 08	0. 06
C93	人均矿产占有量	25. 77	25. 46	9. 31	5. 36	25. 82	8. 44
C94	人均能源占有量	2. 16	0. 96	0. 84	1. 05	1. 30	0. 93
C95	年末实有道路长度	4562. 09	7262. 87	3670. 79	6505. 50	14434. 11	5539. 89

注：表中数据取原始数据的两位有效数字，对部分数据有一定影响。

附录9 2003年区域绿色竞争力原始数据

序号	地区	山西	安徽	江西	河南	湖北	湖南
C1	环保治理投资总额	32.00	28.00	21.60	48.10	31.80	25.60
C2	环保污染治理投资占GDP比重	0.01	0.01	0.01	0.01	0.01	0.01
C3	本年竣工项目数量（污染治理）	412.00	189.00	155.00	665.00	320.00	326.00
C4	农村人均改水、改厕的政府投资	7245.70	33081.80	23820.50	20422.00	43767.40	31033.80
C5	环境保护支出占财政支出比重	0.07	0.06	0.05	0.07	0.06	0.05
C6	单位耕地面积退耕还林投资完成额	106489.00	75105.00	50103.00	83239.00	93915.00	91030.00
C7	造林面积	507681.00	194508.00	219745.00	320124.00	315476.00	409578.00
C8	建成区绿化覆盖率	0.24	0.27	0.30	0.30	0.34	0.30
C9	人均公园绿地面积	4.16	5.13	6.42	6.60	5.64	5.07
C10	工业废水排放总量	30929.00	63525.00	50135.00	114224.00	96498.00	124132.00
C11	工业废水排放达标率	0.87	0.96	0.83	0.91	0.84	0.80
C12	工业SO_2排放达标率	0.74	0.90	0.80	0.78	0.90	0.81
C13	工业粉尘排放达标率	0.78	0.95	0.73	0.69	0.80	0.72
C14	工业烟尘排放达标率	0.77	0.96	0.84	0.88	0.86	0.85
C15	生活垃圾无害化处理率	0.33	0.36	0.50	0.65	0.63	0.23
C16	生活垃圾清运量	601.50	406.80	236.60	651.20	813.40	443.90
C17	城市污水排放量	46676.50	121008.00	96737.60	145903.60	217180.20	150235.50
C18	城市污水处理率	0.47	0.47	0.21	0.35	0.37	0.27
C19	交通噪声等效声级	67.80	67.70	69.90	68.00	69.90	70.00
C20	工业噪声等效声级	53.80	52.50	55.80	55.90	55.10	53.80
C21	矿区生态环境恢复治理面积	2680.00	1308.00	590.00	1187.00	446.00	2384.00

续表

序号	地区	山西	安徽	江西	河南	湖北	湖南
C22	人均水资源量	408.20	1699.10	3215.40	723.80	2058.60	2707.20
C23	万元 GDP 用水量	228.77	449.60	609.44	266.15	453.75	687.26
C24	工业废气总量	12849.00	5383.00	3202.00	11992.00	6707.00	4603.00
C25	空气质量达到二级以上天数及占全年比重	0.50	0.79	0.86	0.84	0.67	0.67
C26	自然保护区面积	105.90	53.10	76.00	49.50	84.50	95.40
C27	湿地面积	499.90	653.90	998.80	624.10	927.30	1226.90
C28	减少耕地面积	149000.00	169900.00	68400.00	102200.00	109100.00	64600.00
C29	森林覆盖率	0.12	0.23	0.53	0.13	0.26	0.39
C30	高技术产业企业数	137.00	220.00	197.00	340.00	441.00	270.00
C31	高技术产业总产值	54.18	122.23	141.66	194.62	305.79	155.23
C32	工业固体废物综合利用率	0.40	0.80	0.22	0.70	0.73	0.64
C33	土地资源利用率	0.05	0.11	0.05	0.13	0.07	0.06
C34	“三废”综合利用产品产值	126709.00	127340.80	85473.00	204376.20	286370.30	157832.70
C35	工业用水重复利用率	0.90	0.66	0.58	0.87	0.58	0.36
C36	农村沼气池产气总量	2181.60	6718.30	37183.60	22189.90	29891.50	70345.80
C37	高技术产业增加值占工业增加值比重	0.26	0.16	0.33	0.20	0.32	0.26
C38	废气资源和废旧材料回收加工业增加值占工业增加值比重	0.33	0.29	0.28	0.29	0.34	0.32
C39	能源生产弹性系数	1.50	0.89	1.22	2.60	0.75	1.69
C40	万元 GDP 能耗	4.23	1.37	1.21	1.50	1.43	1.36
C41	非煤炭能源消费比重	0.70	0.14	0.27	0.11	0.31	0.26
C42	可再生能源消费比重	0.01	0.01	0.08	0.02	0.17	0.10
C43	平均碳排放系数	1.61	0.80	0.90	0.81	0.83	0.73
C44	单位地区二氧化碳排放的产出	0.11	0.22	0.38	0.31	0.28	0.41
C45	单位地区二氧化硫排放的产出	27.63	96.78	71.66	76.16	87.64	69.41
C46	单位地区氨氮排放的产出	2299.12	2012.81	6119.69	2097.14	1660.25	1302.23

续表

序号	地区	山西	安徽	江西	河南	湖北	湖南
C47	单位化学需氧量排放的产出	182.06	318.34	324.10	201.07	252.64	185.23
C48	人均二氧化碳排放量	7.97	2.75	1.73	2.31	2.81	1.69
C49	人均二氧化硫排放量	41.14	7.10	10.28	10.75	10.14	12.73
C50	人均化学需氧量排放量	10.81	6.43	9.92	7.32	10.57	12.22
C51	人均氨氮排放量	1.23	0.79	0.72	0.82	1.28	1.29
C52	人均生活能源消费量	238.97	76.27	88.17	91.00	98.47	56.42
C53	单位能源消费的碳排放因子	2.54	3.23	2.15	2.10	2.19	1.79
C54	公共交通客运量（不含出租车）	48030.17	101568.13	64722.33	109677.52	200402.73	117634.49
C55	轨道交通客运量比重	0.00	0.00	0.00	0.00	0.00	0.00
C56	每万人拥有公共汽车	4.12	6.20	6.79	6.54	6.78	7.50
C57	人均预期寿命	72.47	72.58	69.83	71.96	72.27	71.82
C58	人口自然增长率	6.22	5.95	8.09	5.64	2.32	4.95
C59	甲乙类法定报告传染病病死率	0.15	0.28	0.31	0.11	0.31	0.58
C60	劳动争议案件受理数	2635.00	2575.00	1153.00	5225.00	5571.00	3772.00
C61	城镇居民人均可支配收入	7005.03	6778.03	6901.42	6926.12	7321.98	7674.20
C62	农村家庭住房面积	22.94	24.50	30.55	25.41	32.44	35.09
C63	人均生活用电量	107.88	98.27	100.19	109.08	146.52	123.47
C64	人均生活用水量	119.40	213.50	262.20	160.10	266.60	311.70
C65	住宅占商品房销售面积的比例	83.27	82.90	80.10	92.24	94.56	85.48
C66	城镇居民家庭恩格尔系数	33.54	44.21	40.29	33.64	38.23	35.83
C67	农村居民人均纯收入	2299.17	2127.48	2457.53	2235.68	2566.76	2532.87
C68	城乡居民收入比	3.24	3.36	2.91	3.24	3.02	3.22
C69	居民消费价格指数	101.80	101.70	100.80	101.60	102.20	102.40
C70	居民储蓄存款	2781.54	2475.83	2015.45	4919.09	3296.52	3036.45
C71	城镇基本医疗保险覆盖率	25.80	24.13	17.54	29.12	23.62	30.06

续表

序号	地区	山西	安徽	江西	河南	湖北	湖南
C72	万人拥有病床数	31.19	18.55	19.37	20.93	22.66	21.56
C73	城镇新增就业人数	39.57	-8.17	6.17	9.55	34.87	31.02
C74	就业率	63.38	76.49	66.47	82.46	59.32	73.54
C75	人均 GDP	8615.66	6120.29	6599.46	7104.27	7926.44	6993.83
C76	固定资产投资额	1100.86	1418.69	1303.22	2262.97	1809.45	1590.32
C77	进出口总额	309013.00	594781.00	252806.00	471217.00	510930.00	373236.00
C78	人均 GDP 增长率	22.07	10.21	13.70	13.15	12.66	11.67
C79	固定资产投资增长率	35.35	32.04	46.59	31.12	12.73	17.98
C80	进出口总额增长率	33.68	42.26	49.19	47.11	29.25	29.78
C81	第三产业占 GDP 比重	29.84	37.19	37.15	32.86	42.52	42.02
C82	工业化率	45.20	32.01	30.80	41.90	35.40	31.90
C83	城镇化率	28.71	20.57	25.23	20.17	29.39	21.14
C84	每万人拥有研究与实验发展人员数	3.13	1.59	1.69	1.72	3.28	1.23
C85	R&D 活动人员全时当量	18483.00	25107.00	16999.00	40742.00	51901.00	26988.00
C86	R&D 内部经费支出占 GDP 比重	0.55	0.83	0.60	0.50	1.15	0.65
C87	高新技术产业利润总额	2.01	6.15	6.32	11.17	13.71	8.96
C88	每十万人拥有的大专及以上受教育程度人口数	5020.98	4597.58	5795.43	2980.09	5196.84	4403.13
C89	每万人接受职业教育在校学生数	41.74	88.19	35.12	43.77	25.28	44.90
C90	公共财政预算教育经费占公共财政支出比例	18.83	20.40	18.44	22.99	18.18	18.64
C91	劳动力数量占总人口比重	69.96	69.67	69.76	69.44	71.26	71.76
C92	人均耕地面积	0.14	0.09	0.07	0.08	0.08	0.06
C93	人均矿产占有量	20.41	25.53	8.08	3.57	9.42	3.66
C94	人均能源占有量	1.99	0.92	0.76	0.91	1.18	0.61
C95	年末实有道路长度	4421.03	6931.16	3430.49	5986.96	13837.62	5368.90

注：表中数据取原始数据的两位有效数字，对部分数据有一定影响。

附录10 2002年区域绿色竞争力原始数据

序号	地区	山西	安徽	江西	河南	湖北	湖南
C1	环保治理投资总额	32.00	28.00	21.60	48.10	31.80	25.60
C2	环保污染治理投资占GDP比重	0.01	0.01	0.01	0.01	0.01	0.01
C3	本年竣工项目数量（污染治理）	429.00	190.00	135.00	478.00	372.00	354.00
C4	农村人均改水、改厕的政府投资	7245.70	33081.80	23820.50	20422.00	43767.40	31033.80
C5	环境保护支出占财政支出比重	0.07	0.06	0.05	0.07	0.06	0.05
C6	单位耕地面积退耕还林投资完成额	106489.00	75105.00	50103.00	83239.00	93915.00	91030.00
C7	造林面积	507681.00	194508.00	219745.00	320124.00	315476.00	409578.00
C8	建成区绿化覆盖率	0.24	0.27	0.30	0.30	0.34	0.30
C9	人均公园绿地面积	3.20	4.50	4.90	5.70	4.70	4.70
C10	工业废水排放总量	30777.00	64577.00	46119.00	114431.00	98481.00	111788.00
C11	工业废水排放达标率	0.87	0.96	0.78	0.90	0.84	0.78
C12	工业SO_2排放达标率	0.74	0.90	0.80	0.78	0.90	0.81
C13	工业粉尘排放达标率	0.78	0.95	0.73	0.69	0.80	0.72
C14	工业烟尘排放达标率	0.77	0.96	0.84	0.88	0.86	0.85
C15	生活垃圾无害化处理率	0.33	0.36	0.50	0.65	0.63	0.23
C16	生活垃圾清运量	601.50	406.80	236.60	651.20	813.40	443.90
C17	城市污水排放量	45223.80	119835.00	93582.40	144369.20	214803.00	147428.00
C18	城市污水处理率	0.45	0.45	0.21	0.25	0.66	0.40
C19	交通噪声等效声级	68.50	67.50	69.90	65.80	66.50	69.10
C20	工业噪声等效声级	53.10	53.40	55.80	55.60	55.30	54.30
C21	矿区生态环境恢复治理面积	2680.00	1308.00	590.00	1187.00	446.00	2384.00

续表

序号	地区	山西	安徽	江西	河南	湖北	湖南
C22	人均水资源量	408.20	1699.10	3215.40	723.80	2058.60	2707.20
C23	万元 GDP 用水量	228.77	449.60	609.44	266.15	453.75	687.26
C24	工业废气总量	9402.00	5119.00	2612.00	10645.00	6440.00	4190.00
C25	空气质量达到二级以上天数及占全年比重	0.50	0.79	0.86	0.84	0.67	0.67
C26	自然保护区面积	105.90	53.10	72.50	49.90	62.90	80.50
C27	湿地面积	499.90	653.90	998.80	624.10	927.30	1226.90
C28	减少耕地面积	125600.00	47932.00	57800.00	79600.00	110100.00	28000.00
C29	森林覆盖率	0.12	0.23	0.53	0.13	0.26	0.39
C30	高技术产业企业数	132.00	209.00	168.00	318.00	426.00	246.00
C31	高技术产业总产值	52.39	107.86	155.70	160.62	286.09	135.44
C32	工业固体废物综合利用率	0.36	0.76	0.19	0.64	0.67	0.65
C33	土地资源利用率	0.05	0.11	0.05	0.13	0.07	0.06
C34	“三废”综合利用产品产值	93390.40	98622.50	88023.80	190462.10	334564.60	134641.20
C35	工业用水重复利用率	0.91	0.68	0.55	0.86	0.70	0.28
C36	农村沼气池产气总量	1098.00	5428.70	30837.27	13097.35	27240.12	57915.47
C37	高技术产业增加值占工业增加值比重	0.27	0.27	0.19	0.17	0.18	0.16
C38	废气资源和废旧材料回收加工业增加值占工业增加值比重	0.37	0.27	0.28	0.21	0.28	0.36
C39	能源生产弹性系数	2.12	1.87	0.07	1.58	0.79	1.64
C40	万元 GDP 能耗	4.63	1.50	1.20	1.47	1.39	1.23
C41	非煤炭能源消费比重	0.67	0.10	0.30	0.11	0.34	0.27
C42	可再生能源消费比重	0.01	0.01	0.08	0.02	0.16	0.10
C43	平均碳排放系数	1.60	0.81	0.90	0.74	0.75	0.71
C44	单位地区二氧化碳排放的产出	0.10	0.30	0.40	0.30	0.40	0.42
C45	单位地区二氧化硫排放的产出	25.63	100.83	98.77	74.76	89.10	72.09
C46	单位地区氨氮排放的产出	1937.33	1759.86	6126.20	1946.93	1404.27	814.03

续表

序号	地区	山西	安徽	江西	河南	湖北	湖南
C47	单位化学需氧量排放的产出	154.99	279.34	360.36	160.95	198.72	134.35
C48	人均二氧化碳排放量	7.16	1.85	1.44	2.07	1.74	1.50
C49	人均二氧化硫排放量	36.40	6.25	6.94	9.75	9.00	11.21
C50	人均化学需氧量排放量	9.41	6.48	9.26	7.73	11.07	11.18
C51	人均氨氮排放量	1.21	0.79	0.69	0.81	1.27	1.52
C52	人均生活能源消费量	203.13	72.07	80.11	86.09	128.65	47.62
C53	单位能源消费的碳排放因子	2.27	2.15	1.77	1.88	1.35	1.79
C54	公共交通客运量（不含出租车）	48192.90	96492.06	61509.50	94143.86	184938.19	105521.70
C55	轨道交通客运量比重	0.00	0.00	0.00	0.00	0.00	0.00
C56	每万人拥有公共汽车	3.81	6.07	5.69	4.81	5.87	6.65
C57	人均预期寿命	72.20	72.33	69.53	71.82	71.87	71.43
C58	人口自然增长率	6.72	6.03	8.72	6.03	2.21	4.86
C59	甲乙类法定报告传染病病死率	0.11	0.17	0.34	0.09	0.32	0.57
C60	劳动争议案件受理数	2215.00	2250.00	1200.00	5088.00	5927.00	3216.00
C61	城镇居民人均可支配收入	6234.36	6032.40	6335.64	6245.40	6788.52	6958.56
C62	农村家庭住房面积	22.70	24.25	29.20	25.10	31.55	34.05
C63	人均生活用电量	101.55	90.00	60.52	89.80	120.66	80.78
C64	人均生活用水量	129.95	220.74	261.86	168.35	255.35	334.62
C65	住宅占商品房销售面积的比例	87.42	85.79	83.05	91.37	89.94	86.03
C66	城镇居民家庭恩格尔系数	32.51	43.18	40.53	33.68	37.22	35.62
C67	农村居民人均纯收入	2149.82	2117.56	2306.45	2215.74	2444.06	2397.92
C68	城乡居民收入比	3.04	2.99	2.83	2.94	2.92	3.07
C69	居民消费价格指数	98.36	99.00	100.07	100.13	99.58	99.48
C70	居民储蓄存款	2307.32	2047.51	1706.63	4196.01	2754.54	2576.40
C71	城镇基本医疗保险覆盖率	23.46	21.21	10.39	28.78	19.75	28.85

续表

序号	地区	山西	安徽	江西	河南	湖北	湖南
C72	万人拥有病床数	31.37	18.54	21.16	20.35	21.90	20.72
C73	城镇新增就业人数	−7.21	−5.78	−3.13	2.31	−0.87	9.20
C74	就业率	61.98	79.28	68.32	83.76	60.39	73.70
C75	人均 GDP	7057.68	5553.36	5804.07	6278.46	7035.44	6262.69
C76	固定资产投资额	813.36	1074.46	889.04	1725.93	1605.06	1347.96
C77	进出口总额	231154.00	418097.00	169447.00	320316.00	395314.00	287584.00
C78	人均 GDP 增长率	29.74	6.81	11.67	6.36	−9.84	3.71
C79	固定资产投资增长率	22.57	20.27	40.71	11.78	7.97	14.79
C80	进出口总额增长率	19.09	15.50	10.68	15.15	10.51	4.28
C81	第三产业占 GDP 比重	31.66	35.35	39.29	31.97	43.26	42.31
C82	工业化率	42.60	31.68	28.70	40.00	35.00	30.50
C83	城镇化率	28.04	20.34	24.30	19.43	28.59	20.82
C84	每万人拥有研究与实验发展人员数	3.30	1.66	1.68	1.72	3.45	1.25
C85	R&D 活动人员全时当量	17183.00	23748.00	15335.00	41492.00	55509.00	29228.00
C86	R&D 内部经费支出占 GDP 比重	0.62	0.73	0.48	0.49	1.14	0.63
C87	高新技术产业利润总额	1.92	4.59	4.50	8.19	19.77	6.51
C88	每十万人拥有的大专及以上受教育程度人口数	42.96	24.82	26.66	39.87	36.75	40.77
C89	每万人接受职业教育在校学生数	64.33	19.85	36.02	35.01	31.52	33.75
C90	公共财政预算教育经费占公共财政支出比例	20.73	20.98	19.13	23.80	18.01	18.76
C91	劳动力数量占总人口比重	69.42	67.74	67.78	68.58	68.24	71.00
C92	人均耕地面积	0.14	0.09	0.07	0.08	0.08	0.06
C93	人均矿产占有量	18.88	28.10	7.39	3.24	6.17	2.54
C94	人均能源占有量	1.00	0.84	0.62	0.65	1.05	0.67
C95	年末实有道路长度	4225.24	6523.81	3052.76	5739.26	14017.97	4978.57

注：表中数据取原始数据的两位有效数字，对部分数据有一定影响。

附录 11　2001 年区域绿色竞争力原始数据

序号	地区	山西	安徽	江西	河南	湖北	湖南
C1	环保治理投资总额	32.00	28.00	21.60	48.10	31.80	25.60
C2	环保污染治理投资占 GDP 比重	0.01	0.01	0.01	0.01	0.01	0.01
C3	本年竣工项目数量（污染治理）	326.00	277.00	162.00	396.00	407.00	419.00
C4	农村人均改水、改厕的政府投资	7245.70	33081.80	23820.50	20422.00	43767.40	31033.80
C5	环境保护支出占财政支出比重	0.07	0.06	0.05	0.07	0.06	0.05
C6	单位耕地面积退耕还林投资完成额	106489.00	75105.00	50103.00	83239.00	93915.00	91030.00
C7	造林面积	507681.00	194508.00	219745.00	320124.00	315476.00	409578.00
C8	建成区绿化覆盖率	0.24	0.27	0.30	0.30	0.34	0.30
C9	人均公园绿地面积	5.00	7.00	6.30	6.80	9.60	6.80
C10	工业废水排放总量	31093.00	63229.00	41507.00	110152.00	97714.00	107175.00
C11	工业废水排放达标率	0.81	0.95	0.76	0.86	0.81	0.74
C12	工业 SO_2 排放达标率	0.74	0.90	0.80	0.78	0.90	0.81
C13	工业粉尘排放达标率	0.78	0.95	0.73	0.69	0.80	0.72
C14	工业烟尘排放达标率	0.77	0.96	0.84	0.88	0.86	0.85
C15	生活垃圾无害化处理率	0.33	0.36	0.50	0.65	0.63	0.23
C16	生活垃圾清运量	601.50	406.80	236.60	651.20	813.40	443.90
C17	城市污水排放量	44759.20	103804.20	90150.60	143275.80	204890.10	144263.10
C18	城市污水处理率	0.44	0.43	0.19	0.16	0.47	0.36
C19	交通噪声等效声级	68.50	67.30	69.90	67.20	66.50	69.90
C20	工业噪声等效声级	53.10	53.40	55.80	55.60	55.30	54.30
C21	矿区生态环境恢复治理面积	2680.00	1308.00	590.00	1187.00	446.00	2384.00

续表

序号	地区	山西	安徽	江西	河南	湖北	湖南
C22	人均水资源量	408. 20	1699. 10	3215. 40	723. 80	2058. 60	2707. 20
C23	万元 GDP 用水量	228. 77	449. 60	609. 44	266. 15	453. 75	687. 26
C24	工业废气总量	8027. 00	4808. 00	2231. 00	9239. 00	5820. 00	3960. 00
C25	空气质量达到二级以上天数及占全年比重	0. 50	0. 79	0. 86	0. 84	0. 67	0. 67
C26	自然保护区面积	11. 30	52. 70	47. 50	46. 90	58. 40	80. 50
C27	湿地面积	499. 90	653. 90	998. 80	624. 10	927. 30	1226. 90
C28	减少耕地面积	53890. 00	14816. 00	16284. 00	33600. 00	46260. 00	17300. 00
C29	森林覆盖率	0. 12	0. 23	0. 53	0. 13	0. 26	0. 39
C30	高技术产业企业数	131. 00	179. 00	158. 00	316. 00	411. 00	219. 00
C31	高技术产业总产值	42. 83	89. 87	125. 39	142. 59	268. 43	116. 39
C32	工业固体废物综合利用率	0. 34	0. 78	0. 23	0. 65	0. 64	0. 62
C33	土地资源利用率	0. 05	0. 11	0. 05	0. 13	0. 07	0. 06
C34	“三废”综合利用产品产值	70950. 00	86492. 00	66989. 00	161395. 00	150186. 00	123435. 00
C35	工业用水重复利用率	0. 88	0. 66	0. 57	0. 84	0. 62	0. 19
C36	农村沼气池产气总量	774. 20	2040. 80	19591. 80	2425. 90	19592. 40	30351. 80
C37	高技术产业增加值占工业增加值比重	0. 15	0. 15	0. 19	0. 20	0. 19	0. 10
C38	废气资源和废旧材料回收加工业增加值占工业增加值比重	0. 38	0. 31	0. 31	0. 24	0. 30	0. 36
C39	能源生产弹性系数	0. 99	1. 37	1. 52	1. 09	0. 64	1. 73
C40	万元 GDP 能耗	4. 48	1. 56	1. 07	1. 46	1. 30	1. 16
C41	非煤炭能源消费比重	0. 70	0. 11	0. 25	0. 13	0. 35	0. 27
C42	可再生能源消费比重	0. 01	0. 01	0. 08	0. 02	0. 16	0. 10
C43	平均碳排放系数	1. 59	0. 81	0. 82	0. 76	0. 75	0. 66
C44	单位地区二氧化碳排放的产出	0. 09	0. 25	0. 38	0. 30	0. 34	0. 43

续表

序号	地区	山西	安徽	江西	河南	湖北	湖南
C45	单位地区二氧化硫排放的产出	19.73	94.34	84.00	74.22	96.25	67.87
C46	单位地区氨氮排放的产出	1533.36	1548.43	4766.32	1513.18	1494.85	1567.07
C47	单位化学需氧量排放的产出	118.21	247.00	222.44	146.90	194.91	125.80
C48	人均二氧化碳排放量	6.07	2.10	1.35	1.95	2.32	1.39
C49	人均二氧化硫排放量	36.64	6.26	7.31	9.39	9.04	11.55
C50	人均化学需氧量排放量	9.54	6.59	9.91	7.95	11.18	10.76
C51	人均氨氮排放量	0.86	0.80	0.69	0.88	1.28	0.91
C52	人均生活能源消费量	199.20	65.63	59.89	87.14	81.76	47.85
C53	单位能源消费的碳排放因子	2.49	2.59	2.43	2.26	2.29	1.98
C54	公共交通客运量（不含出租车）	44032.30	91627.16	53748.66	85765.80	175366.34	101835.32
C55	轨道交通客运量比重	0.00	0.00	0.00	0.00	0.00	0.00
C56	每万人拥有公共汽车	5.10	8.25	7.48	7.65	11.73	10.00
C57	人均预期寿命	71.92	72.09	69.24	71.68	71.47	71.04
C58	人口自然增长率	7.16	6.61	9.38	6.94	2.44	5.08
C59	甲乙类法定报告传染病病死率	0.08	0.10	0.37	0.07	0.33	0.56
C60	劳动争议案件受理数	2055.00	1762.00	1122.00	4547.00	4477.00	2048.00
C61	城镇居民人均可支配收入	5391.05	5668.80	5506.02	5267.42	5855.98	6780.56
C62	农村家庭住房面积	22.27	23.17	28.25	24.44	31.19	32.87
C63	人均生活用电量	95.59	82.42	36.55	73.92	99.36	52.85
C64	人均生活用水量	142.89	215.19	255.78	170.99	249.80	339.35
C65	住宅占商品房销售面积的比例	90.01	86.44	85.32	91.60	93.57	89.14
C66	城镇居民家庭恩格尔系数	34.27	44.25	40.76	34.67	37.45	35.04
C67	农村居民人均纯收入	1956.05	2020.04	2231.60	2097.86	2352.16	2299.46
C68	城乡居民收入比	2.77	2.83	2.49	2.52	2.50	2.97
C69	居民消费价格指数	99.80	100.50	99.50	100.70	100.30	99.10
C70	居民储蓄存款	1979.72	1700.47	1429.52	3634.51	2287.40	2183.73

续表

序号	地区	山西	安徽	江西	河南	湖北	湖南
C71	城镇基本医疗保险覆盖率	20.85	18.90	7.01	28.24	17.06	27.08
C72	万人拥有病床数	33.69	19.78	21.56	20.92	23.54	22.16
C73	城镇新增就业人数	-6.21	-6.91	-7.25	-30.49	-55.30	-44.74
C74	就业率	58.59	77.11	64.58	81.59	53.39	69.79
C75	人均 GDP	5440.01	5199.32	5197.52	5902.78	7802.98	6038.51
C76	固定资产投资额	663.58	893.37	631.84	1544.06	1486.55	1174.30
C77	进出口总额	194098.00	361997.00	153094.00	278176.00	357713.00	275779.00
C78	人均 GDP 增长率	9.11	2.44	7.42	6.34	9.99	5.33
C79	固定资产投资增长率	21.06	11.12	22.43	12.07	11.00	16.01
C80	进出口总额增长率	10.01	8.16	-5.73	21.85	10.99	9.78
C81	第三产业占 GDP 比重	38.82	34.19	40.52	30.97	35.53	39.78
C82	工业化率	41.00	32.71	27.70	39.50	35.00	30.80
C83	城镇化率	27.19	19.87	23.47	19.01	28.19	20.35
C84	每万人拥有研究与实验发展人员数	3.34	1.73	1.75	1.60	3.60	1.36
C85	R&D 活动人员全时当量	16152.00	24403.00	15149.00	36138.00	44167.00	28672.00
C86	R&D 内部经费支出占 GDP 比重	0.61	0.64	0.36	0.50	0.79	0.60
C87	高新技术产业利润总额	2.25	3.53	3.99	8.24	31.31	2.72
C88	每十万人拥有的大专及以上受教育程度人口数	3395.71	2155.36	2495.84	2553.14	3883.94	2807.29
C89	每万人接受职业教育在校学生数	62.74	24.69	36.08	32.86	36.00	36.52
C90	公共财政预算教育经费占公共财政支出比例	20.52	19.29	19.02	22.91	15.64	17.96
C91	劳动力数量占总人口比重	73.70	69.47	71.51	70.76	76.88	74.70
C92	人均耕地面积	0.14	0.09	0.07	0.08	0.08	0.06
C93	人均矿产占有量	17.48	30.63	6.76	2.94	4.04	1.76
C94	人均能源占有量	-0.09	0.82	0.53	0.59	0.98	0.60
C95	年末实有道路长度	4488.11	6173.06	2953.80	5311.88	13513.50	4836.97

注：表中数据取原始数据的两位有效数字，对部分数据有一定影响。

附录 12 2010 年数据标准化结果

指数	山西	安徽	江西	河南	湖北	湖南
C1	-1.20149	-0.74832	-0.22908	0.50467	0.03468	1.63953
C2	1.52647	0.31653	0.62284	-1.04658	-0.51053	-0.90874
C3	1.96942	-0.81817	-0.57221	-0.23401	-0.10078	-0.24426
C4	-1.21682	0.07006	-0.87685	0.91601	1.35789	-0.25029
C5	1.57351	0.14097	0.59435	-1.03250	-0.27051	-1.00583
C6	0.34329	-1.19361	-0.55410	-0.68339	0.54194	1.54587
C7	1.11554	-1.86338	0.07532	0.46954	-0.03388	0.23685
C8	-0.21667	-0.34900	2.01746	-0.59291	-0.28673	-0.57215
C9	-0.43784	0.52239	1.78457	-0.86662	-0.28082	-0.72168
C10	1.63900	0.32778	0.26129	-1.31009	-0.44667	-0.47130
C11	-0.61042	1.20424	-0.88151	0.88335	0.55141	-1.14707
C12	1.23296	0.07231	0.26756	-0.44835	0.57128	-1.69577
C13	-0.74947	0.67058	0.20737	0.37643	1.10336	-1.60826
C14	0.59283	0.30530	-0.24192	1.01948	0.17545	-1.85114
C15	-0.09295	-1.00559	1.15432	0.81968	-1.33009	0.45463
C16	-0.78642	-0.36220	-1.22839	1.12228	1.21674	0.03798
C17	1.52318	-0.35967	0.99160	-0.63433	-0.82561	-0.69518
C18	0.38233	1.09425	-0.42847	0.91627	-0.38892	-1.57545
C19	0.90280	-1.05422	-0.50712	1.48432	-0.04395	-0.78184
C20	1.78588	-0.36167	-0.45524	-1.00966	-0.45524	0.49592
C21	0.45083	0.01300	0.20157	-1.25063	-0.93634	1.52156
C22	-1.03416	-0.32408	1.69035	-0.86318	0.06290	0.46816
C23	1.70584	-0.71229	-0.77731	0.72476	-0.39793	-0.54307
C24	-1.31471	-0.22671	1.58175	-0.69922	0.40770	0.25119
C25	-0.54939	-0.28436	1.22301	0.08006	-1.46043	0.99111
C26	0.71194	-1.58410	0.57812	-0.76359	0.02524	1.03240
C27	-1.17164	-0.61114	0.64414	-0.71960	0.38391	1.47433

续表

指数	山西	安徽	江西	河南	湖北	湖南
C28	1. 90165	-0. 74468	0. 10881	-0. 76562	-0. 48038	-0. 01977
C29	-1. 11396	-0. 38741	1. 5756	-0. 74642	-0. 07829	0. 75048
C30	-1. 91491	0. 56519	-0. 2362	0. 49349	0. 78874	0. 30369
C31	-1. 67772	-0. 5724	0. 33457	0. 81857	1. 03529	0. 06169
C32	-0. 49032	0. 84121	-1. 81487	0. 31836	0. 55538	0. 59024
C33	-0. 86432	1. 04596	-0. 81285	1. 45466	-0. 2649	-0. 55855
C34	-1. 40345	-0. 61258	-0. 46318	0. 38332	0. 82745	1. 26844
C35	0. 6853	0. 65154	0. 28128	0. 29816	0. 067	-1. 98327
C36	-1. 12972	-1. 01524	-0. 33782	1. 37135	0. 75655	0. 35488
C37	-1. 3435	-0. 31029	0. 25872	1. 37678	0. 76284	-0. 74454
C38	-1. 46013	0. 29591	-0. 54715	0. 428	-0. 21692	1. 50028
C39	1. 88544	-0. 95703	-0. 02226	-0. 04133	-0. 70903	-0. 1558
C40	-1. 7396	0. 62975	1. 24357	0. 08204	-0. 12691	-0. 08884
C41	1. 77251	-0. 82041	-0. 18946	-0. 91291	0. 46534	-0. 31507
C42	-0. 86784	-0. 92515	0. 10916	-0. 7041	1. 32086	1. 06706
C43	-1. 24212	-0. 75847	-0. 60365	0. 59826	0. 73138	1. 27461
C44	-1. 7122	-0. 09415	1. 12025	-0. 20121	0. 01331	0. 874
C45	-1. 73775	0. 4935	-0. 20342	-0. 2302	1. 18147	0. 49641
C46	-1. 75342	0. 3884	0. 94364	0. 16404	0. 77062	-0. 51328
C47	-1. 313	1. 51021	-0. 38526	-0. 53152	0. 75061	-0. 03105
C48	-1. 56626	0. 26708	1. 35782	-0. 27499	-0. 40797	0. 62432
C49	-1. 75868	1. 2537	0. 10201	-0. 2515	0. 48126	0. 1732
C50	-0. 28114	1. 09544	-0. 42196	1. 34785	-0. 54443	-1. 19576
C51	-1. 02689	1. 04688	0. 81706	0. 85115	-0. 71662	-0. 97158
C52	-1. 52187	0. 57002	1. 22104	-0. 12942	-0. 71854	0. 57877
C53	-0. 60258	-1. 06838	-0. 04211	-0. 33905	0. 22822	1. 82391
C54	-1. 21967	-0. 18622	-1. 0541	0. 49602	1. 29182	0. 67215
C55	-0. 40825	-0. 40825	-0. 40825	-0. 40825	2. 04124	-0. 40825
C56	-1. 1086	-0. 37988	-0. 47625	-0. 50498	1. 01676	1. 45295
C57	0. 45223	0. 34177	-1. 63784	-0. 77141	1. 02734	0. 58792
C58	0. 33786	-0. 74303	-1. 21239	0. 69364	1. 45088	-0. 52697
C59	1. 6168	0. 08685	0. 1676	-1. 18025	0. 25392	-0. 94491

续表

指数	山西	安徽	江西	河南	湖北	湖南
C60	1. 3869	0. 99969	0. 05368	-0. 87931	-0. 98392	-0. 57703
C61	-0. 69631	-0. 32602	-1. 13519	0. 04844	0. 38605	1. 72303
C62	-1. 44665	-0. 76291	0. 66736	-0. 33061	0. 84477	1. 02804
C63	-0. 0595	0. 03692	1. 72885	0. 13215	-1. 30576	-0. 53266
C64	1. 29516	-0. 16521	-0. 53076	1. 18833	-0. 84991	-0. 9376
C65	-0. 35057	-1. 8273	0. 16968	0. 98465	0. 42252	0. 60102
C66	-1. 48714	0. 5422	1. 00711	-0. 94291	0. 75915	0. 12159
C67	-1. 78664	-0. 44025	0. 79447	0. 1449	0. 90169	0. 38584
C68	-1. 5104	-0. 70877	1. 33963	0. 2134	0. 61085	0. 0553
C69	0. 50682	-0. 06312	0. 38489	-1. 89186	1. 00419	0. 05907
C70	0. 03758	-0. 59816	-1. 3406	1. 65995	0. 29245	-0. 05123
C71	-0. 89099	-0. 2612	1. 31469	-1. 25038	0. 90053	0. 18734
C72	1. 70363	-0. 60832	-1. 30492	0. 01338	0. 04633	0. 14989
C73	-0. 48229	1. 88044	-1. 09425	-0. 13767	-0. 1076	-0. 05863
C74	-1. 42277	0. 98528	-0. 43942	1. 06827	-0. 66681	0. 47544
C75	0. 61112	-1. 22537	-1. 06541	0. 16827	1. 3958	0. 11558
C76	-1. 25937	0. 30246	-0. 48723	1. 73978	-0. 06243	-0. 23319
C77	-1. 29198	0. 89657	0. 39997	-0. 30871	1. 20692	-0. 90278
C78	-0. 72084	1. 67859	0. 2961	-0. 86561	0. 41842	-0. 80666
C79	-0. 91734	0. 3926	1. 22997	-1. 29036	0. 86498	-0. 27985
C80	-0. 23531	0. 42529	1. 60117	-1. 41889	0. 05623	-0. 42849
C81	0. 50741	-0. 27757	-0. 50264	-1. 59972	0. 71201	1. 16052
C82	0. 99304	-0. 41377	0. 08275	1. 30337	-0. 66203	-1. 30337
C83	0. 31049	-0. 51488	-0. 25552	-1. 50001	1. 42859	0. 53132
C84	0. 70242	-0. 74219	-0. 68954	-0. 34139	1. 71657	-0. 64587
C85	-0. 86608	-0. 20026	-1. 29244	1. 18787	1. 05601	0. 1149
C86	-0. 61092	0. 56481	-0. 8184	-0. 85298	1. 70596	0. 01153
C87	-1. 47846	-0. 33307	-0. 44599	0. 87888	1. 31445	0. 06419
C88	0. 87131	-0. 74786	-0. 62753	-0. 98706	1. 52071	-0. 02958
C89	0. 59373	-0. 12192	-0. 51951	1. 23671	0. 43661	-1. 62562
C90	0. 42556	-0. 03368	-0. 49291	1. 69917	-1. 25218	-0. 34596
C91	0. 88954	-0. 4365	-0. 93681	-0. 89249	1. 52389	-0. 14763

续表

指数	山西	安徽	江西	河南	湖北	湖南
C92	1.48788	0.65308	-0.9363	0.07272	-0.0634	-1.21397
C93	1.81182	0.03852	-0.53944	-0.967	0.29205	-0.63595
C94	1.93874	-0.54454	-0.84781	-0.23335	0.09099	-0.40403
C95	-1.02589	0.37783	-1.0231	0.14196	1.65023	-0.12104

注：表中数据是通过 SPSS 软件 Z 标准化的结果。

附录 13　2009 年数据标准化结果

指标	山西	安徽	江西	河南	湖北	湖南
C1	-0.63531	-0.3526	1.99131	0.00133	-0.53416	-0.47056
C2	1.77365	0.30313	-0.58692	-1.16739	-0.12254	-0.19994
C3	1.89543	-0.52583	-1.02475	0.04647	-0.22745	-0.16386
C4	-1.23791	0.01374	-0.97435	0.68756	1.42772	0.08324
C5	1.67615	-0.0078	-0.93864	-1.09768	0.31964	0.04834
C6	-0.4075	-1.02647	-0.3465	-0.66145	0.87362	1.56829
C7	0.81624	-1.1398	0.07245	1.49592	-0.53076	-0.71405
C8	-0.52222	-0.30668	2.00953	-0.58656	-0.10402	-0.49005
C9	-0.99292	0.62676	1.62903	-0.58399	0.10557	-0.78445
C10	1.8399	-0.01141	0.1914	-1.05079	-0.43842	-0.53069
C11	-1.91279	0.66605	0.22449	0.64564	0.61224	-0.23562
C12	0.82515	0.57878	-0.3676	-0.10168	0.83688	-1.77153
C13	-0.99707	0.6884	0.6884	0.27314	0.8505	-1.50337
C14	-0.14521	0.90741	0.11893	0.66692	0.34365	-1.89169
C15	-0.45085	-0.64135	1.59702	0.73025	-1.13665	-0.09842
C16	-0.72819	-0.37135	-1.30331	1.14124	1.14798	0.11363
C17	1.53614	-0.30572	0.96135	-0.62649	-0.83299	-0.7323
C18	-0.00937	0.88985	-0.04309	0.96853	0.00187	-1.8078
C19	0.45295	-0.64890	-0.71205	1.82182	-0.20176	-0.71205

续表

指标	山西	安徽	江西	河南	湖北	湖南
C20	1. 48082	-0. 29073	-1. 62907	0. 20152	0. 11873	0. 11873
C21	1. 21295	-0. 48554	1. 35441	-0. 60227	-0. 76549	-0. 71405
C22	-1. 13808	-0. 15581	1. 34927	-1. 03741	0. 10273	0. 8793
C23	1. 78881	-0. 68571	-0. 75639	0. 57126	-0. 38777	-0. 53021
C24	-1. 07081	-0. 28887	1. 56648	-0. 97446	0. 1943	0. 57336
C25	-1. 25043	0. 04443	1. 41546	0. 10156	-0. 98384	0. 67282
C26	0. 81106	-1. 66048	0. 65356	-0. 75587	0. 2174	0. 73433
C27	-1. 17164	-0. 61114	0. 64414	-0. 7196	0. 38391	1. 47433
C28	1. 90165	-0. 74468	0. 10881	-0. 76562	-0. 48038	-0. 01977
C29	-1. 11396	-0. 38741	1. 5756	-0. 74642	-0. 07829	0. 75048
C30	-1. 88868	0. 32607	-0. 22403	0. 61787	0. 90966	0. 25911
C31	-1. 52674	-0. 68621	0. 255	0. 88429	1. 15926	-0. 0856
C32	-0. 54499	0. 97746	-1. 76958	0. 35524	0. 42805	0. 55382
C33	-0. 86432	1. 04596	-0. 81285	1. 45466	-0. 2649	-0. 55855
C34	-1. 50248	-0. 39106	-0. 65323	0. 83137	0. 87243	0. 84297
C35	0. 80134	0. 73272	-0. 43467	0. 43152	0. 30085	-1. 83175
C36	-1. 08246	-1. 07731	-0. 30391	1. 41177	0. 64625	0. 40567
C37	-1. 3623	-0. 20499	0. 18363	1. 25981	-0. 79645	0. 9203
C38	-1. 28539	0. 35395	-0. 14395	0. 61814	-0. 93652	1. 39377
C39	1. 33818	0. 33954	-1. 1784	0. 69905	-1. 09851	-0. 09986
C40	-1. 75963	0. 59273	1. 23545	0. 09632	-0. 12219	-0. 04268
C41	-1. 18796	0. 61557	-0. 92351	-0. 52504	1. 15044	0. 8705
C42	-0. 89214	-0. 87813	0. 09996	-0. 72399	1. 32466	1. 06963
C43	-1. 30671	-0. 67593	-0. 64153	0. 65992	0. 80978	1. 15447
C44	-1. 69314	-0. 24956	1. 25403	-0. 11164	0. 1123	0. 688
C45	-1. 71821	0. 5397	-0. 31286	-0. 15271	1. 19873	0. 44536
C46	-0. 66152	-0. 34244	1. 63757	-0. 00407	0. 5699	-1. 19945
C47	-1. 33447	0. 59536	0. 28794	-0. 33551	1. 47958	-0. 6929
C48	-1. 55649	0. 19345	1. 48915	-0. 24496	-0. 29784	0. 4167
C49	-1. 7285	1. 32343	0. 0824	-0. 21765	0. 44433	0. 09599
C50	-0. 42393	1. 09978	-0. 34521	1. 33429	-0. 42918	-1. 23575
C51	-0. 85505	0. 97649	0. 93983	0. 78405	-0. 68316	-1. 16217

续表

指标	山西	安徽	江西	河南	湖北	湖南
C52	-1.48052	0.67622	1.31914	-0.13184	-0.70136	0.31836
C53	-0.69174	-1.35375	0.36275	-0.29474	0.4812	1.49628
C54	-1.12215	-0.01116	-0.95604	0.22572	1.65263	0.211
C55	-0.40825	-0.40825	-0.40825	-0.40825	2.04124	-0.40825
C56	-1.35729	-0.33602	0.07082	-0.64833	1.27891	0.99191
C57	0.48613	0.40055	-1.7127	-0.67042	0.97269	0.52376
C58	0.26661	-0.62329	-1.11897	0.19358	1.74308	-0.46101
C59	1.71054	0.10111	-0.09022	-1.13861	0.25145	-0.83428
C60	1.43402	1.05984	-0.21852	-0.7429	-0.91869	-0.61375
C61	-0.79317	-0.57526	-0.73211	0.12305	0.11308	1.86442
C62	-1.37125	-0.82775	0.69546	-0.37723	0.79915	1.08162
C63	-0.21095	0.66657	1.172	0.68344	-1.15116	-1.1599
C64	1.13584	0.02588	-0.57166	1.27591	-0.85072	-1.01525
C65	0.34628	-1.62995	-0.2237	-0.04403	1.47138	0.08002
C66	-1.46879	0.62363	0.70547	-1.04359	0.88053	0.30275
C67	-1.59073	-0.79215	0.95921	0.13657	0.83722	0.44987
C68	-1.19007	-1.00489	1.45008	0.21364	0.64275	-0.11152
C69	-0.66668	1.70049	0.49382	0.12644	-0.69282	-0.96126
C70	0.1319	-0.59812	-1.35125	1.66497	0.16348	-0.01098
C71	-0.86368	-0.88486	0.94677	-0.96629	1.08146	0.6866
C72	1.7715	-0.71339	-1.15067	-0.09451	0.05899	0.12808
C73	-1.12222	0.05027	-1.12222	1.03453	1.18648	-0.02684
C74	-1.43646	0.76657	-0.43927	1.01097	-0.70226	0.80046
C75	0.68936	-1.38502	-1.03266	0.30558	1.17755	0.24519
C76	-1.13139	0.2293	-0.5599	1.81396	-0.1485	-0.20347
C77	-1.35247	0.82532	-0.06279	0.15093	1.3073	-0.86829
C78	-1.21131	0.2656	0.97424	-1.27845	0.4042	0.84572
C79	0.7196	-0.93703	0.72038	-1.58198	0.55312	0.52591
C80	-1.56713	-0.35866	1.46609	-0.01174	0.51391	-0.04247
C81	0.57312	-0.07233	-0.51421	-1.692	0.6468	1.05862
C82	1.28118	-0.34076	-1.32096	0.98771	0.10728	-0.71445
C83	0.96627	-0.30365	0.05158	-1.73959	0.97071	0.05468

续表

指标	山西	安徽	江西	河南	湖北	湖南
C84	0. 64987	-0. 60885	-0. 7522	-0. 35534	1. 74697	-0. 68045
C85	-0. 71582	-0. 21105	-1. 33876	1. 18044	1. 12075	-0. 03556
C86	-0. 34953	0. 57029	-0. 75426	-1. 0854	1. 67408	-0. 05519
C87	-1. 52053	-0. 35117	-0. 32977	1. 15689	1. 05706	-0. 01248
C88	1. 0818	-1. 29862	0. 25353	-0. 95199	1. 07159	-0. 1563
C89	0. 3131	-0. 65333	-0. 48842	0. 8578	1. 30836	-1. 33752
C90	0. 52938	-0. 74768	-0. 34819	1. 61653	-1. 18647	0. 13644
C91	0. 9972	-0. 63969	-1. 18806	-0. 24778	1. 41727	-0. 33893
C92	1. 63413	0. 47383	-0. 9105	0. 01143	-0. 0823	-1. 12658
C93	1. 47615	0. 1976	-0. 55434	-1. 23191	0. 74571	-0. 63321
C94	1. 98699	-0. 50092	-0. 67988	-0. 49694	-0. 0064	-0. 30285
C95	-0. 96632	0. 37565	-1. 07826	0. 14443	1. 65095	-0. 12645

注：表中数据是通过 SPSS 软件 Z 标准化的结果。

附录 14　2008 年数据标准化结果

指标	山西	安徽	江西	河南	湖北	湖南
C1	-0. 68242	-0. 66842	1. 97626	-0. 39336	-0. 10463	-0. 12743
C2	1. 62325	0. 84544	-0. 79472	-0. 79472	-0. 45654	-0. 42272
C3	1. 93318	-0. 86031	-0. 65256	0. 00906	-0. 26262	-0. 16674
C4	-0. 90078	-0. 17467	-0. 71227	0. 50482	1. 77569	-0. 49279
C5	1. 60638	0. 77795	-1. 11978	-0. 54316	-0. 3096	-0. 41178
C6	0. 67394	-1. 24911	-0. 78547	-0. 35429	0. 23596	1. 47897
C7	0. 72512	-1. 3036	0. 61518	1. 20096	-0. 31211	-0. 92556
C8	-0. 71365	-0. 3928	1. 91648	-0. 6265	0. 26473	-0. 44826
C9	-1. 08187	0. 39544	1. 56833	-0. 58048	0. 49393	-0. 79536
C10	1. 79955	0. 1926	0. 13027	-1. 07773	-0. 53568	-0. 509
C11	-1. 88295	0. 97463	0. 1114	0. 62284	0. 29812	-0. 12403

续表

指标	山西	安徽	江西	河南	湖北	湖南
C12	-0.53301	0.7681	0.72351	0.39925	0.44383	-1.80169
C13	0.15691	0.78969	0.52891	-0.18823	0.62286	-1.91014
C14	0.24439	0.86136	-0.06839	0.74083	0.12674	-1.90493
C15	-1.08393	-0.53014	1.67133	0.6099	-0.61304	-0.05413
C16	-0.75752	-0.38415	-1.29553	1.30887	0.91805	0.21028
C17	1.44693	-0.23129	1.01963	-0.51771	-1.04619	-0.67136
C18	0.416	1.03216	-1.22599	0.92727	0.03276	-1.18221
C19	0.99761	-1.6336	-0.26654	1.06278	0.16759	-0.32784
C20	1.47284	-0.30474	-1.3928	-0.64494	0.39064	0.479
C21	1.29159	0.28705	0.98212	-0.88923	-1.05611	-0.61541
C22	-1.11703	-0.34421	1.36141	-0.99619	0.24198	0.85403
C23	1.75053	-0.62733	-0.77865	0.64963	-0.39813	-0.59606
C24	-1.05825	-0.48611	1.49894	-0.88376	0.16103	0.76814
C25	-0.17544	-1.69594	1.11113	0.52632	-0.40936	0.64329
C26	0.69575	-1.13933	0.43447	-1.28517	0.12761	1.16668
C27	-1.17164	-0.61114	0.64414	-0.7196	0.38391	1.47433
C28	1.90165	-0.74468	0.10881	-0.76562	-0.48038	-0.01977
C29	-1.00447	-0.33738	1.63967	-0.82434	-0.16719	0.6937
C30	-1.82718	-0.00625	-0.11336	0.74355	1.03276	0.17049
C31	-1.39917	-0.80891	0.14356	1.00838	1.15769	-0.10154
C32	-0.67098	0.91867	-1.71248	0.35833	0.42533	0.68113
C33	-0.86432	1.04596	-0.81285	1.45466	-0.2649	-0.55855
C34	-1.11653	0.15461	-1.27612	1.22931	0.70562	0.3031
C35	0.68477	0.62765	0.04516	0.27547	0.35091	-1.98396
C36	-1.07489	-1.07355	-0.35424	1.3639	0.39913	0.73966
C37	-0.95805	-0.62357	0.10273	1.43348	-0.8792	0.9246
C38	-0.70342	-0.2466	-0.48107	0.9864	-1.03087	1.47556
C39	-0.8151	1.9589	-0.51044	-0.36613	-0.31802	0.05078
C40	-1.77866	0.56992	1.21235	0.09083	-0.16775	0.07331
C41	1.75005	-0.8796	-0.26451	-0.89434	0.49932	-0.21091
C42	-0.6957	-0.71175	-0.15741	-0.6636	1.84266	0.38582
C43	-1.7205	-0.3137	-0.23854	0.56431	0.62319	1.08524

续表

指标	山西	安徽	江西	河南	湖北	湖南
C44	-1.70546	-0.18973	1.285	-0.11879	0.11511	0.61387
C45	-1.70941	0.63248	-0.41785	-0.05985	1.15893	0.39571
C46	-0.28687	-0.32192	1.86552	-0.14925	0.0372	-1.14467
C47	-1.10555	0.77214	0.3143	-0.02646	1.26396	-1.21839
C48	-1.60844	0.35103	1.41103	-0.31227	-0.22776	0.3864
C49	-1.69579	1.35066	0.08824	-0.29169	0.44263	0.10594
C50	-0.46185	1.15909	-0.33116	1.26851	-0.37658	-1.25802
C51	-0.83405	0.97572	0.96102	0.78471	-0.81751	-1.0699
C52	-1.4209	0.74589	1.36871	-0.18466	-0.69479	0.18575
C53	-0.59583	-1.32531	0.1117	-0.40427	0.74468	1.46904
C54	-1.31386	-0.0828	-0.88325	0.37912	1.46835	0.43243
C55	-0.40825	-0.40825	-0.40825	-0.40825	2.04124	-0.40825
C56	-1.41374	-0.17228	0.38718	-0.81166	1.27165	0.73884
C57	0.51953	0.46131	-1.78286	-0.55734	0.90789	0.45146
C58	-0.18642	-0.57734	-0.91343	-0.03511	1.93558	-0.22328
C59	1.85418	0.14593	-0.35649	-0.96814	0.01453	-0.69002
C60	0.13496	-0.07449	1.91193	-0.68569	-0.75009	-0.53662
C61	-0.23435	-0.62214	-0.99549	0.10329	-0.13248	1.88117
C62	-1.3589	-0.76708	0.58566	-0.44827	0.84634	1.14225
C63	-0.05507	0.46968	1.11162	0.8206	-1.41163	-0.9352
C64	1.14965	-0.16006	-0.55665	1.3341	-0.85377	-0.91327
C65	-1.39415	-0.37227	0.74755	0.2764	1.37296	-0.63049
C66	-1.40431	0.57681	0.76166	-1.11066	0.89601	0.2805
C67	-1.40396	-0.96862	1.07759	0.07269	0.90879	0.3135
C68	-1.02851	-0.97165	1.58286	0.17955	0.5837	-0.34596
C69	-1.42121	0.55266	0.78878	-1.1103	0.35875	0.83132
C70	0.24743	-0.54689	-1.38669	1.64615	0.07554	-0.03556
C71	1.02999	-1.69774	0.63819	-0.42453	0.65492	-0.20084
C72	1.80083	-0.66436	-1.13384	-0.14212	0.06259	0.0769
C73	0.1978	-1.29959	-0.72321	-0.35104	1.44726	0.72878
C74	-1.34999	0.8946	-0.2478	1.01943	-0.94125	0.625
C75	0.99826	-1.24837	-1.14777	0.68493	0.80613	-0.09318

续表

指标	山西	安徽	江西	河南	湖北	湖南
C76	－1. 0797	0. 26362	－0. 57247	1. 82746	－0. 19586	－0. 24305
C77	－0. 60134	1. 06174	－0. 8246	0. 28476	1. 21166	－1. 13222
C78	－0. 74074	0. 59048	－1. 60128	0. 94251	0. 80636	0. 00267
C79	－1. 36731	0. 03545	1. 72526	－0. 21578	－0. 30138	0. 12375
C80	－1. 17245	－0. 86793	1. 37323	0. 42097	0. 7471	－0. 50092
C81	－0. 16414	0. 55479	－0. 88027	－1. 39276	1. 24028	0. 6421
C82	1. 34356	－0. 59309	－0. 28853	1. 17889	－0. 71112	－0. 92971
C83	0. 99478	－0. 36021	－0. 10715	－1. 67552	1. 02279	0. 12531
C84	1. 41544	－0. 55445	－0. 60743	－0. 58551	1. 14633	－0. 81439
C85	－0. 6891	－0. 39159	－0. 96534	0. 75801	1. 65293	－0. 36492
C86	－0. 43457	0. 51965	－0. 09765	－1. 5318	1. 47667	0. 0677
C87	－1. 48043	－0. 43812	－0. 15259	1. 39887	0. 78907	－0. 11679
C88	0. 70411	－1. 36032	0. 04436	－0. 93962	1. 30743	0. 24403
C89	0. 03426	－0. 19405	－0. 6306	0. 49475	1. 60985	－1. 3142
C90	0. 09726	0. 00295	－0. 44502	1. 64156	－1. 44115	0. 14441
C91	0. 70368	－1. 06619	－1. 27358	0. 03604	1. 28205	0. 318
C92	1. 64303	0. 4557	－0. 90147	0. 02094	－0. 09058	－1. 12762
C93	1. 11896	0. 85842	－0. 65045	－1. 26073	0. 67271	－0. 73891
C94	1. 99027	－0. 52535	－0. 67831	－0. 4688	－0. 03155	－0. 28626
C95	－0. 86053	0. 32861	－1. 07629	0. 15233	1. 70521	－0. 24933

注：表中数据是通过 SPSS 软件 Z 标准化的结果。

附录 15　2007 年数据标准化结果

指标	山西	安徽	江西	河南	湖北	湖南
C1	－0. 78326	－0. 39901	1. 67136	－1. 11311	0. 31961	0. 30442
C2	1. 86722	0. 39582	－0. 35279	－0. 53349	－0. 68838	－0. 68838
C3	1. 76951	－0. 84484	－1. 03794	0. 08356	－0. 17268	0. 20239

续表

指标	山西	安徽	江西	河南	湖北	湖南
C4	-1.08433	-0.41732	-0.49058	0.30385	1.81675	-0.12838
C5	1.84287	0.28869	-0.6545	-0.00791	-0.6545	-0.81466
C6	0.90217	-0.93865	-1.11962	-0.35694	0.13226	1.38078
C7	1.70141	-1.00928	0.49037	-0.78105	0.07809	-0.47954
C8	-1.42062	0.09375	1.39177	-0.68507	0.74276	-0.12259
C9	-1.52639	0.3796	0.39159	0.61935	1.06288	-0.92702
C10	1.86012	0.0353	0.1049	-1.01261	-0.40867	-0.57905
C11	-1.5529	0.88356	0.55572	0.60787	0.46258	-0.95683
C12	0.59855	0.13416	0.1376	-1.01135	1.40694	-1.2659
C13	0.54056	1.05056	0.17938	0.036	0.08137	-1.88786
C14	0.0629	1.47653	0.28936	-0.2356	0.04232	-1.6355
C15	-1.1443	-0.1873	1.69158	0.32193	-0.81945	0.13755
C16	-0.66617	-0.47881	-1.26882	1.32166	0.97844	0.1137
C17	1.28729	-0.2777	1.21083	-0.47484	-1.03199	-0.71358
C18	0.32413	1.09557	-1.48216	0.69743	0.31886	-0.95382
C19	0.36544	0.00321	-0.82383	1.80416	-0.56756	-0.78142
C20	1.21104	0.75972	-1.71047	-0.12308	-0.12308	-0.01414
C21	0.93936	-0.66041	-0.25759	1.4359	-1.22435	-0.23292
C22	-1.21222	-0.28161	1.22435	-1.00601	0.38607	0.88943
C23	1.66427	-0.54955	-0.82864	0.79314	-0.41687	-0.66235
C24	-1.02885	-0.36941	1.65597	-0.88515	0.11068	0.51676
C25	-1.14273	-0.04519	1.64631	0.41965	-0.8974	0.01937
C26	0.94158	-1.68448	0.28075	-0.66083	0.30666	0.81633
C27	-1.17164	-0.61114	0.64414	-0.7196	0.38391	1.47433
C28	0.36789	-0.5071	1.13879	-1.45274	-0.51421	0.96737
C29	-1.00447	-0.33738	1.63967	-0.82434	-0.16719	0.6937
C30	-1.71751	-0.03962	-0.17944	1.04402	0.96013	-0.06758
C31	-1.27577	-0.67528	0.09874	1.02833	1.28082	-0.45683
C32	-0.8595	1.02555	-1.56711	0.21039	0.61231	0.57835
C33	-0.85494	1.04257	-0.82165	1.45717	-0.26178	-0.56138

续表

指标	山西	安徽	江西	河南	湖北	湖南
C34	-0.4519	-0.83086	-1.17675	0.60448	1.49087	0.36416
C35	0.78579	0.2754	0.11797	0.53917	0.26461	-1.98294
C36	-1.15782	-1.06224	-0.26716	1.18544	0.32907	0.97272
C37	0.99592	-0.52983	-1.65721	0.976	0.15935	0.05577
C38	0.95294	0.15505	-1.92505	0.22822	0.0331	0.55574
C39	0.92052	0.92052	-1.71965	-0.3237	-0.23266	0.43497
C40	-1.77209	0.60963	1.2	0.11147	-0.18524	0.03624
C41	1.85407	-0.84201	-0.30825	-0.83248	0.2333	-0.10463
C42	-0.76684	-0.85673	-0.01443	-0.69693	1.65021	0.68472
C43	-1.86015	-0.11089	-0.00629	0.46578	0.46578	1.04576
C44	-1.70653	0.05117	1.35649	-0.19504	0.04075	0.45317
C45	-1.70811	0.76757	-0.28439	-0.23835	1.10906	0.35423
C46	-0.21846	-0.71653	1.68831	0.16914	0.2919	-1.21436
C47	-1.14629	0.55875	0.49496	0.17523	1.2026	-1.28526
C48	-1.56594	0.56959	1.38508	-0.39152	-0.27397	0.27676
C49	-1.63931	1.41663	0.0589	-0.32941	0.43664	0.05656
C50	-0.47765	1.23091	-0.38235	1.20159	-0.3224	-1.2501
C51	-0.84563	0.83365	1.11907	0.72871	-0.67137	-1.16442
C52	-1.49204	0.73709	1.29304	-0.32568	-0.56985	0.35744
C53	0.16826	-1.32065	-0.0146	-0.91289	0.70007	1.37981
C54	-1.25413	-0.06868	-0.90922	0.20948	1.51454	0.508
C55	-0.40825	-0.40825	-0.40825	-0.40825	2.04124	-0.40825
C56	-1.33443	-0.25743	0.11033	-0.7145	1.42899	0.76703
C57	0.55138	0.52275	-1.84516	-0.43271	0.83249	0.37125
C58	-0.13141	-0.6167	-1.10649	0.10711	1.83285	-0.08537
C59	1.87026	0.19343	-0.33357	-0.88275	-0.09568	-0.75169
C60	0.22648	0.60937	1.59983	-0.91661	-0.86894	-0.65013
C61	-0.18021	-0.45702	-0.52334	-0.44651	-0.42	2.02707
C62	-1.2985	-0.76328	0.60335	-0.54157	0.80774	1.19227
C63	0.52543	0.63586	0.42587	0.95046	-1.1819	-1.35572
C64	1.2538	-0.13568	-0.46058	1.20742	-0.9491	-0.91586
C65	0.38054	-1.31816	1.02948	-0.77508	1.12381	-0.4406

续表

指标	山西	安徽	江西	河南	湖北	湖南
C66	-1.46476	0.72028	1.06871	-0.74436	0.73505	-0.31492
C67	-0.89676	-1.47046	1.0911	0.0784	0.84346	0.35426
C68	-0.78424	-1.25874	1.39387	0.45549	0.65871	-0.4651
C69	1.20474	-0.54107	0.70355	-0.78858	0.70355	-1.28219
C70	0.07301	-0.52658	-1.33821	1.70891	0.07876	0.00411
C71	1.3495	-1.61762	-0.4174	0.06953	0.61895	-0.00295
C72	1.66891	-0.85843	-1.16096	-0.10058	0.13024	0.32083
C73	0.47763	1.25408	-0.21818	-0.10001	-1.74178	0.32826
C74	-1.2882	1.00709	-0.17152	0.95732	-1.04389	0.53919
C75	1.27696	-1.43066	-0.84061	0.46496	0.62499	-0.09565
C76	-0.96056	0.25237	-0.72055	1.84481	-0.16019	-0.25587
C77	-0.30182	1.33244	-1.10188	0.15084	0.93321	-1.01278
C78	1.34023	-1.3487	0.21941	-0.94068	0.0603	0.66943
C79	-0.65182	1.67682	-1.17042	0.54533	-0.28988	-0.11004
C80	1.77871	-0.57479	0.60734	-0.55254	-0.76985	-0.48887
C81	-0.39344	0.70939	-1.07887	-1.11488	1.23216	0.64564
C82	1.40065	-0.67408	-0.16686	1.07532	-0.64006	-0.99497
C83	1.01717	-0.42346	-0.13029	-1.60485	1.09133	0.0501
C84	1.34626	-0.60252	-0.57341	-0.56959	1.22228	-0.82301
C85	-0.56954	-0.61217	-1.16194	1.13421	1.28771	-0.07827
C86	-0.34347	0.52511	-0.21355	-1.13542	1.72168	-0.55435
C87	-1.08304	-0.48021	-0.15171	1.74462	0.4996	-0.52926
C88	0.62006	-1.23111	0.51304	-1.16541	1.21498	0.04844
C89	0.01699	-0.43179	-0.40666	0.13918	1.82366	-1.14139
C90	-0.85997	-0.05212	0.62543	1.55706	-1.19874	-0.07166
C91	0.51969	-1.12681	-1.35431	0.33432	1.12222	0.50489
C92	1.64622	0.44732	-0.8945	0.03203	-0.10028	-1.13078
C93	1.09787	0.5418	-0.60058	-1.28792	0.97611	-0.72728
C94	-1.55475	-0.19091	-0.4098	0.19883	1.4391	0.51752
C95	-0.92341	0.31348	-1.05738	0.20811	1.68434	-0.22513

注：表中数据是通过 SPSS 软件 Z 标准化的结果。

附录 16　2006 年数据标准化结果

指标	山西	安徽	江西	河南	湖北	湖南
C1	-0. 32540	0. 30300	1. 67410	-1. 30405	-0. 51932	0. 17167
C2	1. 96158	-0. 21466	-0. 39232	-0. 56997	0. 00740	-0. 79203
C3	1. 30450	-0. 98462	-1. 07824	1. 05640	-0. 20285	-0. 09519
C4	-0. 78227	-0. 70139	-0. 55897	1. 11219	1. 44344	-0. 51300
C5	1. 20087	-0. 61035	-0. 80866	0. 80425	0. 63238	-1. 21850
C6	0. 03744	-0. 38926	-0. 91204	-0. 67905	0. 05857	1. 88434
C7	1. 65988	-1. 16692	-0. 57004	0. 49099	-0. 54712	0. 13322
C8	-1. 07287	-0. 70653	0. 34018	-0. 60186	1. 64856	0. 39251
C9	-1. 34779	-0. 32315	0. 40197	0. 70148	1. 34779	-0. 78030
C10	1. 71766	0. 13671	0. 38937	-1. 09864	-0. 48112	-0. 66398
C11	-1. 62365	0. 97480	-0. 82165	0. 59360	0. 41036	0. 46653
C12	-1. 22105	1. 10657	-0. 91479	0. 16808	1. 15469	-0. 29350
C13	0. 24526	1. 25451	0. 61421	0. 18927	-0. 76400	-1. 53925
C14	-0. 57625	1. 58626	0. 75469	0. 00564	-0. 97193	-0. 79842
C15	-1. 46558	-0. 68913	1. 11633	0. 70473	-0. 37107	0. 70473
C16	-0. 25647	-0. 62647	-1. 38569	1. 22124	1. 06300	-0. 01561
C17	1. 91038	-0. 18601	0. 13219	-0. 32134	-0. 85890	-0. 67632
C18	0. 98072	0. 70066	-1. 61367	0. 35084	0. 39598	-0. 81453
C19	-0. 29940	0. 28084	-1. 08386	1. 30773	0. 87854	-1. 08386
C20	1. 29177	1. 02107	-1. 03976	-0. 87482	-0. 62517	0. 22691
C21	-0. 68963	0. 81792	-0. 40560	0. 97591	-1. 46610	0. 76750
C22	-0. 89722	-0. 41511	1. 56575	-0. 84122	-0. 29377	0. 88157
C23	1. 74319	-0. 59157	-0. 70733	0. 67258	-0. 42624	-0. 69064
C24	-1. 02345	0. 02135	1. 42961	-0. 94577	-0. 40402	0. 92227
C25	-1. 17309	0. 97466	1. 28982	0. 26263	-0. 78790	-0. 56612
C26	0. 89449	-1. 74331	0. 10658	-0. 52908	0. 46057	0. 81075
C27	-1. 17164	-0. 61114	0. 64414	-0. 71960	0. 38391	1. 47433

续表

指标	山西	安徽	江西	河南	湖北	湖南
C28	-0.89674	0.93729	-0.84140	0.99124	0.80167	-0.99205
C29	-1.00447	-0.33738	1.63967	-0.82434	-0.16719	0.69370
C30	-1.62722	-0.18335	-0.33805	0.91674	1.16598	0.06589
C31	-1.26199	-0.62200	0.02518	0.78387	1.49342	-0.41848
C32	-0.97106	1.05791	-1.49216	0.28180	0.54235	0.58116
C33	-0.84861	1.03876	-0.82737	1.46054	-0.26298	-0.56034
C34	-0.90221	-0.85156	-0.70289	0.71202	1.55714	0.18751
C35	0.78940	0.22643	0.08703	0.49258	0.38606	-1.98150
C36	-1.22351	-1.03654	0.00178	1.01010	0.06312	1.18505
C37	1.63073	-0.52977	-1.26587	0.07727	-0.42939	0.51702
C38	1.22011	0.27517	-0.95532	-1.33433	-0.06490	0.85927
C39	-0.48333	-0.38918	-0.22911	-0.62457	-0.29502	2.02122
C40	-1.77886	0.60821	1.18908	0.10183	-0.19096	0.07069
C41	1.85218	-0.86952	-0.20384	-0.84222	0.20560	-0.14220
C42	-0.80935	-0.90739	0.22621	-0.72357	1.60492	0.60918
C43	-1.86585	0.06479	-0.17686	0.51845	0.45652	1.00296
C44	-1.74479	0.12481	1.35864	-0.09062	0.06623	0.28573
C45	-1.73606	0.98811	-0.28629	-0.16714	0.89915	0.30224
C46	-0.00338	-0.49877	1.86790	-0.35908	0.05638	-1.06305
C47	-1.11587	0.80021	0.42585	0.29728	0.97137	-1.37885
C48	-1.56789	0.55293	1.41936	-0.35255	-0.24479	0.19293
C49	-1.63243	1.45422	0.08870	-0.31164	0.33278	0.06836
C50	-0.51001	1.29248	-0.34493	1.15020	-0.36550	-1.22224
C51	-0.52569	0.55873	1.47101	0.42704	-0.64876	-1.28232
C52	-1.55671	0.75058	1.16083	-0.53001	-0.34216	0.51746
C53	-0.11431	-1.40619	0.34921	-0.87282	0.88676	1.15735
C54	-1.31064	0.14616	-0.93873	0.33986	1.47725	0.28609
C55	-0.40825	-0.40825	-0.40825	-0.40825	2.04124	-0.40825
C56	-1.39081	-0.19348	0.02532	-0.56422	1.53870	0.58448
C57	0.58044	0.58321	-1.89631	-0.29799	0.74666	0.28398
C58	-0.29743	-0.52769	-0.98813	-0.08425	1.91034	-0.01284
C59	1.63710	0.57386	-0.33903	-0.12906	-0.45901	-1.28386

续表

指标	山西	安徽	江西	河南	湖北	湖南
C60	0. 16703	0. 52726	1. 67391	-0. 90119	-0. 68930	-0. 77772
C61	0. 35534	-0. 42776	-1. 09882	-0. 30812	-0. 33134	1. 81070
C62	-1. 24838	-0. 73049	0. 63413	-0. 65027	0. 78194	1. 21307
C63	0. 77746	0. 42254	0. 21327	1. 04792	-1. 38002	-1. 08117
C64	1. 29267	-0. 19177	-0. 49479	1. 19400	-0. 87168	-0. 92842
C65	0. 98208	-1. 42630	0. 26618	-0. 22267	1. 14916	-0. 74846
C66	-1. 25442	1. 33999	0. 70183	-0. 84598	0. 48804	-0. 42946
C67	-0. 53610	-1. 68323	0. 97259	-0. 10230	0. 75502	0. 59403
C68	-0. 70560	-1. 31388	1. 51227	0. 19935	0. 60214	-0. 29427
C69	-1. 79791	0. 73827	0. 89374	0. 51291	-0. 39757	0. 05057
C70	-0. 05709	-0. 56792	-1. 22646	1. 77126	0. 16138	-0. 08117
C71	1. 12185	-1. 05960	-1. 41202	0. 55027	0. 36441	0. 43510
C72	1. 85500	-0. 67992	-1. 01924	-0. 23288	0. 02064	0. 05641
C73	-0. 31506	-1. 43030	1. 23487	0. 97089	0. 14494	-0. 60534
C74	1. 30626	-1. 01950	0. 13528	-1. 11103	-0. 27367	0. 96266
C75	1. 15310	-1. 36860	-0. 92907	0. 66568	0. 67321	-0. 19432
C76	-0. 96250	0. 03987	-0. 62686	1. 89974	-0. 10924	-0. 24102
C77	-0. 89529	1. 22794	-1. 05864	0. 30179	1. 04542	-0. 62123
C78	-1. 35923	-0. 47462	-0. 58721	1. 41470	0. 69641	0. 30994
C79	-0. 58622	1. 44945	-0. 61096	1. 07927	-0. 40998	-0. 92155
C80	-0. 96923	0. 28680	1. 82837	-0. 34942	-0. 08513	-0. 71139
C81	-0. 11271	0. 74097	-0. 74801	-1. 56697	0. 82262	0. 86409
C82	1. 41031	-0. 74872	-0. 31691	1. 09214	-0. 46842	-0. 96841
C83	0. 97871	-0. 45007	-0. 06809	-1. 56940	1. 16970	-0. 06084
C84	1. 22456	-0. 44033	-0. 58806	-0. 55451	1. 31694	-0. 95860
C85	-0. 25814	-0. 84717	-1. 11731	1. 12800	1. 28751	-0. 19289
C86	-0. 41065	0. 49813	-0. 21159	-0. 98056	1. 77029	-0. 66562
C87	-1. 50749	-0. 24202	-0. 02461	0. 98346	1. 22855	-0. 43789
C88	0. 80045	-0. 53196	-0. 63350	-0. 96169	1. 63032	-0. 30362
C89	0. 05848	-0. 30416	0. 38335	-0. 27804	1. 59825	-1. 45788
C90	-0. 58045	0. 75948	-0. 21502	1. 46267	-1. 37777	-0. 04891
C91	0. 76333	-0. 77279	-1. 55939	0. 15656	1. 13430	0. 27799

续表

指标	山西	安徽	江西	河南	湖北	湖南
C92	1. 77290	0. 30745	-0. 79485	-0. 12899	-0. 10649	-1. 05003
C93	1. 14309	0. 58464	-0. 58279	-1. 29627	0. 88811	-0. 73678
C94	0. 49178	-0. 81502	-1. 31561	-0. 13463	1. 50816	0. 26533
C95	-0. 76764	0. 11707	-1. 10443	0. 33020	1. 72562	-0. 30082

注：表中数据是通过 SPSS 软件 Z 标准化的结果。

附录 17　2005 年数据标准化结果

指标	山西	安徽	江西	河南	湖北	湖南
C1	0. 03069	-0. 02719	1. 12675	-1. 4368	-0. 74599	1. 05254
C2	1. 43548	0. 19024	0. 13836	-0. 53614	0. 3459	-1. 57384
C3	0. 94207	-1. 03947	-1. 38477	0. 97395	0. 11864	0. 38958
C4	-1. 54965	0. 52306	-0. 21993	-0. 49257	1. 38032	0. 35876
C5	1. 20087	-0. 61035	-0. 80866	0. 80425	0. 63238	-1. 2185
C6	-0. 01429	-0. 71605	-0. 83123	-0. 51097	0. 20341	1. 86913
C7	0. 3012	-1. 31499	-1. 13665	1. 02198	0. 88592	0. 24254
C8	-0. 64723	-1. 63366	0. 23652	0. 13018	1. 0176	0. 89659
C9	-1. 25108	-0. 49503	1. 17908	1. 21958	-0. 54904	-0. 10351
C10	1. 79377	0. 03781	0. 35439	-0. 83463	-0. 52453	-0. 82681
C11	-0. 68992	1. 75694	0. 24852	0. 19383	-1. 0699	-0. 43948
C12	-1. 25188	1. 25446	-0. 34457	-0. 6346	1. 14435	-0. 16776
C13	-0. 01591	1. 83564	-0. 51903	-0. 95993	0. 26622	-0. 60699
C14	-1. 48287	1. 61768	-0. 28646	0. 28646	0. 00674	-0. 14155
C15	-1. 30873	-1. 08733	0. 45264	0. 89545	1. 04797	0. 68951
C16	0. 17285	-0. 47353	-1. 43202	0. 79167	1. 3721	-0. 43107
C17	1. 96662	-0. 22157	-0. 0039	-0. 4016	-0. 78116	-0. 55839
C18	1. 28909	0. 78655	-1. 46393	-0. 05189	0. 17677	-0. 73659
C19	0. 84457	0. 75464	-0. 90514	1. 11596	-0. 82004	-0. 99

续表

指标	山西	安徽	江西	河南	湖北	湖南
C20	0.90154	1.0072	-1.22993	-1.03385	-0.33637	0.6914
C21	1.35785	-0.13551	-0.91702	-0.26722	-1.07376	1.03566
C22	-1.11361	-0.36907	1.50524	-0.83604	0.00171	0.81177
C23	1.69589	-0.47331	-0.75321	0.74736	-0.47821	-0.73851
C24	-0.99589	0.22822	1.56346	-1.01981	-0.36053	0.58457
C25	-1.05178	0.99253	1.2414	0.29035	-0.42071	-1.05178
C26	0.96683	-1.76479	0.06866	-0.4695	0.54001	0.65878
C27	-1.17164	-0.61114	0.64414	-0.7196	0.38391	1.47433
C28	-0.59599	-0.22307	1.65014	-0.49082	-1.05706	0.7168
C29	-1.00447	-0.33738	1.63967	-0.82434	-0.16719	0.6937
C30	-1.58423	-0.20551	-0.35115	0.72658	1.33827	0.07606
C31	-1.33071	-0.56923	-0.09496	0.64168	1.56228	-0.20906
C32	-0.76974	0.95534	-1.64968	0.31403	0.65705	0.493
C33	-0.85106	1.03007	-0.83285	1.46394	-0.24728	-0.56282
C34	-0.28616	-0.86948	-0.95221	0.55427	1.7099	-0.15633
C35	0.94244	0.27933	-0.6698	0.74752	0.39478	-1.69426
C36	-1.14903	-1.03098	0.38501	0.23704	0.00478	1.55318
C37	0.66457	-0.97884	-1.23928	0.79479	-0.37721	1.13597
C38	1.53002	-0.10871	-1.32963	-0.52187	-0.29208	0.72226
C39	-0.40046	-0.73046	0.44515	-0.48296	-0.6789	1.84763
C40	-1.77913	0.6121	1.18579	0.11268	-0.19335	0.0619
C41	1.88405	-0.8882	-0.27854	-0.69873	0.20919	-0.22777
C42	-0.82083	-0.90412	0.22185	-0.71903	1.5977	0.62443
C43	-1.66565	-0.40281	-0.19234	0.37621	0.70884	1.17574
C44	-1.70314	0.14511	1.42067	-0.13073	0.07518	0.1929
C45	-1.70716	0.97382	-0.23195	-0.27515	0.9655	0.27493
C46	0.03856	-0.03332	1.88859	-0.65321	-0.278	-0.96263
C47	-0.98451	1.08447	0.66051	-0.12305	0.73012	-1.36755
C48	-1.56642	0.54359	1.44061	-0.33529	-0.21397	0.13147
C49	-1.6325	1.41846	0.0964	-0.35571	0.43042	0.04293
C50	-0.58481	1.36663	-0.29751	1.06974	-0.35873	-1.19531
C51	-0.49894	0.98576	1.3976	-0.02433	-0.71153	-1.14855

续表

指标	山西	安徽	江西	河南	湖北	湖南
C52	-1. 60943	0. 52669	1. 32018	-0. 55523	0. 035	0. 28279
C53	-0. 28116	-1. 3479	0. 59312	-0. 91816	0. 98097	0. 97314
C54	-1. 20454	-0. 12436	-1. 00453	0. 09835	1. 20998	1. 02509
C55	-0. 40825	-0. 40825	-0. 40825	-0. 40825	2. 04124	-0. 40825
C56	-1. 83165	-0. 23357	0. 44664	0. 23357	0. 25815	1. 12686
C57	0. 60553	0. 64083	-1. 93328	-0. 15563	0. 65141	0. 19114
C58	-0. 40979	-0. 47915	-0. 96205	-0. 0594	1. 9166	-0. 0062
C59	1. 90737	0. 24624	-0. 51698	-0. 40815	-0. 37668	-0. 8518
C60	0. 16456	0. 49615	1. 69499	-0. 82544	-0. 79325	-0. 737
C61	0. 22489	-0. 96808	-0. 5671	-0. 43707	-0. 11955	1. 8669
C62	-1. 21309	-0. 71584	0. 51082	-0. 68292	0. 84867	1. 25236
C63	0. 53805	0. 42982	1. 09138	-0. 41058	-1. 77486	0. 1262
C64	1. 58959	-0. 08921	-0. 55231	0. 79758	-0. 85792	-0. 88772
C65	0. 8243	-0. 49166	-0. 70404	0. 21696	1. 40464	-1. 25021
C66	-1. 23138	1. 41396	0. 74606	-0. 80508	0. 30703	-0. 43058
C67	-0. 34793	-1. 63786	0. 88279	-0. 45164	0. 72942	0. 82522
C68	-0. 57062	-1. 323	1. 51457	-0. 04592	0. 73101	-0. 30604
C69	-0. 35495	1. 42545	0. 72936	0. 06369	-1. 46547	-0. 39809
C70	-0. 09415	-0. 58055	-1. 18222	1. 79167	0. 18137	-0. 11612
C71	1. 10939	-1. 09327	-1. 29399	0. 81985	-0. 01853	0. 47655
C72	1. 86278	-0. 72714	-0. 95351	-0. 28564	0. 10268	0. 00082
C73	-1. 60667	-0. 88419	0. 57167	0. 86134	0. 46339	0. 59446
C74	-1. 31836	0. 95828	-0. 18541	0. 98295	-1. 00847	0. 57101
C75	1. 34841	-1. 33099	-0. 87354	0. 49505	0. 59099	-0. 2299
C76	-1. 0089	-0. 19355	-0. 60035	1. 89176	-0. 01675	-0. 0722
C77	-0. 67087	1. 07583	-1. 39475	0. 39427	1. 04423	-0. 44871
C78	-0. 99909	-0. 34452	-0. 93287	1. 68397	0. 26811	0. 3244
C79	-0. 22458	0. 36082	-0. 14449	1. 63231	-1. 45049	-0. 17356
C80	-1. 31142	0. 80065	-0. 21316	-0. 0791	1. 46571	-0. 66267
C81	0. 02711	0. 79955	-0. 58931	-1. 71052	0. 70758	0. 7656
C82	1. 5164	-0. 75748	-0. 5324	0. 96813	-0. 28712	-0. 90753
C83	0. 98806	-0. 45404	-0. 12581	-1. 50935	1. 22784	-0. 12669

续表

指标	山西	安徽	江西	河南	湖北	湖南
C84	1. 27109	-0. 40852	-0. 59249	-0. 45206	1. 24109	-1. 05911
C85	-0. 69414	-0. 63095	-1. 04534	0. 8575	1. 51395	-0. 00102
C86	-0. 58446	0. 43876	-0. 24586	-1. 0564	1. 78256	-0. 3346
C87	-1. 43756	-0. 34806	-0. 13922	0. 5407	1. 57031	-0. 18617
C88	1. 49061	-0. 89136	-1. 01508	-0. 42521	0. 87808	-0. 03704
C89	-0. 47409	-1. 01235	1. 76635	0. 40617	-0. 68221	-0. 00386
C90	-0. 1962	0. 90373	-0. 69563	1. 51612	-1. 07615	-0. 45186
C91	0. 5553	-1. 19589	-1. 34111	0. 40252	0. 95386	0. 62532
C92	1. 7847	0. 29224	-0. 77936	-0. 13095	-0. 12267	-1. 04395
C93	1. 10221	0. 64729	-0. 62617	-1. 27502	0. 89342	-0. 74173
C94	0. 53535	-0. 84	-1. 30964	-0. 13848	1. 48357	0. 26921
C95	-0. 65486	0. 1742	-0. 94288	-0. 07173	1. 87208	-0. 37681

注：表中数据是通过 SPSS 软件 Z 标准化的结果。

附录 18　2004 年数据标准化结果

指标	山西	安徽	江西	河南	湖北	湖南
C1	-0. 46789	-0. 18923	1. 15039	-1. 2875	-0. 454	1. 24823
C2	1. 95786	-0. 20127	-0. 0183	-0. 31106	-0. 64042	-0. 7868
C3	1. 22541	-0. 90488	-1. 19582	1. 04789	-0. 34765	0. 17506
C4	-1. 54965	0. 52306	-0. 21993	-0. 49257	1. 38032	0. 35876
C5	1. 20087	-0. 61035	-0. 80866	0. 80425	0. 63238	-1. 2185
C6	0. 50606	-0. 87236	-0. 74877	-0. 43545	-0. 23235	1. 78287
C7	0. 92944	-1. 1521	-1. 12257	0. 58408	-0. 29685	1. 058
C8	-1. 26489	-0. 95131	0. 88901	-0. 30514	1. 18992	0. 44239
C9	-1. 48557	-0. 4191	1. 19744	0. 93924	-0. 48646	0. 25446
C10	1. 82444	0. 02036	0. 30769	-0. 767	-0. 57391	-0. 81158
C11	-0. 01966	1. 46298	-0. 2149	0. 80606	-0. 80064	-1. 23384

续表

指标	山西	安徽	江西	河南	湖北	湖南
C12	-1. 25188	1. 25446	-0. 34457	-0. 6346	1. 14435	-0. 16776
C13	-0. 01591	1. 83564	-0. 51903	-0. 95993	0. 26622	-0. 60699
C14	-1. 48287	1. 61768	-0. 28646	0. 28646	0. 00674	-0. 14155
C15	-1. 39699	-0. 77695	0. 55497	0. 93388	1. 06018	-0. 37508
C16	0. 13583	-0. 44975	-1. 41995	0. 55123	1. 52936	-0. 34671
C17	1. 94311	-0. 2825	0. 12117	-0. 43175	-0. 80178	-0. 54824
C18	1. 35008	0. 35766	-1. 6855	0. 33394	-0. 0486	-0. 30758
C19	0. 75325	0. 93647	-0. 7617	1. 02849	-1. 02141	-0. 93509
C20	0. 4544	1. 1391	-0. 93527	-1. 01438	-0. 69623	1. 05239
C21	1. 35785	-0. 13551	-0. 91702	-0. 26722	-1. 07376	1. 03566
C22	-1. 0653	-0. 55337	1. 13441	-0. 92021	0. 23372	1. 17074
C23	1. 57013	-0. 47859	-0. 85426	0. 88644	-0. 28016	-0. 84357
C24	-1. 00357	0. 35097	1. 55535	-0. 98306	-0. 4502	0. 53051
C25	-0. 99817	0. 86339	1. 21433	0. 54295	-0. 51752	-1. 10498
C26	0. 96203	-1. 6195	-0. 22238	-0. 58012	0. 72998	0. 72998
C27	-1. 17164	-0. 61114	0. 64414	-0. 7196	0. 38391	1. 47433
C28	1. 44997	-0. 89644	-1. 06548	0. 6121	-0. 58814	0. 48801
C29	-1. 00447	-0. 33738	1. 63967	-0. 82434	-0. 16719	0. 6937
C30	-1. 18505	-0. 43052	-0. 49849	1. 73113	0. 40559	-0. 02266
C31	-1. 53744	-0. 42782	-0. 19948	0. 99097	1. 19622	-0. 02245
C32	-0. 72929	0. 97905	-1. 66837	0. 36464	0. 66435	0. 38962
C33	-0. 84598	1. 03161	-0. 83685	1. 46372	-0. 25258	-0. 55993
C34	-0. 21337	-0. 67241	-0. 76474	0. 10911	1. 93639	-0. 39498
C35	0. 8163	0. 31372	-0. 56207	0. 69731	0. 51468	-1. 77994
C36	-1. 06713	-0. 89773	0. 33284	-0. 18365	0. 11334	1. 70234
C37	0. 05428	1. 15102	-1. 14331	-0. 84286	-0. 43106	1. 21195
C38	-0. 54804	1. 02632	-0. 98486	-1. 01823	0. 27402	1. 25079
C39	-1. 03345	0. 31145	0. 01416	0. 32561	-1. 16086	1. 5431
C40	-1. 87187	0. 53675	1. 06701	-0. 03491	0. 04574	0. 25728
C41	1. 87192	-0. 90838	-0. 21688	-0. 75097	0. 17503	-0. 17072
C42	-0. 82103	-0. 9028	0. 21265	-0. 71612	1. 59964	0. 62767
C43	-1. 7907	0. 09462	-0. 05535	0. 20093	0. 25613	1. 29437

续表

指标	山西	安徽	江西	河南	湖北	湖南
C44	-1.72036	-0.075	0.95507	-0.13833	-0.06952	1.04815
C45	-1.75895	1.22927	-0.14017	-0.01589	0.60744	0.0783
C46	-0.16626	-0.124	1.98697	-0.51969	-0.43662	-0.74041
C47	-0.90274	1.27169	0.82179	-0.45982	0.47536	-1.20628
C48	-1.71177	0.30575	0.99301	-0.21295	-0.299	0.92496
C49	-1.62954	1.51126	0.07671	-0.07312	0.20381	-0.08911
C50	-0.69203	1.44644	-0.46645	1.05214	-0.34883	-0.99128
C51	-0.76509	1.20483	1.11554	0.23714	-0.7289	-1.06352
C52	-1.53131	-0.09731	0.86827	-0.31759	-0.23882	1.31675
C53	-0.80046	-1.16673	-0.07778	-0.10026	0.48913	1.6561
C54	-1.18738	-0.1905	-0.95212	0.09392	1.38117	0.8549
C55	-0.40825	-0.40825	-0.40825	-0.40825	2.04124	-0.40825
C56	-1.76172	0.23481	0.16701	0.08413	-0.06655	1.34232
C57	0.62558	0.69376	-1.9538	-0.00896	0.54858	0.09485
C58	-0.48087	-0.44819	-0.75746	-0.17023	1.98701	-0.13027
C59	2.00014	-0.31807	-0.29155	-0.15753	-0.4975	-0.73548
C60	0.17703	0.20308	1.79157	-0.78318	-0.95917	-0.42932
C61	0.04004	-0.91858	-0.80051	-0.44477	0.33365	1.79016
C62	-1.12337	-0.81747	0.3874	-0.62871	0.82316	1.35898
C63	0.41272	0.76802	0.99336	-0.0785	-1.77275	-0.32284
C64	1.63932	-0.17941	-0.52405	0.75217	-0.75653	-0.9315
C65	0.11111	-1.30359	-0.78883	0.69731	1.46525	-0.18125
C66	-1.09202	1.27191	1.05756	-0.82544	0.18453	-0.59655
C67	-0.62483	-1.17153	0.56934	-0.84559	1.19453	0.87809
C68	-0.827	-0.54141	1.61939	-0.35358	0.84824	-0.74564
C69	0.68647	0.11329	1.55455	-1.16047	-0.45553	-0.73831
C70	-0.2346	-0.56846	-1.13217	1.80944	0.23322	-0.10743
C71	0.66552	-0.05359	-1.1849	0.18467	-1.03888	1.42718
C72	1.9438	-0.81292	-0.66411	-0.29886	0.00643	-0.17435
C73	-0.87788	-1.19275	1.1769	0.35319	-0.48827	1.02881
C74	-0.96811	0.76194	-0.2705	1.28877	-1.24818	0.43607
C75	1.65935	-1.22975	-0.62242	0.01205	0.49682	-0.31605

续表

指标	山西	安徽	江西	河南	湖北	湖南
C76	-1.12737	-0.26759	-0.65613	1.76936	0.30906	-0.02733
C77	-0.3289	1.03013	-1.70685	0.59026	0.69893	-0.28356
C78	1.15379	-0.51152	0.29564	0.99137	-1.4524	-0.47689
C79	-0.17325	1.03436	-0.10448	1.16079	-1.55179	-0.36563
C80	1.7938	-1.18334	-0.15389	-0.1018	-0.5549	0.20013
C81	-1.46207	0.20948	-0.09558	-0.75728	1.15123	0.95422
C82	1.6196	-0.86435	-0.60729	0.82749	-0.26354	-0.71191
C83	0.67707	-0.89323	0.17606	-0.73304	1.58584	-0.8127
C84	1.43485	-0.5937	-0.44161	-0.40144	1.05749	-1.05559
C85	-0.95967	-0.52667	-0.90401	0.86387	1.49572	0.03076
C86	-0.29101	0.5235	-0.4687	-1.19526	1.7078	-0.27632
C87	-1.55094	-0.36783	-0.11755	1.5206	0.26923	0.24648
C88	0.47478	-0.90479	-0.59543	-0.97217	1.57372	0.42389
C89	0.73713	-1.02979	0.18512	0.96623	-1.44414	0.58545
C90	-0.44166	0.97815	-0.62591	1.54715	-0.71803	-0.73971
C91	0.3398	-1.28621	-0.77483	-0.47251	1.08456	1.10919
C92	1.84381	0.18332	-0.64588	-0.14618	-0.19003	-1.04504
C93	0.91369	0.88231	-0.74318	-1.14023	0.91847	-0.83107
C94	1.93146	-0.50525	-0.7453	-0.31162	0.19837	-0.56766
C95	-0.6295	0.06906	-0.86003	-0.12684	1.9239	-0.37659

注：表中数据是通过 SPSS 软件 Z 标准化的结果。

附录 19　2003 年数据标准化结果

指标	山西	安徽	江西	河南	湖北	湖南
C1	-0.33129	0.18887	1.42184	-1.55004	-0.30839	0.57899
C2	1.95786	-0.20127	-0.0183	-0.31106	-0.64042	-0.7868
C3	0.3679	-0.84754	-1.03286	1.74686	-0.13354	-0.10083

续表

指标	山西	安徽	江西	河南	湖北	湖南
C4	-1.54965	0.52306	-0.21993	-0.49257	1.38032	0.35876
C5	1.20087	-0.61035	-0.80866	0.80425	0.63238	-1.2185
C6	1.19539	-0.42339	-1.71299	-0.00384	0.54682	0.39802
C7	1.53416	-1.13759	-0.92229	-0.06593	-0.10558	0.69722
C8	-1.52029	-0.71006	0.34831	0.18985	1.39173	0.30047
C9	-1.46686	-0.40766	1.00096	1.19751	0.14923	-0.47318
C10	1.77636	-0.01335	0.4402	-0.7671	-0.59362	-0.84248
C11	0.04078	1.52235	-0.64094	0.77819	-0.51945	-1.18092
C12	-1.25188	1.25446	-0.34457	-0.6346	1.14435	-0.16776
C13	-0.01591	1.83564	-0.51903	-0.95993	0.26622	-0.60699
C14	-1.48287	1.61768	-0.28646	0.28646	0.00674	-0.14155
C15	-0.67846	-0.50885	0.26905	1.18146	1.04694	-1.31013
C16	0.37169	-0.58136	-1.41448	0.61497	1.40894	-0.39976
C17	1.93826	-0.23556	0.10692	-0.46847	-0.84003	-0.50112
C18	1.08541	1.09965	-1.37492	-0.08211	0.11058	-0.83862
C19	0.9386	1.02807	-0.88107	0.76046	-0.88107	-0.965
C20	0.49187	1.50345	-0.97237	-1.04283	-0.47198	0.49187
C21	1.35785	-0.13551	-0.91702	-0.26722	-1.07376	1.03566
C22	-1.27254	-0.09399	1.29034	-0.98441	0.23422	0.82637
C23	1.48902	-0.32488	-0.81772	0.97034	-0.34207	-0.97469
C24	-1.05213	0.16757	1.59735	-0.98928	-0.2468	0.52328
C25	-1.64337	0.46227	1.02136	0.8834	-0.35094	-0.37272
C26	1.26014	-1.07444	-0.0619	-1.23362	0.31393	0.79588
C27	-1.17164	-0.61114	0.64414	-0.7196	0.38391	1.47433
C28	-0.89414	-1.10131	1.09039	-0.12293	-0.27821	1.3062
C29	-0.98485	-0.28721	1.60255	-0.93515	-0.09898	0.70364
C30	-1.19507	-0.43499	-0.64561	0.66393	1.58885	0.02289
C31	-1.28468	-0.476	-0.2451	0.38426	1.70536	-0.08384
C32	-0.81048	0.96655	-1.61377	0.52713	0.68185	0.24872
C33	-0.85056	1.02946	-0.83522	1.46496	-0.25251	-0.55613

续表

指标	山西	安徽	江西	河南	湖北	湖南
C34	-0. 53133	-0. 52249	-1. 10828	0. 55536	1. 70259	-0. 09586
C35	1. 19302	0. 0038	-0. 38599	1. 04176	-0. 36665	-1. 48594
C36	-1. 05151	-0. 86735	0. 36934	-0. 23931	0. 07333	1. 71551
C37	0. 1283	-1. 4681	1. 15466	-0. 77669	0. 94416	0. 01767
C38	0. 92192	-0. 61686	-1. 13726	-0. 80528	1. 31222	0. 32525
C39	0. 08718	-0. 82445	-0. 33128	1. 7311	-1. 03368	0. 37113
C40	-1. 97293	0. 37763	0. 84959	0. 07876	0. 2483	0. 41866
C41	1. 89611	-0. 74028	-0. 12792	-0. 89547	0. 05578	-0. 18822
C42	-0. 82359	-0. 9048	0. 21657	-0. 71739	1. 59252	0. 63669
C43	-1. 93683	0. 44776	-0. 07888	0. 38924	0. 27644	0. 90225
C44	-1. 60111	-0. 5733	0. 85918	0. 19958	-0. 0369	1. 15256
C45	-1. 83938	1. 05687	0. 00484	0. 19333	0. 674	-0. 08964
C46	-0. 15986	-0. 32174	2. 00022	-0. 27406	-0. 52107	-0. 72349
C47	-0. 95094	1. 14437	1. 23303	-0. 65863	0. 13434	-0. 90217
C48	-1. 64231	-0. 26036	0. 98802	0. 14971	-0. 30451	1. 06945
C49	-1. 70301	1. 37693	0. 22456	0. 11247	0. 25975	-0. 27069
C50	-0. 6151	1. 55796	-0. 3285	0. 90985	-0. 54183	-0. 98238
C51	-0. 81559	0. 83089	1. 22987	0. 62254	-0. 92667	-0. 94104
C52	-1. 60784	0. 4231	0. 02061	-0. 05969	-0. 2492	1. 47301
C53	-0. 59128	-1. 58675	0. 26267	0. 38022	0. 159	1. 37615
C54	-1. 10906	-0. 10226	-0. 79516	0. 05024	1. 75636	0. 19987
C55	0. 00000	0. 00000	0. 00000	0. 00000	0. 00000	0. 00000
C56	-1. 89885	-0. 10224	0. 40105	0. 18887	0. 396	1. 01517
C57	0. 63989	0. 7404	-1. 95679	0. 13814	0. 44073	-0. 00238
C58	-0. 44761	-0. 3819	-0. 78233	-0. 2987	1. 98664	-0. 07609
C59	0. 76	-0. 36957	-0. 4957	1. 6447	-0. 4957	-1. 04372
C60	0. 00384	0. 03844	1. 91274	-0. 73234	-0. 77885	-0. 44383
C61	-0. 28681	-0. 96431	-0. 59604	-0. 52232	0. 65914	1. 71035
C62	-1. 13437	-0. 81542	0. 42151	-0. 62937	0. 80793	1. 34973
C63	0. 27766	0. 99636	0. 84173	0. 19633	-1. 66113	-0. 65096
C64	1. 71481	-0. 1679	-0. 6116	0. 6289	-0. 6437	-0. 92051
C65	-0. 55257	-0. 6164	-1. 10702	1. 01802	1. 42322	-0. 16524

续表

指标	山西	安徽	江西	河南	湖北	湖南
C66	-0.98151	1.58279	0.63999	-0.95674	0.14582	-0.43034
C67	-0.40209	-1.37793	0.49798	-0.76295	1.11881	0.92619
C68	-0.46651	-1.13277	1.56006	-0.47582	0.85181	-0.33677
C69	-0.09389	0.08485	1.70949	0.26394	-0.80537	-1.15902
C70	-0.30539	-0.61055	-1.0701	1.82831	0.20866	-0.05094
C71	0.16822	-0.203	-1.66552	0.90443	-0.31685	1.11272
C72	1.93058	-0.83853	-0.65846	-0.31645	0.0622	-0.17933
C73	1.08935	-1.41877	-0.66529	-0.48802	0.84238	0.64034
C74	-0.79142	0.71322	-0.43724	1.39805	-1.2567	0.37409
C75	1.53284	-1.22094	-0.69215	-0.13506	0.77225	-0.25694
C76	-1.16336	-0.39313	-0.67296	1.65285	0.55382	0.02279
C77	-0.84654	1.35968	-1.28048	0.40573	0.71232	-0.35072
C78	1.95068	-0.88541	-0.05004	-0.18167	-0.29847	-0.53509
C79	0.49413	0.22367	1.41261	0.14839	-1.35372	-0.92507
C80	-0.55248	0.4218	1.2097	0.97287	-1.05643	-0.99546
C81	-1.42337	0.05184	0.04489	-0.81679	1.12189	1.02153
C82	1.5025	-0.6999	-0.90194	0.95148	-0.13386	-0.71827
C83	1.07967	-0.86976	0.24619	-0.96596	1.24341	-0.73354
C84	1.1779	-0.58941	-0.48206	-0.43904	1.34629	-1.01366
C85	-0.84728	-0.36152	-0.95611	0.78507	1.60341	-0.22357
C86	-0.65735	0.46594	-0.44909	-0.89019	1.81061	-0.27992
C87	-1.45987	-0.45978	-0.41872	0.75289	1.36647	0.21902
C88	0.37045	-0.071	1.17792	-1.75744	0.55381	-0.27373
C89	-0.21971	1.9228	-0.52481	-0.12564	-0.97872	-0.07391
C90	-0.40667	0.44463	-0.61814	1.849	-0.75912	-0.50969
C91	-0.35789	-0.66826	-0.57601	-0.90488	0.99649	1.51055
C92	1.84368	0.19037	-0.64162	-0.1478	-0.20009	-1.04453
C93	0.94603	1.50754	-0.40575	-0.89994	-0.2585	-0.88938
C94	1.8845	-0.27832	-0.6218	-0.317	0.24137	-0.90875
C95	-0.60276	0.07219	-0.86911	-0.1817	1.92927	-0.34789

注：表中数据是通过 SPSS 软件 Z 标准化的结果。

附录 20 2002 年数据标准化结果

指标	山西	安徽	江西	河南	湖北	湖南
C1	-0. 33129	0. 18887	1. 42184	-1. 55004	-0. 30839	0. 57899
C2	1. 95786	-0. 20127	-0. 0183	-0. 31106	-0. 64042	-0. 7868
C3	0. 75856	-1. 00731	-1. 41369	1. 12061	0. 33741	0. 20442
C4	-1. 54965	0. 52306	-0. 21993	-0. 49257	1. 38032	0. 35876
C5	1. 20087	-0. 61035	-0. 80866	0. 80425	0. 63238	-1. 2185
C6	1. 19539	-0. 42339	-1. 71299	-0. 00384	0. 54682	0. 39802
C7	1. 53416	-1. 13759	-0. 92229	-0. 06593	-0. 10558	0. 69722
C8	-1. 52029	-0. 71006	0. 34831	0. 18985	1. 39173	0. 30047
C9	-1. 74689	-0. 14386	0. 34938	1. 33585	0. 10276	0. 10276
C10	1. 72977	-0. 08141	0. 57864	-0. 79991	-0. 64918	-0. 77791
C11	0. 17023	1. 46701	-1. 08299	0. 67742	-0. 15291	-1. 07877
C12	-1. 25188	1. 25446	-0. 34457	-0. 6346	1. 14435	-0. 16776
C13	-0. 01591	1. 83564	-0. 51903	-0. 95993	0. 26622	-0. 60699
C14	-1. 48287	1. 61768	-0. 28646	0. 28646	0. 00674	-0. 14155
C15	-0. 67846	-0. 50885	0. 26905	1. 18146	1. 04694	-1. 31013
C16	0. 37169	-0. 58136	-1. 41448	0. 61497	1. 40894	-0. 39976
C17	1. 93665	-0. 24985	0. 12194	-0. 47507	-0. 83578	-0. 49789
C18	0. 29837	0. 29468	-1. 22502	-0. 92809	1. 56909	-0. 00902
C19	-0. 40742	0. 22558	-1. 2632	1. 34584	0. 87762	-0. 77843
C20	1. 29177	1. 02107	-1. 03976	-0. 87482	-0. 62517	0. 22691
C21	1. 35785	-0. 13551	-0. 91702	-0. 26722	-1. 07376	1. 03566
C22	-1. 27254	-0. 09399	1. 29034	-0. 98441	0. 23422	0. 82637
C23	1. 48902	-0. 32488	-0. 81772	0. 97034	-0. 34207	-0. 97469
C24	-0. 83517	-0. 00053	1. 75801	-0. 95165	-0. 37636	0. 4057
C25	-1. 64337	0. 46227	1. 02136	0. 8834	-0. 35094	-0. 37272
C26	1. 69603	-0. 85526	0. 08214	-1. 00989	-0. 38173	0. 4687
C27	-1. 17164	-0. 61114	0. 64414	-0. 7196	0. 38391	1. 47433

续表

指标	山西	安徽	江西	河南	湖北	湖南
C28	-0.90283	0.3515	0.0052	-0.45548	-0.79385	1.79546
C29	-0.98485	-0.28721	1.60255	-0.93515	-0.09898	0.70364
C30	-1.09458	-0.37931	-0.76017	0.63321	1.63644	-0.03561
C31	-1.25229	-0.53832	0.07744	0.14077	1.75572	-0.18333
C32	-0.84088	0.99107	-1.60872	0.41816	0.57793	0.46244
C33	-0.85056	1.02946	-0.83522	1.46496	-0.25251	-0.55613
C34	-0.66382	-0.60889	-0.72017	0.35534	1.86827	-0.23073
C35	1.07162	0.07927	-0.50092	0.85635	0.17597	-1.68229
C36	-1.02894	-0.82173	0.39399	-0.45481	0.22188	1.6896
C37	1.31042	1.18477	-0.27774	-0.68971	-0.48167	-1.04607
C38	1.24871	-0.37292	-0.2124	-1.42453	-0.30412	1.06526
C39	1.0086	0.68324	-1.6593	0.30583	-0.72229	0.38392
C40	-1.94553	0.05692	0.79596	0.11335	0.28254	0.69675
C41	1.7929	-0.94416	-0.00811	-0.90981	0.21326	-0.14408
C42	-0.83166	-0.91528	0.23934	-0.7207	1.56763	0.66066
C43	-1.90389	0.1974	-0.22817	0.59998	0.53787	0.79681
C44	-1.8381	-0.17245	0.68623	-0.15338	0.68675	0.79094
C45	-1.84484	0.86295	0.78883	-0.07584	0.44082	-0.17191
C46	-0.20661	-0.29965	1.98942	-0.20158	-0.48607	-0.79551
C47	-0.68091	0.7351	1.65768	-0.61305	-0.18296	-0.91585
C48	-1.87574	0.12027	0.89569	-0.17222	0.2894	0.7426
C49	-1.67984	1.16514	0.82276	-0.06783	0.1146	-0.35482
C50	-0.26787	1.6561	-0.19879	0.6599	-0.90748	-0.94185
C51	-0.66329	0.71466	1.2988	0.60555	-0.77376	-1.18196
C52	-1.27012	0.34922	0.09718	-0.05947	-0.75462	1.63781
C53	-1.03859	-0.80026	0.14276	-0.17918	1.79499	0.08029
C54	-1.05088	-0.04127	-0.77252	-0.09035	1.80755	0.14748
C55	0.0000	0.0000	0.0000	0.0000	0.0000	0.0000
C56	-1.64812	0.57302	0.20519	-0.66314	0.38029	1.15276
C57	0.64822	0.77965	-1.94255	0.28177	0.33084	-0.09793
C58	-0.48889	-0.35036	-0.76656	-0.35036	1.98172	-0.02555
C59	0.91544	0.06161	-0.72107	1.45304	-0.67215	-1.03688

续表

指标	山西	安徽	江西	河南	湖北	湖南
C60	0. 20807	0. 17917	1. 77962	-0. 84106	-0. 95556	-0. 37024
C61	-0. 55067	-1. 11201	-0. 26916	-0. 51998	0. 9896	1. 46222
C62	-1. 13688	-0. 79117	0. 31021	-0. 60322	0. 83221	1. 38884
C63	-0. 6062	-0. 15556	1. 7743	-0. 14666	-1. 16225	0. 29637
C64	1. 67536	-0. 16555	-0. 57935	0. 65453	-0. 52269	-1. 06231
C65	0. 05019	-0. 48876	-1. 39838	1. 36071	0. 8855	-0. 40926
C66	-1. 12819	1. 48042	0. 83177	-0. 84193	0. 02434	-0. 36642
C67	-0. 91732	-1. 15968	0. 25937	-0. 42209	1. 29317	0. 94654
C68	-0. 80326	-0. 31292	1. 59355	0. 25569	0. 46515	-1. 19821
C69	1. 60984	0. 64442	-0. 93959	-1. 02783	-0. 22318	-0. 06365
C70	-0. 33525	-0. 63483	-1. 02788	1. 84252	0. 18042	-0. 02498
C71	0. 20246	-0. 12622	-1. 70243	0. 97704	-0. 33857	0. 98772
C72	1. 97833	-0. 83317	-0. 25798	-0. 43572	-0. 09584	-0. 35562
C73	-1. 04656	-0. 80938	-0. 36828	0. 53503	0. 00762	1. 68157
C74	-0. 98749	0. 85745	-0. 31141	1. 33583	-1. 15721	0. 26283
C75	1. 17295	-1. 25838	-0. 85317	-0. 08646	1. 137	-0. 11193
C76	-1. 1363	-0. 44516	-0. 93596	1. 27928	0. 95935	0. 2788
C77	-0. 76164	1. 20232	-1. 40992	0. 17507	0. 96297	-0. 16881
C78	1. 68471	-0. 09852	0. 27954	-0. 13314	-1. 3932	-0. 33938
C79	0. 24882	0. 0507	1. 8106	-0. 6805	-1. 00828	-0. 42133
C80	1. 26522	0. 57164	-0. 3577	0. 50435	-0. 39054	-1. 59298
C81	-1. 11359	-0. 38487	0. 39058	-1. 05255	1. 17417	0. 98625
C82	1. 41813	-0. 55377	-1. 09189	0. 94863	0. 04575	-0. 76685
C83	1. 10722	-0. 80614	0. 17645	-1. 0341	1. 24493	-0. 68836
C84	1. 18854	-0. 54391	-0. 52709	-0. 48657	1. 34832	-0. 97928
C85	-0. 85391	-0. 43027	-0. 97316	0. 71474	1. 61925	-0. 07665
C86	-0. 2483	0. 20477	-0. 83167	-0. 80061	1. 87704	-0. 20122
C87	-0. 89364	-0. 47208	-0. 48629	0. 09631	1. 92464	-0. 16894
C88	0. 99453	-1. 36268	-1. 12338	0. 59388	0. 18764	0. 71001
C89	1. 87149	-1. 14625	-0. 04918	-0. 11755	-0. 35482	-0. 20369
C90	0. 23676	0. 35633	-0. 52851	1. 70512	-1. 0642	-0. 70548
C91	0. 50518	-0. 84371	-0. 81355	-0. 17136	-0. 44869	1. 77212

续表

指标	山西	安徽	江西	河南	湖北	湖南
C92	1.84039	0.20681	-0.63824	-0.15021	-0.21221	-1.04655
C93	0.76578	1.66719	-0.35852	-0.76444	-0.47737	-0.83264
C94	1.0438	0.17169	-0.99195	-0.83707	1.3088	-0.69527
C95	-0.56209	0.0258	-0.86196	-0.17486	1.94252	-0.36941

注：表中数据是通过 SPSS 软件 Z 标准化的结果。

附录 21　2001 年数据标准化结果

指标	山西	安徽	江西	河南	湖北	湖南
C1	-0.33129	0.18887	1.42184	-1.55004	-0.30839	0.57899
C2	1.95786	-0.20127	-0.0183	-0.31106	-0.64042	-0.7868
C3	-0.05206	-0.54579	-1.70455	0.65327	0.76411	0.88502
C4	-1.54965	0.52306	-0.21993	-0.49257	1.38032	0.35876
C5	1.20087	-0.61035	-0.80866	0.80425	0.63238	-1.2185
C6	1.19539	-0.42339	-1.71299	-0.00384	0.54682	0.39802
C7	1.53416	-1.13759	-0.92229	-0.06593	-0.10558	0.69722
C8	-1.52029	-0.71006	0.34831	0.18985	1.39173	0.30047
C9	-1.27561	0.05546	-0.41041	-0.07765	1.78585	-0.07765
C10	1.62322	-0.10238	0.77137	-0.81361	-0.69162	-0.78699
C11	-0.1311	1.7157	-0.81564	0.48275	-0.20309	-1.04862
C12	-1.25188	1.25446	-0.34457	-0.6346	1.14435	-0.16776
C13	-0.01591	1.83564	-0.51903	-0.95993	0.26622	-0.60699
C14	-1.48287	1.61768	-0.28646	0.28646	0.00674	-0.14155
C15	-0.67846	-0.50885	0.26905	1.18146	1.04694	-1.31013
C16	0.37169	-0.58136	-1.41448	0.61497	1.40894	-0.39976
C17	1.91287	-0.10755	0.12442	-0.52949	-0.86318	-0.53708
C18	0.71222	0.64924	-1.1208	-1.35696	0.97686	0.13944
C19	-0.21244	0.62333	-1.15125	0.69433	1.19728	-1.15125

续表

指标	山西	安徽	江西	河南	湖北	湖南
C20	1. 29177	1. 02107	－1. 03976	－0. 87482	－0. 62517	0. 22691
C21	1. 35785	－0. 13551	－0. 91702	－0. 26722	－1. 07376	1. 03566
C22	－1. 27254	－0. 09399	1. 29034	－0. 98441	0. 23422	0. 82637
C23	1. 48902	－0. 32488	－0. 81772	0. 97034	－0. 34207	－0. 97469
C24	－0. 75904	－0. 0878	1. 84561	－0. 89056	－0. 37885	0. 27064
C25	－1. 64337	0. 46227	1. 02136	0. 8834	－0. 35094	－0. 37272
C26	－1. 70364	0. 1403	－0. 09131	－0. 11803	0. 39418	1. 3785
C27	－1. 17164	－0. 61114	0. 64414	－0. 7196	0. 38391	1. 47433
C28	－1. 10821	1. 13124	0. 8528	－0. 59544	－0. 96816	0. 68777
C29	－0. 98485	－0. 28721	1. 60255	－0. 93515	－0. 09898	0. 70364
C30	－0. 97457	－0. 52763	－0. 72317	0. 748	1. 63256	－0. 15519
C31	－1. 16202	－0. 54148	－0. 07291	0. 15399	1. 81405	－0. 19163
C32	－0. 96006	1. 10568	－1. 49536	0. 51975	0. 46538	0. 3646
C33	－0. 85056	1. 02946	－0. 83522	1. 46496	－0. 25251	－0. 55613
C34	－0. 9525	－0. 57251	－1. 04935	1. 25884	0. 98478	0. 33073
C35	1. 03126	0. 13611	－0. 234	0. 86501	－0. 03378	－1. 76461
C36	－0. 94334	－0. 84111	0. 57535	－0. 81003	0. 5754	1. 44374
C37	－0. 43316	－0. 49193	0. 73726	1. 01836	0. 7347	－1. 56524
C38	1. 33495	－0. 11993	－0. 21405	－1. 52383	－0. 32973	0. 8526
C39	－0. 59124	0. 37164	0. 75173	－0. 33785	－1. 47811	1. 28385
C40	－1. 84146	－0. 17316	0. 98837	－0. 00874	0. 33514	0. 69984
C41	1. 85171	－0. 90917	－0. 21603	－0. 78735	0. 22552	－0. 16469
C42	－0. 83548	－0. 91718	0. 24291	－0. 71947	1. 56149	0. 66773
C43	－1. 91326	0. 08819	0. 03844	0. 35661	0. 41458	1. 01544
C44	－1. 7289	－0. 42304	0. 70363	0. 02964	0. 30333	1. 11533
C45	－1. 87819	0. 7656	0. 3992	0. 05249	0. 83333	－0. 17242
C46	－0. 40667	－0. 39526	2. 04086	－0. 42195	－0. 43582	－0. 38115
C47	－1. 07978	1. 33167	0. 87184	－0. 54253	0. 35645	－0. 93766
C48	－1. 62166	－0. 14461	1. 09984	0. 02646	－0. 36346	1. 00343
C49	－1. 69309	1. 20872	0. 70503	0. 04202	0. 13239	－0. 39508
C50	－0. 25543	1. 72213	－0. 42435	0. 6242	－0. 90616	－0. 7604
C51	0. 07952	0. 45067	1. 3844	－0. 0411	－1. 68419	－0. 1893

续表

指标	山西	安徽	江西	河南	湖北	湖南
C52	-1.58908	0.30466	0.57539	-0.39248	-0.25243	1.35394
C53	-0.69274	-1.05998	-0.44234	0.29496	0.14113	1.75897
C54	-1.03108	-0.00935	-0.82249	-0.13517	1.7883	0.20979
C55	0.00000	0.00000	0.00000	0.00000	0.00000	0.00000
C56	-1.43461	-0.05312	-0.38971	-0.314	1.4748	0.71664
C57	0.65077	0.81104	-1.91271	0.41845	0.22191	-0.18946
C58	-0.46655	-0.36173	-0.7647	-0.42662	1.97035	0.04925
C59	0.97968	0.4698	-0.84943	1.20251	-0.78434	-1.01822
C60	0.02857	0.35333	1.65259	-1.04178	-1.02798	0.03525
C61	-0.64596	-0.13902	-0.43612	-0.8716	0.20261	1.8901
C62	-1.07976	-0.87652	0.27649	-0.58788	0.94329	1.32438
C63	-0.74214	-0.4915	1.79118	-0.28223	-0.80165	0.52633
C64	1.54761	-0.05348	-0.5556	0.76452	-0.49189	-1.21116
C65	0.21273	-0.93776	-1.29783	0.72745	1.36281	-0.06739
C66	-0.8658	1.62347	0.75433	-0.76655	-0.07248	-0.67297
C67	-1.27905	-0.87677	0.45302	-0.38763	1.21086	0.87957
C68	-0.48983	-0.7643	0.97953	0.76638	0.87397	-1.36575
C69	0.29015	-0.83165	0.77575	-1.1493	-0.51274	1.42779
C70	-0.28975	-0.65285	-1.00515	1.86192	0.11032	-0.02448
C71	0.12865	-0.12425	-1.66628	1.08717	-0.36244	0.93714
C72	1.97853	-0.75131	-0.4024	-0.52709	-0.01308	-0.28464
C73	0.87691	0.84436	0.82851	-0.24716	-1.39578	-0.90684
C74	-0.82566	0.88893	-0.27119	1.30407	-1.30741	0.21126
C75	-0.49868	-0.74353	-0.74537	-0.02788	1.90525	0.1102
C76	-1.00675	-0.43132	-1.08624	1.19807	1.05407	0.27216
C77	-0.90014	1.08727	-1.3855	0.09509	1.03657	0.06672
C78	0.85552	-1.58744	0.23791	-0.15723	1.17848	-0.52724
C79	1.0661	-0.88073	1.33528	-0.6943	-0.90374	0.07739
C80	0.09453	-0.11519	-1.69172	1.43832	0.2061	0.06796
C81	0.58755	-0.65861	1.04606	-1.52405	-0.29701	0.84607
C82	1.28118	-0.34076	-1.32096	0.98771	0.10728	-0.71445
C83	1.06042	-0.7993	0.11702	-1.01768	1.31545	-0.67591

续表

指标	山西	安徽	江西	河南	湖北	湖南
C84	1. 13881	-0. 51029	-0. 497	-0. 64483	1. 40734	-0. 89404
C85	-0. 9947	-0. 26806	-1. 08304	0. 76541	1. 4725	0. 1079
C86	0. 17209	0. 39116	-1. 56244	-0. 56057	1. 43006	0. 1297
C87	-0. 56877	-0. 45543	-0. 4147	-0. 03837	2. 00443	-0. 52716
C88	0. 80078	-1. 13225	-0. 60162	-0. 51233	1. 56167	-0. 11624
C89	1. 91395	-1. 04766	-0. 16089	-0. 41142	-0. 16753	-0. 12646
C90	0. 53154	0. 02733	-0. 08335	1. 51126	-1. 4689	-0. 51787
C91	0. 31393	-1. 22176	-0. 48196	-0. 75337	1. 46677	0. 67638
C92	1. 84549	0. 19466	-0. 62807	-0. 14686	-0. 2204	-1. 04482
C93	0. 60669	1. 76579	-0. 3385	-0. 67588	-0. 57836	-0. 77974
C94	-1. 80713	0. 66971	-0. 11098	0. 04553	1. 12485	0. 07803
C95	-0. 46228	-0. 01067	-0. 87351	-0. 24149	1. 95674	-0. 36878

注：表中数据是通过 SPSS 软件 Z 标准化的结果。

参考文献

［1］ Porter M. Green Competitiveness ［J］ . New York Times, 1991 （4） .

［2］ Martina K. Linnenlueeke, Corporate Sustainability and Organizational Culture ［J］ . Journal of World Business, 2010 （45） .

［3］ Edith T. Penrose, The Theory of the Growth of the Firm ［M］ . Basil Black - well& Mo Ltd. , 1959.

［4］ Carmichael E. A. Canada's Manufacturing Sector: Performance in the 1970s ［J］ . Canadian Study, 1978 （51） .

［5］ Enoch C. A. Measure of Intenational Trade ［J］ . Bank of England Quarterly Bulletin, 1978, 18 （2） .

［6］ Anto E. W. Relative Total Costs - An Approach to Competitiveness Measurement of Industries ［J］ . Management Interna - tional Review, 1987 （27）

［7］ Kenedy P. L. , Harrion R. W. Analyzing Agribusiness Competitiveness: The Case of the United States Sugar Industry ［J］ . International Food and Agribusiness Management Review, 1998 （2） .

［8］ Gustavsson R. , Hanson P. , Lundberg L. Technol ogy, Resource Endowments and International Competitiveness ［J］ . European Economic Review, 1999 （43）.

［9］ Porter M. E. Regional Foundations of Competitiveness: Issues for Wales, Presentation at Wales （by video link） ［R］ . April 3rd, 2002.

［10］ Gray H. P. International Competitiveness: A Review Article ［J］ . International Trade Journal, 1991, 5 （4） .

［11］ Boschma R. A. Competitiveness of Regions from an Evolutionary Perspective ［J］ . Regional Studies, 2004, 38 （9） .

［12］ Budd L. , Hirmis A. K. Conceptual Framework for Regional Competitiveness ［J］ . Regional Studies, 2004, 38 （9） .

[13] Gilbert A. J. , Feenstra J. F. A Sustainability Indicator for the Dutch Environmental Policy Theme [J] . Ecological Economics, 1994 (9) .

[14] Veleva V. , Ellenbecker M. A Proposal for Measuring Business Sustainability: Addressing Shortcomings in Existing Frameworks [J] . Greener Management International, 2000 (31) .

[15] Buek Niek. Changing Cities: Rethinking Urban Com Petitiveness [M] . Cohesionand Governance, Palgrave Maemillan, 2004.

[16] Jiawei Han, Miehelinekamber. Data Mining Coneeptsand Teehniques, Seeond Edition [M] . 机械工业出版社, 2008.

[17] Martin Jonathan Wetzel. Green Opportunities in China [J] . The McKinsey Quarterly, 2009 (3) .

[18] Porter M. The Competitive Advantage of Nations Basingstoke [M] . Macmillan, 1990.

[19] Michael Porter. The Competitive Advantage of Nations [M] . The Free Press, New York, 1998.

[20] International Institute for Management Development. The World Competitiveness Year Book [R] . 1996 – 2005.

[21] Organization for Economic Co – operation and Development. Technology and Industry Scoreboard 1999: Benchmarking Knowledge – based Economies [R] . Paris, 1999.

[22] Ciampi. Enchaning European Competitiveness [M] . Banca Nazinale diLavoro Quarterly Review, 1997.

[23] Duane Aekerman. Chisters of Innovation: Regional Foundations of US Competitiveness [R] . Council on Competitiveness, 2002.

[24] Porter Michael. Economic Performance of Regions [J] . Regional Studies, 2003 (37) .

[25] Michael Kitson, Ron Martin, Peter Tyler. Regional Competitiveness: An Elusive yet Key Concept [J] . Regional Studies, 2004 (12) .

[26] David L. Barkley. Evaluation of Regional Competitiveness: Making a Case for Case Study [J] . The Review of Regional Studies, 2008 (3) .

[27] 亚当·斯密. 国民财富的性质和原因的研究 [M] . 商务印书馆, 1972.

[28] 迈克尔·波特. 竞争优势 [M] . 华夏出版社, 2004.

[29] 戚顺荣. 绿色观点的效率、生产率、国民核算和经济增长 [R] . 中

国高校人文社科网，2006.

［30］牛文元．“绿色 GDP”与中国环境会计制度［J］．中国发展，2002（1）．

［31］高杰．我国绿色营销的市场环境条件［R］．中国营销传播网，2001.

［32］解振华．关于循环经济理论与政策的几点思考［J］．中国环保产业，2003（11）．

［33］卢治飞．“绿色 GDP”核算模式构架的探索［J］．统计与预测，2003（6）．

［34］范金等．生态经济投入占用产出的多目标优化模型及求解［J］．系统工程理论与实践，2001（5）．

［35］杨振，常慧丽．区域生态经济系统协调发展的定量评估［J］．资源开发与市场，2004，20（6）．

［36］黄继忠．区域内经济不平衡增长论［M］．经济管理出版社，2001.

［37］高志刚．基于组合评价的中国区域竞争力分类研究［J］．经济问题探索，2006（1）．

［38］刘勇．我国典型地区区域竞争力初步研究［J］．学习与实践，2003（1）．

［39］魏敏，李国平，王巨贤．我国区域竞争力区位差异的实证研究［J］．中央财经大学学报，2004（5）．

［40］邹薇．关于中国国际竞争力的实证测度与理论研究［J］．经济评论，1999（5）．

［41］夏清华．从资源到能力：竞争优势战略的一个理论综述［J］．管理世界，2002（4）．

［42］余建，陈红喜，王建明．循环经济与企业绿色竞争力：基于江苏板块上市公司的实证研究［J］．科技进步与对策，2010（4）．

［43］袁瑜，王建明，陈红喜．基于熵权模糊模式的企业绿色竞争力评价模型［J］．商业研究，2010（6）．

［44］尹艳冰．基于 ANP 的绿色产业发展评价模型［J］．统计与决策，2010（23）．

［45］程士富，刘倩．绿色 GDP 的核算与验证［J］．统计与决策，2010（24）．

［46］陈运平，黄小勇，区域绿色竞争力的本质属性［N］．光明日报（理论版），2012－05－04.

［47］毛文娟．打造中国企业的绿色竞争力［J］．华东经济管理，2004（1）．

［48］尹晓波．环境竞争力——加入 WTO 后企业无法回避的冲击波［J］．长白学刊，2002（1）．

［49］倪武帆．环境竞争力对企业竞争力的影响及整合对策［J］．经营管理，2008（2）．

［50］张若生，张群，李岭．循环经济与钢铁工业可持续发展研究［J］．冶金经济与管理，2009（3）．

［51］陈乃玲，聂影．江苏城市生态环境建设经济评价指标体系研究［J］．南京农业大学学报，2006（12）．

［52］王娜，梁冬梅．长春市生态环境指标体系的建立及综合评价［J］．安徽农业科学，2011（39）．

［53］王慧英．经济学视角下健康城镇化评价指标体系的构建［J］．理论与方法，2008（6）．

［54］逯元堂，王金南，李云生．可持续发展指标体系在中国的研究与应用［J］．自然生态保护，2003（11）．

［55］周荣荣．论评价可持续发展生态农业经济效益的指标体系［J］．中国生态农业，2005（8）．

［56］周衍平，陈会英．农业生态经济系统评价指标体系研究［J］．生态经济学，2006（1）．

［57］马民涛，宋凌艳，韩昀峰．区域环境综合体评价指标体系的建立和应用［J］．中国人口·资源与环境，2010（30）．

［58］宋永昌，戚仁海，由文辉，王祥荣，祝龙彪．生态城市的指标体系与评价方法［J］．城市环境与城市生态，1999（10）．

［59］张晓玲，王文平．知识型企业生存和发展的健康监测指标体系研究［J］．东南大学学报，2004（3）．

［60］梁嘉骅，葛振忠，范建平．企业生态与企业发展［J］．管理科学学报，2002（4）．

［61］钱辉．生态位、因子互动与企业演化［D］．浙江大学管理学院，2004.

［62］宁小勇．低碳企业文化与品牌竞争力［D］．华东师范大学，2010.

［63］刘智群，金起文．构建适应低碳经济发展的绿色企业文化［J］．华北煤炭医学院学报，2011（5）．

［64］姚永平．加强企业文化建设　提高企业竞争力［J］．文化经济，2011（9）．

［65］陈涛．企业文化：企业竞争力的灵魂［J］．企业管理，2007（3）．

［66］李春玲．企业文化建设是提高核心竞争力的重要举措［J］．中共银川市委党校学报，2008（4）．

［67］武珍平，杨保明．浅谈企业文化是企业竞争力的源泉［J］．企业管理，2011（5）．

［68］米永平．中小民营企业文化建设与可持续发展［J］．中小企业研究，2009（21）．

［69］岳晓燕，周军．城市经济、社会与环境系统协调发展研究——以 15 个副省级城市为例［J］．江淮论坛，2011（5）．

［70］罗娜，耿雅冬，刘欣．大连市资源环境与社会经济协调发展度演进分析［J］．安徽农业科学，2011（39）．

［71］王利光，葛幼松．南京市经济与环境协调发展度评价［J］．安徽师范大学学报，2007（30）．

［72］林寿富．区域环境竞争力评价指标体系及模型的构建［J］．福建师范大学学报，2011（4）．

［73］杨梅焕，曹明明，雷敏．陕西省经济发展与资源环境协调演进分析［J］. 人文地理，2009（3）．

［74］杨春妍，曾辉．深圳市经济与环境协调发展的演进分析［J］．中国人口·资源与环境，2006（16）．

［75］诸大建，朱远．生态效率与循环经济［J］．复旦学报，2005（2）．

［76］左克军．循环经济与中国钢铁产业的发展［J］．江苏冶金，2006（12）．

［77］王维国．协调发展的理论与方法研究［D］．东北财经大学，1998.

［78］刘菁，刘长滨，刘荞．企业核心竞争力与管理制度论析［J］．企业管理，2009（10）．

［79］郭庆然．企业制度与企业竞争力［J］．经营战略，2008（11）．

［80］朱远．基于资源生产率的城市竞争力实证研究［J］．上海管理科学，2010（10）．

［81］王林清，蔡继彪，熊英．论循环经济发展模式下资源型企业核心竞争力的培育［J］．企业改革与发展理论月刊，2007（11）．

［82］耿香玲．资源和环保约束下中小企业竞争力转换探析［J］．学术交流，2005（1）．

［83］陈红喜，王建明，袁瑜. 长三角地区石油和化工行业上市公司绿色竞争力的实证研究［J］. 中国人口·资源与环境，2007，17（3）.

［84］顾永东，杨琦，印丹榕. 企业绿色竞争力评价指标体系研究［J］. 环

境保护，2008（22）.

［85］毛卉，王春兰，邓良才．资源节约型城市节约程度评价［J］．城市问题，2007（2）.

［86］范永太．企业绿色财务管理研究［J］．财会通讯·理财，2008（10）.

［87］孙秀梅，高厚礼．企业绿色管理体系的构建研究［J］．经济纵横，2007（9）.

［88］叶生洪，杨宇峰，张传忠．绿色生产探源［J］．科技管理研究，2006（7）.

［89］叶萍．绿色供应链管理的系统研究［J］．经济经纬，2005（2）.

［90］黄凤文，吴育华．绿色供应链管理及其发展前景研究［J］．天津大学学报，2003（7）.

［91］邱尔卫．企业绿色管理体系研究［D］．哈尔滨工程大学博士学位论文，2006.

［92］陈红喜，王建明，袁瑜．长三角地区化工和石化行业上市公司绿色竞争力的实证研究［J］．中国人口·资源与环境，2007（3）.

［93］张凤民，李世龙．浅析企业技术创新生态化及意义［J］．黑龙江科技信息，2008（24）.

［94］埃默里·洛文斯．企业与环境［M］．中国人民大学出版社，2001.

［95］郑师章等．普通生态学——原理、方法和应用［M］．复旦大学出版社，1994.

［96］王海萍，陈斐，王圣云．中部地区城市群经济发展与生态环境协调性定量分析［J］．南昌大学学报（人文社会科学版），2010，4（4）.

［97］蔡平．经济发展与生态环境的协调发展研究［D］．新疆大学博士学位论文，2004.

［98］胡英燕．企业环境竞争力研究［J］．世界有色金属，2009（11）.

［99］北京师范大学等著．2010 中国绿色发展指数年度报告——省际比较［M］．北京师范大学出版社，2010.

［100］［美］迈克尔·波特．竞争战略［M］．陈小悦译．华夏出版社，2004.

［101］周建成，曾敏．发展低碳经济　提升低碳竞争力［J］．中国有色金属，2010（19）.

［102］王琳，黄祺，汪政．西部企业绿色竞争力构建途径研究——基于西部生态环境的脆弱性［J］．生产力研究，2007（24）.

［103］许扬洋．绿色竞争力研究综述［J］．中国集体经济，2008（16）．

［104］曲格平．发展循环经济是21世纪的大趋势［J］．中国环保产业，2001（1）．

［105］曹远征．中国国际竞争力的优劣势因素［J］．企业文化，1997（2）．

［106］彭德芬．经济增长质量研究［M］．华中师范大学出版社，2002.

［107］左克军．循环经济与中国钢铁产业的发展［J］．江苏冶金，2006（6）．

［108］朱远．基于循环经济模式的逆向物流推进策略［J］．中国物流与采购，2006（24）．

［109］袁泉．提高我国企业绿色竞争力对策浅析［J］．中国经贸导刊，2007（20）．

［110］李冰．略论绿色企业文化［J］．商业研究，2009（1）．

［111］岳晓燕，周军．城市经济、社会与环境系统协调发展研究——以15个副省级城市为例［J］．江淮论坛，2011（5）．

［112］诸大建，邱寿丰．生态效率是循环经济的合适测度［J］．中国人口资源与环境，2006（5）．

［113］陈运平，黄小勇．区域绿色竞争力的本质属性［J］．光明日报，2012（5）．

［114］夏清华．从资源到能力：竞争优势战略的一个理论综述［J］．管理世界，2002（4）．

［115］金碚．竞争力经济学［M］．广东经济出版社，2003.

［116］保罗·克鲁格曼．流行的国家主义［M］．中国人民大学出版社，2000.

［117］姜爱林．国际竞争力及其评价方法综述［J］．北京行政学院学报，2003（6）．

［118］商春荣，黄燕．国家竞争力评价理论与方法：演变过程及发展趋向［J］．科学学与科学技术管理，2005（6）．

［119］菲利普·科特勒．国家营销［M］．俞利军译．华夏出版社，2003.

［120］芦岩，陈柳钦．国内区域竞争力研究综述——历程、问题与进展［J］．河南社会科学，2006（7）．

［121］李建平等．全国省域经济综合竞争力发展报告［M］．社会科学文献出版社，2007.

［122］天津财经大学统计学系竞争力研究工作室．中国区域竞争力发展报告

(1985—2004)[M].中国统计出版社，2004.

[123] 徐宏，李明.试论区域竞争力评价指标体系的构建[J].特区经济，2005(5).

[124] 高志刚.基于组合评价的中国区域竞争力分类研究[J].经济问题探索，2006(1).

[125] 刘勇.我国典型地区区域竞争力初步研究[J].学习与实践，2003(1).

[126] 魏敏，李国平，王巨贤.我国区域竞争力区位差异的实证研究[J].中央财经大学学报，2004(5).

[127] 潘丽柳.我国区域竞争力评价[J].内蒙古科技与经济，2004(12).

[128] 张为付，吴进红.对长三角、珠三角、京津地区综合竞争力的比较分析[J].浙江社会科学，2002(6).

[129] 李建建，叶琪.国内外有关区域竞争力评价指标体系的研究综述[A].综合竞争力，2010(1).

[130] 施用海.关于环境竞争力问题的研究[J].和平与发展，1999(4).

[131] 胡贤芳.环境竞争力：国际贸易的新焦点[J].经济问题探索，2000(12).

[132] 丁越兰，马凯，张伟琴.西部城市环境竞争力实证研究[J].西北农林科技大学学报，2008(2).

[133] 郑立.中国各省区生态环境竞争力分析[J].环境保护，2007(2).

[134] 于桂娥，王玉昭.大兴安岭生态环境竞争力模糊综合评价的指标体系及权重设计[J].东北林业大学学报，2008(11).

[135] 陈运平，黄小勇.区域绿色竞争力影响因子的探索性分析[J].宏观经济研究，2012(12).

[136] 李建平等.中国省域经济综合竞争力发展报告(2007—2008)[M].社会科学文献出版社，2009.

[137] 崔宏楷.中国区域投资环境评价研究[D].东北林业大学博士学位论文，2007.

[138] 邓宏兵.中国省域投资环境竞争力动态分析与评估[J].生产力研究，2007(6).

[139] 邸晶鑫.西部地区投资环境评价指标体系研究[J].求索，2009(9).

［140］范德成，王晓辉．区域产业投资环境评价指标体系与评价方法研究［J］．科技进步与对策，2009，7（14）．

［141］费成良．组合评价方法及其应用研究［D］．中南大学博士学位论文，2008（11）．

［142］高志刚．基于组合评价的中国区域投资环境研究［J］．经济问题探索，2007（4）．

［143］罗乐，张应良．区域投资环境竞争力评价——基于七省（市）的实证分析［J］．重庆工商大学学报（社会科学版），2008（10）．

［144］潘霞，范德成．区域投资环境的评价研究——以中国内地31个省市区为例［J］．经济问题探索，2007（4）．

［145］肖璐．国际上五种重要投资环境评价法的评价指标评述［J］．全国商情经济理论研究，2007（6）．

［146］杨晔．中国区域投资环境评价指标体系建立与应用［J］．经济问题，2008（7）．

［147］殷焕武，张宝柱．城市投资环境综合评价方法研究［J］．城市问题，2006（8）．

［148］周妮笛．基于AHp－DEA模型的农村金融生态环境评价［J］．中国农村观察，2010（4）．

［149］喻婷．中部地区主要城市投资环境评价与分析［J］．工业技术经济，2010（3）．

［150］张伟娜，王修来．企业绿色竞争力的评价模型及其应用［J］．科学管理研究，2012（20）．

［151］缪兴锋．试对制造企业绿色竞争力评价模型的探讨［J］．分析与决策，2007（7）．

［152］张怡恬．竞争力研究的新拓展——中国省域环境竞争力发展报告（2009—2010）简评［N］．人民日报，2012－02－08.

［153］于桂娥，王玉昭．大兴安岭生态环境竞争力模糊综合评价的指标体系及权重设计［J］．东北林业大学学报，2008（11）．

［154］郑立．中国各省区生态环境竞争力分析［J］．环境保护，2007（2）．

［155］绿色竞争力的评价指标体系初探［A］．内蒙古科技与经济，2006（3）．

［156］中华人民共和国国家统计局编．中国统计年鉴［M］．中国统计出版社，2002—2011.

［157］鲁继通．国内区域竞争力问题研究综述［J］．科技风，2008（2）．

［158］李蓓蕾．基于钻石模型的德国会展产业成功因素分析［J］．湖南农业大学学报（社会科学版），2008，9（6）．

［159］王勤．当代国际竞争力理论与评价体系综述［J］．国外社会科学，2006（6）．

［160］芦岩，陈柳钦．国内区域竞争力研究综述——历程、问题与进展［J］．河南社会科学，2006，14（4）．

［161］王秉安．区域竞争力研究述评［J］．福建行政学院福建经济管理干部学院学报，2003（4）．

［162］张为付，吴进红．对长三角、珠三角、京津地区综合竞争力的比较研究［J］．浙江社会科学，2002（6）．

［163］郭秀云．灰色关联法在区域竞争力评价中的应用［J］．统计与决策，2004（11）．

［164］阳国新．区域贸易与区域竞争［J］．经济学家，1995（2）．

［165］孙利娟．区域竞争力与区域间多维博弈研究［J］．北京市经济管理干部学院学报，2010，25（2）．

［166］吴晓玲，纪超．企业绿色竞争力的五个直接来源［J］．企业改革与管理，2005（2）．

［167］李梦觉．打造中国企业的绿色竞争力［J］．环境保护，2008（8）．

［168］严于龙．我国地区经济竞争力比较研究［J］．中国软科学，1998（4）．

［169］肖红叶，李晶．我国区域国际竞争力研究［J］．河北大学学报（哲学社会科学版），2003，28（1）．

［170］王秉安等．区域竞争力研究——理论探讨［J］．福建行政学院福建经济管理干部学院学报，1999（1）．

［171］中国人民大学竞争力评价与研究中心组．2003年中国国际竞争力评价和分析［J］．经济理论与经济管理，2004（6）．

［172］孙虎等．中国区域生态经济水平与区域竞争力的关联性与实证研究［J］．生态学报，2006，26（5）．

［173］诸大建，陈静．城市低碳竞争力评价模型和上海市的实证研究［J］．现代城市研究，2011（11）．

［174］陈国生，陆利军．湖南省城市生态环境与城市竞争力关系的实证研究［J］．经济地理，2011，31（12）．

［175］陈红喜．企业绿色竞争力及评价体系构建探讨——以农业类上市公司

为例［J］．农业技术经济，2006（3）．

［176］康娟，薛丽丽．基于AHP/DEA的农业上市公司绿色竞争力评价研究［J］．经济研究导刊，2011（13）．

［177］余建．循环经济与企业绿色竞争力：基于江苏板块上市公司的实证研究［J］．科技进步与对策，2010，27（4）．

［178］赵领娣，徐新．循环经济下我国企业绿色竞争力的提升［J］．科技与经济，2005，18（5）．

［179］崔健．日本产业低碳竞争力辨析［J］．中国人口·资源与环境，2011，21（9）．

［180］王皓．企业低碳竞争力指数的构建［J］．商业时代，2010（30）．

［181］熊焰．企业社会责任与低碳竞争力［J］．中国中小企业，2010（3）．

［182］陈晓春，陈思果．中国低碳竞争力评析与提升途径［J］．湘潭大学学报（哲学社会科学版），2010，34（5）．

［183］李晓燕，邓玲．城市低碳经济综合评价探索——以直辖市为例［J］．现代经济探讨，2010（2）．

［184］付允，刘怡君．低碳城市的评价方法与支撑体系研究［J］．中国人口·资源与环境，2010，20（8）．

［185］胡大立，丁帅．低碳经济评价指标体系研究［J］．科技进步与对策，2010，27（22）．

［186］郭红卫．基于模糊综合算法的低碳经济发展水平评价［J］．当代经济管理，2010，32（5）．

［187］杨瑞艳．我国区域竞争力实证研究［J］．上海统计，2000（4）．

［188］蒋同明．区域竞争力研究——以西部12省区市为例［J］．区域经济金融，2006（7）．

［189］牛卫平，陈艳笑．基于层次分析的广东区域竞争力评价［J］．华南农业大学学报（社会科学版），2007，6（2）．

［190］高志刚．基于组合评价的中国区域竞争力分类研究［J］．经济问题探索，2006（1）．

［191］陈桃红．对西南五省区市的区域竞争力比较研究［J］．中国经贸导刊，2012（3）．

［192］龚发金．区域竞争力评价模型研究［D］．北京交通大学博士学位论文，2007.

［193］王连月，韩立红．AHP法在区域竞争力综合评价中的应用［J］．企业经济，2004（6）．

［194］单玉丽，张旭华．福州与厦门、东莞、苏州区域竞争力比较分析及对策研究［J］．福建论坛（人文社会科学版），2005（3）．

［195］左继宏，胡树华．中国各省市区域竞争力实证研究［J］．特区经济，2006（3）．

［196］丁力，杨茹．经济增长加速度与地区竞争力［J］．广东社会科学，2003（3）．

［197］樊纲．论竞争力——关于科技进步与经济效益关系的思考［J］．管理世界，1998（3）．

［198］徐宏，李明．试论区域竞争力评价指标体系的构建［J］．特区经济，2005（5）．

［199］赵焕臣，许树柏，和金生．层次分析法：一种简易的新决策方法［M］．科学出版社，2004.

［200］叶宗裕．关于多指标综合评价中指标正向化和无量纲化方法的选择［J］．浙江统计，2003（4）．

［201］李秉龙，薛兴利．农业经济学［M］．中国农业大学出版社，2004．

［202］黄小勇，陈运平．低碳产业的设计与建构［N］．人民日报（理论版），2012－12－06.

［203］王天营．产业设计与产业确定的路径［J］．经济管理，2007（8）．

［204］文龙光，易伟义．低碳产业链与我国低碳经济推进路径研究［J］．科技进步与对策，2001（7）．

［205］李宏岳，陈然．低碳经济与产业结构调整［J］．经济问题探索，2011（1）．

［206］叶时金．加快产业重构　推动区域发展［J］．政策瞭望，2010（25）．

［207］朱华晟．匹兹堡地区的产业重构［J］．城市问题，2011（5）．

［208］李金辉，刘军．低碳产业与低碳经济发展路径研究［J］．经济问题，2011（3）．

［209］王胜，谭显春．低碳转型的路径选择：解析一个直辖市［J］．改革，2010（11）．

［210］姜文仙．区域经济协调发展的动力机制研究［D］．暨南大学博士学位论文，2011.

［211］杜明军．构建低碳经济发展耦合机制体系的战略思考［J］．中州学刊，2009（11）．

后　记

这部著作是在多年研究区域绿色竞争力的理论与实践的基础上，结合多个关于区域绿色竞争力的国家和省级课题研究成果所完成的，是站在区域绿色竞争力的角度研究了其指标体系的构建和系统分析模型，结合中部地区实际进行的实证分析。这些研究成果的主要内容已经陆续在相关的杂志上发表了，包括《宏观经济研究》、《经济管理》、《华东经济管理》、《金融教育研究》等，在此，对已经发表本研究内容的杂志表示由衷的谢意！

同时，这部著作得以顺利完成，与课题组成员的团队协作和努力是分不开的，在课题论证和研究期间，课题组成员收集和整理了大量的数据，并对开发的量表进行了大量论证和问卷调查。参加课题研究的研究生张坤、方小祥在资料整理方面提供了相应的帮助，做出相应的贡献，也得到相应的锻炼。在此，对这些课题组成员表示深深的谢意！

书稿能够顺利完成，确实与团队多年的研究成果相关，张新芝、罗序斌博士在课题研究的过程中提供了极大的帮助，在此表示感谢。

当然，书中研究并不完美，可以在后续的研究中加以完善，特别是区域绿色竞争力的动态监测问题，包括数据库的开发，以服务地方经济。